Antes de partir

Os 5 *Principais arrependimentos*

QUE AS PESSOAS TÊM ANTES DE MORRER.

Uma comovente lição de vida

Bronnie Ware

Antes de partir

Os 5 *Principais arrependimentos* que as pessoas têm antes de morrer.

Uma comovente lição de vida

Tradução: Chico Lopes

GERAÇÃO

Título original:
The top five regrets of the dying

7ª edição – Junho de 2023

Grafia atualizada segundo o Acordo Ortográfico da Língua Portuguesa de 1990, que entrou em vigor no Brasil em 2009

EDITOR E PUBLISHER
Luiz Fernando Emediato

CAPA
Raul Fernandes

DIAGRAMAÇÃO
Futura

PREPARAÇÃO DE TEXTO
Valquíria Della Pozza

REVISÃO
Josias Andrade

Dados Internacionais de Catalogação na Publicação (CIP)
(Câmara Brasileira do Livro, SP, Brasil)

Ware, Bronnie
Antes de partir : os 5 principais arrependimentos que as pessoas têm antes de morrer / Bronnie Ware ; tradução Chico Lopes. -- São Paulo : Geração Editorial, 2023. Título original: The top five regrets of the dying : a life transformed by the dearly departing.

ISBN 978-85-8130-391-8
1. Autorrealização (Psicologia) 2. Doentes terminais - Psicologia
3. Lamento 4. Ware, Bronnie
I. Título.

12-10491 CDD-152.4

Índices para catálogo sistemático:

1. Doentes terminais : Apoio emocional :
Histórias de vida : Psicologia 152.4

GERAÇÃO EDITORIAL

Rua João Pereira, 81 – Lapa
CEP: 05074-070 – São Paulo – SP
Telefone: (+ 55 11) 3256-4444
E-mail: geracaoeditorial@geracaoeditorial.com.br
www.geracaoeditorial.com.br

Impresso no Brasil
Printed in Brazil

Sumário

Introdução

Numa balsâmica noite de verão numa pequena cidade do interior, travava-se uma conversa igual a muitas conversas animadas que tinham lugar ao mesmo tempo no mundo todo. Eram duas pessoas simplesmente pondo os assuntos em dia e contando uma história. A diferença com essa conversa, no entanto, era que ela poderia ser tida depois como um dos mais significativos momentos de decisão da vida de uma pessoa. E essa pessoa era eu.

Cec é o editor de uma grande revista de música *folk* na Austrália, chamada *Trad and now*. Ele é igualmente conhecido e amado por seu apoio à música *folk* na Austrália, bem como por seu grande sorriso animador. Batíamos um papo sobre nosso amor pela música (o que era muito apropriado, visto que estávamos num festival de música *folk*). A conversa também abordava os desafios que eu estava enfrentando naquele momento para encontrar patrocínio para um programa de guitarra e composição a que eu pretendia dar início num presídio de mulheres. "Me informe se conseguir colocar em funcionamento, e nós vamos publicar uma história", Cec disse com entusiasmo.

Eu consegui de fato pôr o programa em funcionamento e, algum tempo depois, escrevi uma história sobre minhas experiências para a revista. Quando terminei de escrever, perguntei a mim mesma por que não estava escrevendo mais histórias em minha vida. Afinal, eu sempre havia escrito. Quando era uma garota de rosto sardento, escrevera para correspondentes que tinha pelo mundo inteiro. Isso acontecera nos dias em que as pessoas ainda escreviam cartas à mão, que seguiam dentro de envelopes para caixas postais. Esse escrever não foi interrompido em minha idade adulta, tampouco. As cartas à mão continuaram sendo escritas, bem como segui escrevendo diários por anos. E agora eu era uma compositora. Portanto, ainda continuava escrevendo, do mesmo modo (apenas com uma guitarra, no lugar de uma caneta, em minhas mãos). Mas o prazer que experimentei em escrever uma história sobre o presídio, o que fiz na mesa da cozinha com uma caneta fora de moda e papel, reacendeu meu amor pela escrita. Por isso mandei agradecimentos a Cec e logo depois decidi começar a escrever um *blog*. Os eventos que se seguiram mudaram a direção da minha vida da melhor maneira possível.

"Inspiração e Chai" começou num pequeno bangalô confortável nas Blue Mountains da Austrália, naturalmente depois de uma xícara de chai. Um dos primeiros artigos que escrevi era sobre os arrependimentos de pessoas que iam morrer das quais cuidei. O papel de uma cuidadora havia sido minha última ocupação antes do trabalho no presídio, portanto, ainda era coisa recente em minha vida. No decorrer dos meses seguintes, o artigo ganhou um impulso que só a internet pode explicar. Comecei a receber *e-mails* de pessoas que eu não conhecia, fazendo contato comigo a partir do artigo e, posteriormente, de outros artigos que escrevi desde então.

Quase um ano depois, eu estava morando num bangalô diferente, dessa vez num distrito agrícola. Numa manhã de segunda-feira, sentada à mesa na varanda para escrever, decidi examinar os comentários em meu *website*, como todos nós fazemos de vez em quando. Uma expressão perplexa, mas divertida, passou pelo meu rosto. No dia seguinte voltei para dar outra olhada, e no outro dia também. Com toda certeza alguma coisa grande estava acontecendo. O artigo, intitulado "Os Cinco Principais Lamentos dos que Vão Morrer", havia ganho asas.

E-mails começaram a brotar de todas as partes do mundo, incluindo pedidos de outros escritores para citar o artigo em seus *blogs* e para traduzi-lo em numerosos idiomas. As pessoas o leram em trens na Suécia, em pontos de ônibus nos EUA, em escritórios na Índia, depois do café da manhã na Irlanda, e ele foi seguindo em frente. Nem todo mundo, na verdade, concordou com o artigo, mas ele provocou discussão o suficiente para continuar sua jornada mundo afora. Como eu disse aos poucos que não concordaram, quando lhes respondia: "Não mate o mensageiro". Eu estava simplesmente compartilhando o que pessoas que iam morrer haviam compartilhado comigo. No entanto, pelo menos noventa e cinco por cento das respostas que vieram em consequência do artigo eram belas. Elas também reforçaram simplesmente quanto todos nós temos em comum, apesar das diferenças culturais.

Enquanto isso, eu vivia no bangalô, desfrutando da bênção dos pássaros e de outras vidas selvagens que o riacho à frente do bangalô atraía. Eu me sentava à mesa de minha varanda todos os dias e continuava trabalhando, dizendo "sim" às oportunidades que começaram a se apresentar. Nos meses que se seguiram, mais de 1 milhão de pessoas leram "Os Cinco Principais Lamentos dos que Vão Morrer". Em um ano, esse número havia mais que triplicado.

Foi devido à enorme quantidade de pessoas que se ligaram a esse tema, e aos pedidos das muitas pessoas que me contataram depois, que eu decidi trabalhar no assunto. Sempre tivera a intenção de escrever um livro completo um dia, como muitas outras pessoas desejam fazer. No entanto, ao cabo disso tudo foi apenas relatando minha própria história aqui que eu pude articular completamente as lições que me foram dadas enquanto cuidava de pessoas que iam morrer. O livro que eu quisera escrever estava pronto para ser escrito. Ele é este livro agora.

Como você lerá por minha história, eu nunca fui das pessoas que seguem algum caminho tradicional na vida, se é que isso realmente existe. Vivo do modo que quero e escrevo este livro simplesmente como uma mulher que tem uma história a contar. Também sou uma australiana, e, por mais que eu tenha escrito do modo mais universal possível, o jeito e a grafia australianos são conservados.

Quase todos os nomes no livro foram alterados para proteger a privacidade das famílias e amigos. Meu primeiro professor de ioga, meu chefe no centro pré-natal, o proprietário do parque para caravanas, meu mentor no sistema presidiário e quaisquer compositores mencionados conservam, todavia, seus nomes originais. A ordem cronológica também foi mudada ligeiramente, a fim de compartilhar temas comuns entre clientes.

Meus agradecimentos vão a todos que ajudaram de muitos modos diferentes. Pelo apoio e/ou pela positiva influência profissional, agradecimentos especiais vão para: Marie Burrows, Elizabeth Cham, Valda Low, Rob Conway, Reesa Ryan, Barbara Gilder, papai, Pablo Acosta, Bruce Reid, Joan Dennis, Siegfried Kuze, Jill Marr, Guy Kachel, Michael Bloeme, Ana Gonçalvez, Kate e Col Baker, Ingrid Cliff, Mark Patterson, Jane Dargaville, Jo Wallace, Bernadette e todos os que deram apoio à minha escrita e música ligando-se a elas de modo positivo.

Obrigada também às muitas pessoas que me ajudaram a manter um teto sobre minha cabeça em várias ocasiões, incluindo: Mark Avellino, Tia Joe, Sue Greig, Helen Atkins, Tio Fred, Di e Greg Burns, Dusty Cuttell, Mardi McElvenny e todos os meus maravilhosos clientes caseiros cujos lares eu amei tanto quanto o meu. Obrigada também a todas as pessoas gentis que sempre me alimentaram.

Pelo apoio pessoal ao longo das estradas sinuosas, agradeço a todos os amigos do passado e do presente, próximos ou distantes. Obrigada por enriquecerem minha vida de tantas maneiras. Agradecimentos especiais a: Mark Neven, Sharon Rochford, Julie Skerret, Mel Giallongo, Angeline Rattansey, Kateea McFarlane, Brad Antoniou, Angie Bidwell, Theresa Clancy, Barbra Squire, todos que atendem no Centro de Meditação das Montanhas que me conduziram a uma estrada de paz, e meu companheiro. Todos vocês foram meus leitos quando eu mais precisei de repouso.

Obrigada, naturalmente, à minha mãe, Joy, o nome mais apropriado* para uma pessoa que já caminhou sobre a Terra. Que sagrada lição de amor você me deu, pelo exemplo natural! Agradecimentos infinitos, bela mulher.

A todas as pessoas maravilhosas agora falecidas, cujas histórias não apenas construíram este livro, mas também influíram em minha vida significativamente; este livro é um tributo a vocês. Também agradeço às famílias que ficaram para trás, pelas horas agradáveis e memoráveis que experimentamos juntos. Obrigada a todos.

Por fim, agradeço a você, pega, que canta na árvore junto ao riacho enquanto escrevo isto. Você e todos os seus companheiros pássaros têm-me feito deliciosa companhia enquanto escrevo estas páginas. Obrigado, Deus, por me ajudar, e por colocar tanta beleza no meu caminho.

Às vezes, não compreendemos senão muito tarde que um dado momento no tempo mudou a direção de nossa vida. Tantos momentos compartilhados neste livro mudaram a minha vida! Obrigada a você, Cec, por reacender a escritora que havia dentro de mim. E obrigada a você, leitor, pelo bem que você representa e por nossa ligação.

Com carinhoso afeto,
Bronnie

Na varanda, ao pôr do sol
Tarde de terça-feira

* "Joy" significa alegria. (N. do T.)

Dos trópicos às neves

— Não consigo encontrar meus dentes. Não consigo encontrar meus dentes. — O grito familiar penetrou no quarto quando eu tentava tirar minha folga vespertina programada. Colocando o livro que eu estava lendo sobre a cama, saí para a sala de estar.

Como era de esperar, Agnes estava ali ao mesmo tempo confusa e inocente, sorrindo seu sorriso banguela. Nós duas rompemos em gargalhadas. A piada já devia estar desgastada a esta altura, já que a perda de seus dentes acontecia pelo menos dia sim, dia não. Mas ela nunca se desgastava.

— Tenho certeza de que você faz isso só para que eu volte para ficar aqui com você — eu ri ao dar início à busca de hoje nos lugares agora familiares. Lá fora a neve continuava a cair, aumentando o conforto e o calor do bangalô. Balançando a cabeça, Agnes foi firme: — De jeito nenhum, querida. Eu os tirei antes de minha soneca, mas, quando despertei, não consegui encontrá-los em lugar algum.

Exceto pela perda de memória, ela era mentalmente muito ágil.

Agnes e eu começáramos a viver juntas havia quatro meses, quando eu tinha respondido a um anúncio à procura de uma companheira de moradia. Como uma australiana na Inglaterra, eu vinha fazendo um trabalho residente num *pub* para ter um teto onde morar. Havia sido divertido e algumas amizades adoráveis foram feitas com outro pessoal e os moradores do local. Jeito para lidar com bares era uma coisa definitivamente útil, e eu tinha me capacitado para começar a trabalhar imediatamente quando da minha chegada ao país. Assim, me sentia grata por isso. Mas era chegada a hora de uma mudança.

Os dois anos anteriores à travessia do oceano haviam sido passados numa ilha tropical, tão pitoresca quanto qualquer cartão-postal poderia retratar. Depois de mais de uma década de trabalho como bancária, eu precisava arriscar uma existência que me libertasse da labuta pesada de segunda a sexta-feira, das 9 às 17 horas, diariamente.

Uma de minhas irmãs e eu nos aventuramos a ir para uma ilha em North Queensland num feriado, para ganhar nossos certificados de mergulho com scuba. Enquanto ela tentava seduzir nosso instrutor de mergulho, o que naturalmente foi muito útil para que passássemos em nossos testes, eu escalava uma montanha na ilha. Ao sentar-me num enorme bloco de rocha com vista para o céu, sorrindo, tive uma epifania. Eu queria morar numa ilha.

Quatro semanas depois, não havia mais emprego no banco, e meus pertences foram ou vendidos ou mandados para um barracão na fazenda dos meus pais. Duas ilhas foram escolhidas num mapa simplesmente por sua comodidade geográfica. Eu não sabia nada sobre essas ilhas, exceto que gostava de sua localização e havia um *resort* em cada uma delas. Isso foi antes da internet, na qual você pode achar tudo sobre tudo num piscar de olhos. Com currículos na bagagem, eu rumei para o norte, destino desconhecido. Era 1991, também antes de os telefones celulares chegarem em massa à Austrália.

Ao longo do meu caminho, meu espírito descuidado recebeu uma oportuna e cautelosa advertência, quando uma experiência de carona me fez desistir desta atividade muito rapidamente. Encontrando-me numa estrada poeirenta no meio do nada, longe de qualquer vestígio da cidade desejada, ela fez soar sinos de alarme suficientes para que eu nunca mais erguesse meu polegar novamente. Meu caroneiro disse que queria me mostrar onde morava, enquanto as casas sumiam de vista e o mato ficava mais espesso, a estrada poeirenta mostrando poucos sinais de visitantes assíduos. Felizmente, fiquei firme e determinada, tentando sair da situação. Somente uns poucos beijos babões foram tentados da parte dele quando finalmente desci do carro, *um tanto* rapidamente, na cidade certa. Foi o fim de minha experiência de caronas.

Voltei-me para o transporte público e, exceto por essa experiência equivocada, foi uma grande aventura, principalmente por eu não saber onde acabaria morando a seguir. Viajar em vários ônibus e trens fez com que minha trilha cruzasse com a de algumas grandes pessoas, enquanto eu estava sendo transportada para climas mais quentes. Depois de viajar algumas semanas, telefonei para minha mãe, que havia recebido uma carta endereçada a mim dizendo que havia um emprego à minha espera numa das ilhas escolhidas. Por estar tão desesperada para escapar da labuta pesada do banco, eu tinha cometido o ridículo erro de dizer que estava desejando assumir qualquer emprego, e alguns dias depois estava morando numa bela ilha, enfiada até os cotovelos em potes e panelas sujos.

Apesar disso, a vida na ilha foi uma experiência fantástica, não apenas me libertando da labuta pesada de segunda a sexta-feira, mas também me liberando efetivamente de nem sequer saber em qual dia da semana eu estava. Eu adorava isso. Depois de um ano sendo o que não era conhecido tão afetuosamente como uma *lavadeira de pratos*, abri meu caminho para o bar. A temporada na cozinha havia sido, na verdade, bastante divertida, e me ensinara uma grande quantidade de coisas sobre culinária criativa. Mas era trabalho quente e suado numa cozinha sem ar-condicionado nos trópicos. Pelo menos os dias de folga eram passados vagando por magníficas florestas tropicais, contratando barcos e navegando para ilhas próximas, fazendo mergulho de scuba, ou apenas relaxando no paraíso.

Oferecer-me para trabalhar no bar acabou por abrir para mim a porta deste papel ambicionado. Com uma vista de milhões de dólares, águas marítimas perfeitamente calmas, areias brancas, palmeiras balançando, a coisa toda não era um trabalho difícil. Lidar com fregueses felizes que estavam tendo as férias de sua vida e tornar-me perita em misturar coquetéis dignos de fotos de brochuras turísticas estava à distância de um mundo da vida anterior que eu conhecera no serviço bancário.

Foi depois do bar que eu conheci um europeu que me ofereceu um emprego em sua empresa gráfica. Anseios de viagem sempre fizeram parte de mim e, depois de mais de dois anos na ilha, àquela altura eu estava começando a ansiar por alguma mudança e por desfrutar de algum anonimato novamente. Quando se trabalha e vive na mesma comunidade todo santo dia, sua privacidade pode começar a ficar sagrada.

Um choque cultural era naturalmente esperado para qualquer um que retornasse ao continente depois de viver dois anos numa ilha. Mas sair disso para uma terra estrangeira, onde eu não saberia nem falar o idioma era desafiador, para dizer o mínimo. Algumas ótimas pessoas cruzaram meu caminho durante esses meses, e eu fiquei feliz por experimentar esse intervalo. Mas precisava de alguns amigos com pensamentos parecidos com os meus novamente, e, portanto, acabei partindo para a Inglaterra. Chegando lá com dinheiro apenas para um cartão de viagem para ir ao encontro da única pessoa que eu conhecia no país, e com uma libra e sessenta e seis centavos de resto, um novo capítulo começou.

Nev tinha um enorme sorriso adorável e uma cabeça coberta por finos caracóis brancos. Ele era também um *expert* em vinhos, que apropriadamente trabalhava no departamento enófilo da loja Harrods. Era o primeiro dia da venda de estoque de verão e, vinda diretamente da travessia de *ferry boat* através do canal, eu com certeza tinha a aparência de uma extraviada vagando nessa elegante e movimentada espelunca.

— Olá, Nev, eu sou Bronnie. Nós já nos conhecemos. Sou uma amiga da casa de Fiona. Você dormiu no meu saco de feijão alguns anos atrás — eu me apresentei a ele do outro lado do balcão com um sorriso cheio de animação.

— Claro, Bronnie — eu fiquei aliviada por ouvir. — O que está acontecendo?

— Preciso de um lugar para ficar algumas noites — eu disse, um tanto esperançosamente.

Enfiando a mão no bolso para pegar sua chave, Nev respondeu: — Claro. Aqui tem. — E, com isso, consegui um teto para me cobrir, dormindo em seu sofá e tendo sua casa como referência.

— Posso também pedir dez libras emprestadas, por favor? — perguntei com otimismo. Sem hesitação, dez libras foram retiradas de seu bolso de trás. Oferecendo palavras de agradecimento e um sorriso animador como resposta, solucionei o problema. Eu tinha um leito e comida.

A revista por meio da qual eu tinha intenção de arranjar um emprego saiu naquela manhã, de modo que comprei um exemplar e fui para a casa de Nev fazer três telefonemas. Na manhã seguinte estava sendo entrevistada para um trabalho residente num *pub* em Surrey. De tarde já estava morando lá. Perfeito.

A vida continuou por dois anos com amizades e romance. Foram tempos divertidos. Eu tinha afinidade com a vida de aldeia, que me fazia lembrar a comunidade da ilha de vez em quando, e estava cercada por pessoas que vim a amar. Também não estávamos terrivelmente longe de Londres, de modo que viagens constantes aconteciam com facilidade, a maioria das quais eu curtia totalmente.

Mas viagens para mais longe estavam me chamando. Eu queria conhecer um pouco do Oriente Médio. Os longos invernos ingleses foram uma boa experiência, e eu estava feliz por haver atravessado dois deles. Faziam um contraste completo com os longos e quentes verões da Austrália. Mas eu tinha a opção de ficar ou ir, e decidi ficar por mais um inverno, com a determinação de guardar algum dinheiro para a viagem. Para fazer isso, tive que deixar o *pub* e resistir à tentação de sair toda noite para encontrar gente. Nunca fora muito chegada a beber, de qualquer modo, e a partir daí me tornei uma abstinente, mas sair toda noite ainda custava um dinheiro que poderia cobrir os custos de minha viagem.

Quase de imediato após ter tomado essa decisão, o anúncio de emprego para o trabalho com Agnes chamou minha atenção, já que ficava no município vizinho a Surrey. A vaga me foi oferecida na minha primeira entrevista, quando o fazendeiro Bill percebeu que eu também era uma garota do campo. Sua mãe, Agnes, estava em fins dos oitenta anos, tinha cabelos grisalhos até os ombros, uma voz animadora e uma enorme barriga redonda, coberta quase todo dia pelo mesmo casaco vermelho e cinza de malha de lã. Sua fazenda ficava a apenas uma hora e meia de carro, de modo que ver todo mundo nos dias de folga era bastante fácil. Mas, enquanto fiquei ali, senti que era um mundo diferente. Era um trabalho muito isolador, já que eu ficava o tempo todo com Agnes, da noite de domingo até a noite de sexta-feira. Duas horas de folga toda tarde não deixavam muito tempo para eu me encontrar com as pessoas, embora eu usasse realmente esse intervalo de vez em quando para ver meu namorado inglês.

Dean era uma pessoa querida. Foi o humor que nos ligou desde o início, no primeiro minuto de nosso encontro. Nosso amor pela música também nos juntou. Tínhamos nos conhecido um dia depois que eu chegara ao país, bem depois da entrevista para o emprego no *pub*, e logo ficou óbvio que nossa vida se enriqueceu e ficou mais divertida por nos conhecermos. No entanto, infelizmente não era a companhia de Dean que eu estava precisando, àquela altura. Eu estava geralmente mergulhada na neve com Agnes e, com muito mais frequência, ocupada à procura de seus dentes. Era espantoso como alguém podia encontrar tantos lugares diferentes, dentro de uma casa tão pequena, para perder seus dentes.

Sua cadela, Princesa, era uma pastora-alemã de dez anos que soltava pelos por toda parte. Era uma cadela de natureza dócil, mas estava perdendo força em suas patas traseiras devido a uma artrite. Era, aparentemente, uma ocorrência comum em cães dessa espécie. Tendo aprendido com experiências passadas, ergui seu rabo e olhei por debaixo dele à procura dos dentes da senhora. Sem sorte, hoje. Numa outra ocasião, todavia, ela havia se sentado sobre eles. Por isso valia a pena dar uma olhada. A Princesa abanou sua grande cauda e depois retornou aos seus sonhos junto à lareira, esquecendo a breve perturbação por um segundo. Repetidamente, Agnes e eu cruzamos nossos caminhos enquanto seguíamos dando busca. — Eles não estão aqui — ela gritou de seu quarto de dormir.

— Não estão aqui, tampouco — respondi da cozinha. Por fim, me flagrei procurando no quarto de dormir e Agnes na cozinha. Há bem poucos aposentos onde dar busca numa pequena casa, de modo que os repassamos todos para ficar duplamente certas. Nesse dia específico os dentes haviam escorregado para dentro de sua sacola de tricô, ao lado da espreguiçadeira.

— Oh, você é um tesouro, querida — ela disse, colocando-os de volta em sua boca. — Venha ver televisão comigo agora que você está aqui. — Esta era uma estratégia que ela frequentemente usava, e eu sorri quando cedi ao seu pedido. Ela era uma velha senhora que vivera sozinha por longo tempo e estava gostando de ter companhia. Meu livro poderia esperar. Não que o trabalho fosse puxado na maior parte do tempo. Era apenas ser uma acompanhante e, se ela precisasse disso fora de minhas horas de trabalho programadas, não havia problema. Os dentes haviam sido anteriormente achados sob sua almofada, lá na mesa do toalete, numa xícara de chá no armário da cozinha, em sua bolsa de mão e em numerosos outros lugares mais ou menos verossímeis. Mas também haviam aparecido por trás da televisão, na lareira, na caixa de lixo, no topo da geladeira e em seu sapato. E, claro, debaixo de Princesa, o poderoso traseiro da pastora-alemã.

A rotina funciona para muitas pessoas. Pessoalmente, eu me sinto melhor é com a mudança. Mas a rotina tem seu lugar e certamente funciona melhor para muitas pessoas, principalmente quando elas estão ficando mais velhas. Havia rotinas semanais e diárias com Agnes. Toda semana íamos aos médicos, já que Agnes tinha que fazer exames de sangue regularmente. O compromisso era na mesma hora toda semana. No entanto, uma coisa por dia bastava, ou isso arruinaria sua rotina vespertina de repouso e tricô.

A Princesa ia conosco a toda parte, com chuva, granizo ou sol. O portão traseiro da picape era a primeira coisa a ser abaixada. A velha cadela esperava pacientemente, sempre abanando a cauda. Era uma criatura linda. Eu então erguia suas patas dianteiras dentro do portão traseiro e rapidamente agarrava seus quadris e a erguia completamente, antes que as patas traseiras cedessem e tivéssemos que recomeçar tudo. Depois, eu ficava coberta de pelos de cachorro cor de areia pelo resto do passeio. Descer do veículo era mais fácil, embora ela ainda precisasse de ajuda. A Princesa descia sozinha, de modo que suas patas dianteiras tocassem o chão. Mas esperava por mim para erguer a traseira. Se Agnes precisasse de mim para ajudá-la nesse ínterim, a Princesa esperava nessa posição com seu traseiro no ar até que eu estivesse disponível. Assim que descia, ela caminhava alegre e aliviadamente, sempre abanando aquela grande e velha cauda.

As terças-feiras eram passadas fazendo compras num armazém na aldeia próxima. Muitas pessoas idosas com as quais trabalhei desde então eram muito frugais. Mas Agnes era o contrário. Ela estava sempre tentando comprar-me coisas, principalmente coisas de que eu não precisava ou queria. Passando por todas as fileiras, éramos sempre as mesmas duas mulheres, uma idosa e outra mais jovem, discutindo uma com a outra. Ambas sorriam e às vezes dávamos risadas, embora nos conservássemos irredutíveis. Como resultado, eu acabava ficando com metade do que Agnes queria comprar para mim. Podiam ser iguarias vegetarianas, mangas importadas, uma nova escova de cabelo, uma camiseta de jérsei ou algum creme dental com um sabor terrível.

As quartas-feiras eram dias de bingo também na aldeia local. A visão de Agnes estava se deteriorando, e eu tinha que ser os olhos dela para a confirmação dos números. Ela conseguia ver e ouvir bem os números, mas checava comigo para ter certeza, antes de preencher cada número. Eu gostava de todas as pessoas idosas que iam lá. Estava no fim dos meus vinte anos e era a única jovem, o que fazia Agnes sentir-se muito especial. Ela me descrevia como "minha amiga".

— Bem, minha amiga e eu fomos às compras ontem e eu lhe comprei algumas novas camisolas — ela proclamava séria e orgulhosamente para todas as suas amigas idosas do bingo. Todo mundo fazia um sinal positivo com a cabeça e sorria para mim, enquanto eu ficava ali pensando: "Oh, minha nossa!"

E ela continuava:

— A mãe dela lhe escreveu nesta semana da Austrália. Está muito quente por lá neste momento, vocês sabem. E ela tem um novo sobrinho. — Novamente as cabeças faziam que sim e sorriam.

Não levei muito tempo para aprender a controlar as informações que eu dava a ela. Odiava pensar o que elas pensariam de minha vida quanto ao restante, principalmente quando mamãe me enviou algumas adoráveis *lingeries* e outros presentes, para me mimar a distância. Mas tudo era inocente e afetuoso em Agnes. De modo que consegui suportar o embaraço e a bajulação que ela às vezes me causava.

A quinta-feira era o único dia em que eu ficava depois do almoço. Era um grande dia de passeio para nós três, a Princesa incluída, naturalmente. Íamos de carro a uma cidade em Kent e almoçávamos com sua filha. Trinta milhas era um trajeto longo pelos padrões ingleses, mas não mais que um pulinho para um australiano. Nossa perspectiva de distância é, decididamente, uma diferença cultural.

Na Inglaterra, você pode dirigir por duas milhas e entrar numa aldeia totalmente nova. O sotaque será diferente do da aldeia anterior e você poderá não conhecer ninguém, mesmo que tenha vivido na outra aldeia a vida toda. Na Austrália você pode dirigir por cinquenta milhas para pegar uma fatia de pão. Seus vizinhos podem ficar tão distantes que eles lhe telefonarão ou falarão com você no radioamador para dizer alô, mas ainda consideram você como vizinho. Trabalhei uma vez numa região do Território Extremo Norte que era tão remota, que era preciso usar aviões para chegar ao próximo *pub*. A pequena pista de pouso ficava cheia de aviões de assentos únicos ou duplos no início da noite e totalmente vazia na manhã seguinte, quando eles todos haviam voado de volta para suas estâncias de gado, meio entupidos de bebida.

Portanto, o grande dia de passeio das quintas era realmente um grande dia de passeio para Agnes, mas um dia de direção deliciosamente vagarosa para mim. Sua filha era uma mulher amável e as horas eram agradáveis. As duas tinham sempre um almoço reforçado, com carne de vaca, queijo e picles. Eu ficava espantada com o amor dos ingleses por picles. Mas era um bom país para vegetarianos também, apesar disso. De modo que minhas escolhas nunca eram terrivelmente limitadas. Fazendo tanto frio, eu sempre queria uma sopa para esquentar ou um abundante prato de massa.

As sextas-feiras eram passadas constantemente em casa. Morávamos numa fazenda de gado com seu próprio açougue. A fazenda era administrada por dois dos filhos de Agnes. Nossa saída nas manhãs de sexta era para ir ao açougue. Embora Agnes insistisse em gastar tempo e olhar tudo detalhadamente, comprava exatamente as mesmas coisas toda semana. O açougueiro até se oferecia para entregar seu pedido em domicílio, mas não.

— Muito obrigada, mas eu devo vir para fazer minha escolha aqui — ela respondia educadamente.

Naqueles dias eu era uma vegetariana. Eu sou uma "vegana"* agora. No entanto, ali estava eu morando numa fazenda de gado, não diferente daquela em que eu havia crescido. Muito embora eu não defendesse o ato de comer carne, eu entendia realmente do negócio e do estilo de vida. Era território familiar, afinal.

Nós voltávamos do açougue e caminhávamos pelo estábulo conversando com os peões e as vacas. Agnes caminhava penosa e lentamente com sua bengala, eu bem ao seu lado e a Princesa atrás de nós. Não importava quão frio estivesse, simplesmente usávamos mais agasalhos. As sextas-feiras eram sempre passadas assim, visitando o açougue e depois as vacas em seu estábulo.

* Os "veganos" não consomem produto algum de origem animal. (N. do E.)

Eu me espantava em como as vacas inglesas eram tratadas de forma diferente das australianas, com seus estábulos quentes e atenções personalizadas. Mas as vacas australianas não tinham que suportar o inverno inglês. Deixava-me terrivelmente triste conhecer cada uma dessa vacas, sabendo que nós provavelmente compraríamos sua carne no açougue algum dia. Era uma coisa difícil de aceitar, e eu nunca consegui resolver isso bem.

A opção vegetariana surgiu com força em meu próprio lar, apesar de minha tentativa de discrição e de meu respeito pelo estilo de vida escolhido pela família. Eu nunca fui o tipo de vegetariana ou vegana inteiramente verbalizada. Tendo, no entanto, visto o que vira em minha criação, e depois sido levada numa traumatizante excursão escolar aos abatedouros, eu entendi por que alguns veganos ficam tão verbalizados e passionais quanto ao assunto. É de partir o coração quando você tem a coragem de encarar honestamente essas indústrias e o que acontece por trás dos muros.

Mas eu preferia agir apenas discreta e simplesmente pelo exemplo, respeitando o direito de todos de viver do modo que fazia sentido para eles. Falava de minhas convicções apenas se me perguntassem e ficava feliz em fazê-lo se houvesse no interlocutor um interesse genuíno. No entanto, é interessante como adeptos quase desconhecidos do comer carne me atacaram sem provocação ao longo dos anos, simplesmente por minha escolha de *não* comer carne de animais. Talvez tenha sido em parte essa a razão pela qual escolhi viver uma vida vegetariana discreta. Eu só queria paz.

De modo que, quando Agnes começou a me interrogar por que eu era uma vegetariana, hesitei. Sua própria sobrevivência estava baseada nos rendimentos de sua fazenda de gado. Com efeito, suponho que a minha também, embora eu não houvesse estabelecido a relação de imediato. Pegara o emprego simplesmente com a intenção de economizar dinheiro e animar a vida de uma velha senhora.

Mas ela persistiu em suas perguntas. Contei-lhe sobre meus sentimentos ao ver o gado e as ovelhas abatidos quando era criança e como isso me impressionara, falei sobre como amava os animais e como reparara que as vacas mugiam de modo diferente quando pressentiam que estavam para morrer. Seus sons de terror e pânico ainda me assombram.

E aí encerrei. Agnes declarou seu vegetarianismo ali mesmo. "Oh, cara!", pensei. "Como vou explicar isso para a família dela?"

Conversando com seu filho depois, ele então falou com Agnes sobre seu desejo de que ela continuasse comendo carne. Mas houve pouca discussão a princípio. Agnes finalmente aceitou comer carne vermelha apenas um dia por semana, peixe num dia e frango no outro. A família a alimentava nos meus dias de folga. Neles ela comeria carne também.

Com o passar do tempo minhas visões se fortaleceram e agora eu nem levaria em consideração aceitar um emprego que envolvesse cozinhar carne. Mas eu fiz isso, e odiei essa parte do meu trabalho. Eu nunca conseguia cozinhar carne sem ficar triste por aquilo ter sido um dia uma bela coisa viva, que tivera sentimentos e um direito à vida. Então gostei dessa solução imediatamente, embora peixe e frango fossem ainda animais, pelo meu modo de pensar.

Mas na verdade Agnes havia concordado com seu filho Bill somente para manter a paz doméstica. Ela não tinha nenhuma intenção de comer carne durante a semana. Assim, eu passei o resto dos meses de inverno e primavera cozinhando deliciosos banquetes de pães de nozes, sopas divinas, frituras coloridas e *pizzas* de *gourmet*. Acho que de resto Agnes teria vivido feliz apenas com ovos fervidos e, naturalmente, feijão cozido. Ela era inglesa, afinal, e todos os ingleses realmente amam seus feijões.

A neve derreteu enquanto os narcisos floresciam na primavera. Os dias ficaram mais longos e o céu azul retornou. Enquanto a fazenda voltava à vida novamente, bezerros recém-nascidos corriam por ali com suas pernas hesitantes e magras. Os pássaros retornaram e saudavam-nos com canções todos os dias. A Princesa soltou ainda mais pelos. Agnes e eu tiramos nossos casacos e gorros de inverno, e prosseguimos na nossa mesma rotina por mais um par de meses, desfrutando do sol de inverno. Éramos duas mulheres de diferentes gerações, caminhando de braços dados dia após dia, compartilhando risadas e histórias continuamente.

Mas as viagens me chamavam. Nós sabíamos desde o princípio que um dia eu iria partir. Estava sentindo falta de Dean também. Os fins de semana não eram mais tempo suficiente para nós, e estávamos ansiosos por partir juntos em viagem. Meu emprego foi providencial e nossos dias juntas estavam por terminar. Esses meses com Agnes foram uma experiência especial e maravilhosa. Muito embora eu o tivesse aceitado mais como uma ajuda para meus anseios de viagem, o trabalho de acompanhante era belo.

Era muito mais agradável do que servir cervejas para mim. Eu preferia muito mais ajudar alguém a caminhar firmemente por causa de sua idade e fragilidade a ajudar alguém jovem e bêbado, ou mesmo velho e bêbado. Essas duas coisas eu já fizera em demasia durante meu emprego na ilha e no *pub* inglês. Preferia muito mais procurar pela dentadura de uma velha senhora a remover cinzeiros sujos e copos vazios de doses de bebida.

Dean e eu viajamos para o Oriente Médio, onde ficamos admirados com as culturas enormemente diferentes, mas fascinantes (e comemos pilhas de comidas deliciosas). Depois de mais ou menos um ano longe, voltei para visitar Agnes. Outra garota australiana havia me substituído e tivemos uma longa e agradável conversa, após Agnes se retirar para dormir em sua poltrona. Compartilhamos montes de histórias, e ela reconheceu ter ficado um tanto intrigada pela primeira pergunta que Bill lhe fizera ao entrevistá-la. Perguntei qual havia sido e caí na risada quando ela me contou. A primeiríssima pergunta que Bill havia feito fora: — Você não é uma vegetariana, *não é mesmo?*

Um caminho inesperado na carreira

Depois desses anos na Inglaterra e no Oriente Médio, finalmente voltei para a minha adorada Austrália. Eu era outra pessoa, como uma pessoa fica depois de viajar. Retornando ao trabalho de bancária, logo ficou claro que essa atividade nunca mais me satisfaria. Atendimento à clientela era o único ponto de especial interesse do trabalho agora, e, embora fosse fácil obter trabalho em qualquer cidade, eu estava inquieta e desesperadamente infeliz em minha vida profissional.

A expressão criativa também estava começando a brotar em mim. Agora vivendo na Austrália Ocidental, eu me sentei à margem do Rio Swan em Perth um dia e fiz duas listas. Uma era daquilo em que eu era boa. A outra era daquilo que eu gostava de fazer. Deduzi que havia uma espécie de artista dentro de mim, já que as únicas coisas que surgiram nas duas colunas eram talentos criativos.

"Devo ter a ousadia de achar que poderia ser uma artista?", pensei comigo mesma. A despeito de haver crescido perto de músicos, a confiabilidade de um "bom emprego" havia sido instilada em mim, por isso ninguém podia entender minha impaciência com uma segura existência de 9 às 5 horas na atividade bancária. Eram "bons empregos"; bons empregos que estavam lenta, mas seguramente, me matando.

Disso resultou uma intensa busca na minha alma, quando tentei descobrir o que eu poderia fazer bem, mas também amar. Surgiram tempos difíceis, já que tudo estava mudando dentro de mim. Finalmente, cheguei à conclusão de que ao fim eu teria que trabalhar com o coração, pois trabalhar apenas com o intelecto já havia me deixado vazia e insatisfeita demais. Assim, comecei a desenvolver minhas habilidades criativas por meio da escrita e da fotografia, as quais me conduziram à composição de canções e finalmente às apresentações, num longo caminho sinuoso. Enquanto isso, eu estava ainda trabalhando nos bancos, embora na maior parte do tempo como integrante de equipes temporárias. As armadilhas de um trabalho de período integral simplesmente não podiam mais ser suportadas.

Apesar disso, Perth ficava a uma longa distância de tudo e, por mais que eu amasse viver ali, o desejo de ficar mais acessível àqueles que eu amava fez com que eu tivesse de voltar para os estados orientais. Portanto, através das poderosas Planícies de Nullarbor eu parti, cruzando as Cordilheiras Flinders, ao longo da Grande Estrada Oceânica, subindo pela Rodovia Nova Inglaterra, até que Queensland se declarasse meu próximo lar. Em alguns desses períodos eu trabalhei num centro telefônico para pessoas que faziam assinaturas de um canal de cinema para adultos. Foi às vezes muito mais interessante que o trabalho nos bancos.

— Hum...

Silêncio.

— Eu estou telefonando a pedido do meu marido.

— Então, a senhora gostaria de assinar o "Agitos noturnos"? — eu respondia num tom amigável, receptivo, sempre deixando as mulheres à vontade.

Ou então os homens perguntavam:

— Como é isso? Quero dizer... Você vê *tudo?*

— Sinto muito, senhor. Eu mesma não vi. Mas eu posso lhe oferecer uma experiência de uma noite por 95 centavos de dólar e, se o senhor gostar, pode me telefonar outra vez e assinar mensalmente.

E, claro, havia os telefonemas previsíveis do tipo "De que cor é a calcinha que você está usando?" Bronnie desligava. Mas, quando as risadinhas haviam desaparecido, era simplesmente mais um trabalho de escritório. Amizades se formaram com outras equipes, o que o tornou mais desfrutável. Mas minha inquietação continuava a inflamar.

Mudamos de volta para meu estado natal de New South Wales. Dean, o homem com quem eu estivera na Inglaterra e no Oriente Médio, havia se mudado de volta para a Austrália comigo. Assim que nos instalamos de volta em New South Wales, nosso relacionamento chegou ao fim. Havíamos nos amado carinhosamente por anos e sido os melhores amigos pela maior parte do tempo. Foi devastador ver a amizade se romper. Mas nossas numerosas diferenças de estilo de vida não podiam mais ser varridas para debaixo do tapete ou afastadas com um sorriso, como um dia tínhamos feito.

Eu era uma vegetariana. Ele era carnívoro. Trabalhando em ambientes fechados a semana toda, eu ansiava por vida ao ar livre nos fins de semana. Ele trabalhava ao ar livre a semana toda e, no fim dela, queria ficar em casa. A lista prosseguia mais e mais, e parecia aumentar a cada semana. As coisas com as quais nós dois nos divertíamos juntos já não mais nos divertiam. Um amor mútuo pela música ainda nos ligava e nos manteve unidos por uns tempos. Mas, por fim, o canal de comunicação entre nós perdeu a sua força e cada um travava uma luta com a própria perda, vendo nossos sonhos compartilhados se desintegrarem diante de nossos olhos.

Foi um tempo de mágoas, quando o relacionamento terminou e a dor dessa perda chegou. Enquanto eu me encolhia como uma bola soluçando, desejando que pudéssemos ter feito a coisa funcionar, sabia no fundo que não podíamos. A vida nos estava chamando em diferentes direções e o relacionamento agora estorvava nossos passos, em vez de facilitá-los.

A procura de mais significado em minha vida se intensificou e, como resultado, a questão do trabalho cresceu em importância. Consciente do fato de que ser um artista é um modo muito difícil de sobreviver, até que o trabalho tenha ganho ímpeto e uma reputação saudável, eu tinha que encontrar uma nova direção nesse intervalo. Sobreviver como uma artista seria possível, no fim. Se eu podia sonhar com isso, podia realizá-lo, afinal de contas.

Mas eu precisava voltar a ter um rendimento e precisava fazê-lo num campo que me permitisse trabalhar com o coração e com minha identidade natural. A pressão de vender produtos dentro da atividade de bancária havia aumentado e eu tinha mudado demais. Não me ajustava mais àquele mundo, se algum dia eu verdadeiramente me ajustara. Determinada a prosseguir na minha jornada criativa, a escolha foi fazer um trabalho de cuidadora novamente. Ao menos, não ficaria presa numa vida opressiva, o que também me libertaria da rigidez da rotina.

A despeito dos anos de busca espiritual que haviam me conduzido a esse ponto, a decisão final foi quase casual, leviana. Simplesmente, eu pegaria um emprego como companhia em benefício de meus passos criativos e para também trabalhar com o coração e morar livre de aluguel ao mesmo tempo. Não tinha ideia, então, de como meus anseios por um emprego com coração haviam sido ouvidos tão claramente, e como os anos que se seguiram iriam ser uma parte tão significativa de minha vida e o trabalho de minha vida.

Dentro de duas semanas, tinha me mudado para uma casa do lado portuário num dos mais exclusivos subúrbios de Sydney. O irmão mais velho de minha cliente a tinha encontrado inconsciente no chão da cozinha. Depois de mais de um mês no hospital, ela teve alta para voltar para casa, contanto que tivesse assistência por vinte e quatro horas.

Minha experiência na profissão de cuidadora havia sido apenas a de acompanhante para Agnes naqueles anos anteriores. Eu não tinha cuidado de pessoas, e fui franca quanto isso à agência que me empregou, mas eles não se importaram. Cuidadoras que quisessem morar com os clientes eram uma comodidade, e eles não iriam me deixar escapar por entre os fios de sua rede. "Basta fingir que você sabe o que está fazendo e chamar-nos se precisar de alguma ajuda." Oba, oba, seja bem-vinda à atividade de cuidadora, Bronnie!

Minha empatia natural me capacitou a fazer o trabalho razoavelmente para uma nova pessoa. Eu simplesmente tratava Ruth como se ela fosse minha própria avó, que havia sido preciosa para mim. Provendo suas necessidades conforme iam surgindo, eu me virei como pude. A enfermeira comunitária vinha a cada dois ou três dias e me fazia perguntas sobre as quais eu não tinha ideia. Porque fui franca com ela, ela acabou por me ajudar em demasia e a me ensinar sobre remédios, cuidados pessoais e os jargões da profissão.

Meus empregadores apareciam de quando em quando também. Ficavam felizes por ver o cliente feliz. Partiam rapidamente. Não tinham ideia de que eu estava ficando emocional e fisicamente exausta com rapidez. Não tenho certeza se eu própria já havia percebido isso.

A família de Ruth estava satisfeita porque eu mimava Ruth ao ponto de estragá-la. Havia massagens nos pés, manicures, massagens faciais e montes de ótimas conversas seguidas por xícaras de chá. Como eu dizia, eu a tratava como trataria minha querida avó. Não conhecia nenhum outro modo de tratamento.

Ruth tocava sua campainha a noite toda também e eu descia as escadas num relâmpago, ajudando-a a se apoiar no aparelho sanitário à cabeceira de sua cama para ir ao toalete. — Oh, você é glamourosa — ela me dizia quando eu entrava. Sua impressão de meu *glamour* vinha do fato de eu às vezes usar meu cabelo num coque para dormir, simplesmente porque eu estava exausta demais para desembaraçá-lo naquela hora. E usava minha assim chamada "glamourosa" camisola de noite devido à insistência de minha mãe.

— Você não pode ir à casa dessa senhora e dormir nua ou com alguma coisa velha — mamãe havia alegado. — Por favor, leve isso e prometa-me que vai usá-la. — Assim, respeitando os desejos de minha querida mãe, eu me descobri usando uma camisola de noite de cetim para dormir. Lá ia eu glamourosa, meio sonâmbula, entrando no seu quarto de dormir de quatro a cinco vezes por noite, os olhos lutando para ficarem abertos, ansiando por se aliviarem temporariamente de meu estado de exaustão. Ruth precisaria de mim por todo o dia seguinte também, portanto havia sempre bem pouca chance de eu tirar umas horas de sono. Eu fazia também tarefas de dona de casa, às quais me dedicava durante as sonecas vespertinas de Ruth.

Sentada no aparelho sanitário, ela também queria conversar. Ruth amava toda espécie de atenção depois de anos vivendo sozinha. Eu estava gostando de nossa amizade também, exceto pelo fato de ficar escutando quais xícaras e pires eles haviam usado em algum jantar noturno havia trinta anos, enquanto ela urinava no aparelho sanitário às 3 da madrugada, meu corpo só desejando retornar para a cama.

Durante semanas, Ruth falava dos anos na baía e dos filhos brincando pelo porto. Cavalos e carretas, arrastando-se ao longo de todas as ruas silenciosas, faziam entregas do leite e do pão. Nos domingos a vizinhança toda se vestia com suas melhores roupas para ir à igreja. Ruth falava de seus filhos quando eram jovens e de seu marido, falecido havia muito tempo. Sua filha, Heather, que eu descobri ser adorável, aparecia a cada um ou dois dias, e era um sopro de ar fresco. O filho de Ruth e sua família viviam no interior do país, e, se Heather não houvesse mencionado seu irmão, teria sido fácil esquecer sua existência. Ele não tinha papel ativo na vida de sua mãe.

Heather fora a pedra que sustentara Ruth ao longo de todas as décadas como viúva. O irmão mais velho de Ruth, James, também ajudava. Ele vinha de seu lar a uma milha de distância toda tarde. Era possível regular o relógio pela sua visita. Lá vinha ele com o mesmo suéter, todo santo dia. Já tinha oitenta e oito anos e nunca se casara. Com uma mente tão lúcida quanto possível, ele era um personagem maravilhoso e era para mim um prazer conhecê-lo e desfrutar da simplicidade de sua vida.

No entanto, Ruth não vinha se recuperando de sua doença, e estava de cama ainda depois de um mês. Mais testes haviam sido feitos e foi então que fui informada de que ela estava para morrer.

Descendo ao porto com lágrimas nos olhos, tudo parecia surreal. Crianças brincavam na água rasa. A ponte para pedestres que se estendia sobre a baía oscilava ligeiramente conforme pessoas felizes caminhavam sobre ela. Balsas passavam em seu caminho para o Embarcadouro Circular no centro da cidade. Eu caminhava em meio a um sonho, enquanto risadas soavam de um grupo de pessoas que faziam um piquenique.

Sentada contra um rochedo de arenito, a água quase me batendo nos pés, eu ergui meus olhos para um belo céu. Era um daqueles dias de inverno perfeitos, quando o calor do sol é como um bálsamo. Sydney nunca é totalmente gelada no inverno, nem é como os invernos europeus. Era um dia glorioso, em que um casaco leve bastava. Tendo já ficado mais íntima de Ruth, a ideia de sua morte deixou-me triste por minha própria dor inevitável. O choque de que eu a perderia foi minha primeira reação. Minhas lágrimas brotaram quando um iate passou velejando cheio de gente feliz e saudável. Também me assaltou a ideia de que eu seria sua cuidadora, aquela que a assistiria até seu fim.

Tendo crescido numa fazenda de gado, depois numa fazenda de ovelhas, eu vira um monte de animais agonizando e morrendo. Não era coisa nova para mim, embora eu fosse ainda terrivelmente sensível a ela. Mas a sociedade em que eu vivia, a sociedade moderna da cultura ocidental, não era dada a expor seus membros a corpos agonizantes de uma maneira constante. Não era como algumas culturas nas quais a morte se dá ao ar livre e é uma parte muito comum na vida cotidiana.

Nossa sociedade isolou a morte, quase como numa negação de sua existência. Essa negação deixa tanto a pessoa que vai morrer quanto a família e os amigos totalmente despreparados para uma coisa que é inevitável. Todos nós vamos morrer. Mas, em vez de reconhecer a existência da morte, tentamos ocultá-la. É como se estivéssemos tentando convencer a nós mesmos de que "se não vejo uma coisa, não penso nela" realmente funcionasse. Não funciona, porque, do contrário disso, continuamos tentando nos valorizar através de nossa vida material e nosso comportamento grupal temeroso.

Se fôssemos capazes de encarar nossa própria morte inevitável com aceitação honesta, antes que chegássemos a esse ponto, então mudaríamos nossas prioridades bem antes que fosse tarde demais. Isso nos daria a oportunidade de empregar nossas energias, então, em objetivos de real valor. Uma vez que soubéssemos do tempo limitado que nos restaria, embora não tivéssemos consciência de que se seria de anos, semanas ou horas, seríamos menos guiados pelo ego ou pelo que as pessoas pensam de nós. Ao contrário, seríamos mais guiados pelo que nosso coração realmente quer. Esse conhecimento de nossa morte inevitável, iminente, nos ofereceria a oportunidade de encontrar um propósito e uma satisfação maior pelo tempo que nos restasse.

Percebi quão prejudicial é essa negação em nossa sociedade. Mas, naquele momento, naquele ensolarado dia de inverno, o pensamento simplesmente me deixou completamente ignorante do que viria a acontecer mais tarde com Ruth e com meu papel de cuidadora dela. Pousando minha nuca contra o muro de arenito, rezei para ter forças. Tendo já encarado muitos desafios em minha criação e em minha vida adulta, acreditei que eu não teria sido levada àquele lugar se não fosse capaz de executar minha tarefa. Isso não abrandou particularmente minha tristeza e minha dor.

Mas, sentada ao calor do sol daquele dia, com lágrimas silenciosas caindo, eu senti que tinha um trabalho a fazer e que daria a Ruth toda felicidade e conforto que eu pudesse para suas derradeiras semanas. Fiquei ali por um longo tempo, refletindo sobre a vida e sobre como eu não vira o fim da vida de Ruth se aproximando. No entanto, reconhecia também que tinha dons a compartilhar, e era isso que estava sendo solicitada a fazer. Caminhando de volta à casa, uma forte resolução se formou dentro de mim. Eu daria a essa situação o absoluto melhor de mim, e só me importaria com dormir depois.

Minha empregadora apareceu naquele dia mais tarde. Expliquei-lhe que eu nunca havia visto uma pessoa morta, quanto mais cuidara de uma até morrer. Ouvi minhas palavras caírem em ouvidos surdos. — A família ama você. Você se dará bem.

Você se dará bem (extraída de *Você se dará muito bem*) é uma expressão tão comum no idioma australiano que eu aceitei que me daria. A deterioração de Ruth se acelerou a partir daquele dia. Outras cuidadoras vieram para me aliviar em dias alternados e, conforme as necessidades dela cresciam, fui dispensada do trabalho noturno. Eu ainda era chamada pelas outras cuidadoras, já que supervisionava o andamento das coisas. Mas pelo menos o sono agora era possível.

Os dias eram ainda especiais e, mais frequentemente, vividos em maior parte por Ruth e eu. Era uma ligação silenciosa, com risadas ocasionais soando através das árvores do parque portuário que ficava logo abaixo. Heather vinha visitar-nos de vez em quando, bem como James e uma série de especialistas que faziam seu trabalho. O aprendizado oferecido era imenso e eu estava evoluindo positivamente em meu desempenho, sem então perceber a completa extensão disso. Simplesmente fazia o que era necessário e formulava um monte de perguntas a todos que eu pudesse abordar.

Numa manhã, quando estava para sair em dois dias de folga, empolgada por estar prestes a sair da cidade para visitar meu primo e para desfrutar de alguma leveza depois do peso disso tudo, notei o cheiro que vinha do quarto de dormir. A cuidadora noturna ou não o tinha notado ou não tinha querido notá-lo, esperando que pudesse ficar para a cuidadora diurna que estava para chegar. Eu vi coisas muito parecidas com essa nos anos que se seguiram.

De modo algum eu deixaria minha bela amiga deitada ali por um minuto a mais. Ela tinha evacuado completamente. Estendida sem forças, Ruth só foi capaz de me responder com grunhidos silenciosos. Seus órgãos principais estavam entrando em colapso. A cuidadora noturna relutantemente se apartou da revista de fofocas que estava lendo e me ajudou. Aí nós limpamos a dócil mulher e mudamos seus lençóis por debaixo dela. Foi um alívio quando a cuidadora diurna chegou, jogou tudo fora e imediatamente se pôs a trabalhar com ânimo. Conseguimos limpá-la e fazê-la descansar, e rapidamente ela mergulhou num sono profundo, exausto.

Mais tarde, naquele mesmo dia, sentada no bosque com meu primo, meu coração ainda estava preocupado com o que eu deixara lá na casa. Acolhendo a leveza e o humor que sua companhia sempre oferecia, eu estava feliz de passar horas com ele. Mas não me foi possível ficar longe por duas noites. Ruth estava demais em meus pensamentos, e eu tinha certeza de que ela não duraria muito. Fiquei com meu primo por poucas horas. Então meu empregador telefonou e me disse que Ruth estava nas últimas. Perguntou se eu poderia voltar.

De volta à noitinha, a atmosfera sombria da casa era palpável antes mesmo que eu entrasse nela. Heather estava lá com seu marido, bem como a nova cuidadora noturna, que havia acabado de chegar. Ela era uma adorável garota irlandesa.

Heather perguntou se eu me importaria que ela fosse para casa. Respondi delicadamente que ela tinha que fazer o que achasse melhor. Ela se foi. Mas, depois que saiu, foi um tanto difícil não fazer um julgamento da situação. Eu podia apenas imaginar minha própria mãe morrendo e como eu moveria céus e terras para estar ao lado dela nesse momento.

Dizem que tudo acontece por amor ou medo: toda emoção, toda ação e todo pensamento. Concluí que o medo estava motivando a decisão de Heather, e por isso senti uma torrente de compaixão e amor por ela. Desde o início de nossa ligação, eu a achara uma pessoa muito prática e um tanto distanciada. Mas essa situação era estranha para mim. Eu não queria que minhas próprias crenças e condicionamentos atrapalhassem minha consideração por alguém de quem eu aprendera a gostar, simplesmente por ela lidar com as coisas de um modo diferente do meu.

Sentada no quarto obscurecido com Erin, a outra cuidadora, aceitei e respeitei as ações de Heather. Ela fizera o que tinha de fazer, porque ela fizera tudo que pudera. Por décadas, mantivera a vida de sua mãe em ordem, tal como a de sua própria família. Estava completa e totalmente exausta a essa altura, tanto física quanto emocionalmente. Dera tudo o que pudera e queria lembrar-se de sua mamãe dormindo pacificamente, tal como estava quando ela saiu. Eu sorri com respeito e com meu reconhecido entendimento.

Contudo, conversando com Heather em dias posteriores, descobri que Ruth insinuara a Heather que queria que ela se fosse. Heather conhecia sua mãe bem o bastante para ler seus desejos. Assim, fora por amor que ela saíra, não por medo, de modo algum. Situações parecidas tornaram-se um tanto familiares nos anos seguintes. Nem todas as pessoas agonizantes queriam sua família presente. Elas davam seu adeus enquanto estavam conscientes, e às vezes preferiam ser assistidas por cuidadores, permitindo à família conservar lembranças que não aquela.

Erin e eu conversávamos baixinho no quarto de Ruth, a presença da morte pairando. Erin explicava como em sua família o quarto estaria lotado com todo mundo num momento assim. Tias, tios, primos, vizinhos e filhos, todos viriam dar seu adeus, para ver a pessoa sair deste mundo.

Caímos em hiatos de silêncio, ambas olhando para Ruth, observando e esperando. A noite estava incrivelmente tranquila quando eu silenciosamente enviei a Ruth amor de meu coração. Erin e eu conversamos um pouco novamente, depois recaímos no silêncio. Ela era uma ótima pessoa com quem compartilhar a experiência, já que se importava. Era natural dela agir assim.

— Ruth abriu os olhos — Erin me disse de repente, sobressaltada. Ruth havia estado em semicoma pelo tempo todo até aquele momento. — Ela está olhando para você.

Eu me aproximei mais da cama e segurei a mão de Ruth.

— Estou aqui, querida. Tudo está *ok*.

Ela olhou diretamente nos meus olhos e um momento depois seu espírito começou a abandonar o corpo. Este tremeu por um curto momento. Depois, tudo ficou tranquilo.

Instantaneamente, lágrimas rolaram pelo meu rosto. Falando silenciosamente com ela do meu coração, agradeci a Ruth pelo que compartilháramos, disse-lhe que a amava e que lhe desejava tudo de bom em sua jornada. Foi um momento muito reverente, cheio de tranquilidade e amor. Erguendo-me no quarto obscurecido, todos os meus sentidos vivos, eu pensei silenciosamente nas graças que havia recebido por ter passado este momento com ela.

Então, o corpo de Ruth surpreendentemente tomou outro enorme fôlego. Eu pulei para trás, praguejando, meu coração disparando para fora do meu peito.

— Puta merda! — eu disse a Erin. Ela riu para mim.

— Isso é muito normal, sabe, Bronnie? Acontece bastante.

— Sim, bem, obrigada por me dizer — eu respondi em choque, sorrindo para ela. Meu coração estava batendo com força, e toda a reverência do momento se fora. Eu dei um passo para trás, para o lado da cama, com grande hesitação. — Vai acontecer outra vez? — murmurei para Erin.

— Pode acontecer.

Esperamos em silêncio por mais um ou dois minutos, mal respirando.

— Ela se foi, Erin. Posso sentir que ela se foi — eu disse por fim.

— Deus a abençoe — nós duas pronunciamos baixinho, ao mesmo tempo. Movendo nossas cadeiras para mais perto, sentamo-nos com Ruth por um momento em silêncio sagrado e respeito afetuoso. Eu também precisava me acomodar um pouco, depois do susto do momento anterior.

Heather e minha empregadora haviam me pedido para telefonar-lhes quando isso ocorresse, o que eu fiz. Eram cerca de 2h30 da madrugada. Não havia mais nada que nenhum dos dois pudesse fazer. Eu também fora orientada, no começo daquele dia, sobre como proceder a partir desse fato. De modo que chamei o doutor para vir e emitir uma certidão de óbito. Quando isso foi feito, a casa funerária foi convocada.

Erin e eu nos sentamos na cozinha até que o corpo de Ruth fosse levado embora, quase na hora em que o sol estava surgindo. Durante essas horas de espera, nós duas voltamos a olhar para Ruth de vez em quando. Era uma compulsão de ainda cuidar de seu corpo, muito embora ela houvesse se separado dele. Eu não gostava de deixá-la sozinha no quarto.

A estranha e escura hora posterior era muito especial, sob este aspecto. Mas havia também um vazio tangível na casa naquela noite, depois que ela falecera.

A casa de Ruth me foi oferecida no dia seguinte como residência temporária. Heather disse que levaria meses para a herança se resolver e, em vez de deixar a casa vazia, a família se sentiria mais segura tendo alguém morando nela. De modo que fui morar na casa de Ruth por algum tempo, o que foi uma bênção para a minha situação financeira. Era bom também estar num lugar que havia agora se tornado familiar para mim.

Eu havia percebido que o trabalho regular em residências seria exaustivo demais. Nunca fui capaz de fazer qualquer coisa pela metade, e agora entendia que precisaria me afastar de futuros pacientes, indo para casa em turnos regulares toda noite. Cuidar exigiria de mim mais do que a companhia constante.

Pelos meses seguintes, observei e ajudei Heather a mudar os pertences de Ruth para novos lugares. O mundo material de Ruth foi desmontado pedaço por pedaço, como acontece com todos. Eu havia sido nômade por tanto tempo que ainda conservava uma aversão por possuir coisas demais. Como resultado, recusei muitas coisas que Heather me ofereceu gentilmente. Elas eram apenas coisas, afinal de contas, e, embora tivessem pertencido à minha amiga Ruth, eu sabia que sua lembrança ficaria em meu coração, como realmente ficou.

Mas realmente me apaixonei por um par de velhas lâmpadas, e elas estão comigo até hoje. A casa de Ruth foi posteriormente demolida pelos novos proprietários e substituída por uma construção moderna. A velha árvore de frangipani* que havia lançado aromas de verão por toda a casa por décadas foi derrubada num piscar de olhos e substituída por uma piscina para exercícios. Recebi um convite para uma festa de ocupação da nova casa.

---

* "Frangipani" é uma flor perfumada em tons de rosa-salmão, que recebeu esse nome em homenagem a um perfumista do século XVI. É também conhecida como jasmim-do-cabo. (N. do T.)

As pessoas que a tinham comprado ficaram incomodadas com as aranhas e as teias pelas árvores no jardim. No entanto, Ruth e eu nos sentávamos no jardim de inverno observando a tecelã-do-orbe-dourado tecer uma teia tão forte, que você poderia erguê-la para caminhar por debaixo. Era uma maravilha que nós duas havíamos amado e compartilhado. Aproximando-me da piscina para exercícios, olhando para todas as novas plantas que haviam substituído um jardim estabelecido pelo amor e pela longevidade, fiquei deliciada por ver uma tecelã-do-orbe-dourado tecendo sua teia lá no alto, sobre uma das novas plantas.

Enviei amor para Ruth com um sorriso e senti que, ao seu próprio modo, ela estava me visitando ali naquele dia. Sua casa poderia ter desaparecido, mas seu espírito estava comigo. Agradeci ao novo proprietário pelo convite, bati um papinho e desci pelo porto. Sentada no lugar onde estivera no dia em que ficara sabendo pela primeira vez que Ruth era um doente terminal, senti-me grata por tudo o que havíamos compartilhado e por tudo o que eu havia aprendido com nossa ligação.

Naquele dia de verão, eu sorri percebendo muito mais que eu recebera então, muito mais que apenas morar livre de aluguel. Conforme o dia feliz se desdobrava diante de mim, continuei a sorrir de gratidão. E, tendo dirigido minha atenção para aquela aranha tecelã-do-orbe-dourado, Ruth já havia me retribuído o sorriso.

Honestidade e resignação

Algumas mudanças casuais aconteceram comigo depois da partida de Ruth. Ao revezar de turnos conheci outros cuidadores. Era essa a única breve oportunidade que tínhamos de nos relacionar com outra equipe. Por todos os longos turnos de doze horas, não havia gozações ou risadas, já que somente no revezamento era que víamos um ao outro. O cliente, a família e os profissionais médicos que apareciam tornavam-se nossos únicos contatos.

Isso tornava os relacionamentos até mais pessoais. Mas também me dava tempo para ocasionalmente ler, escrever, prosseguir com meus exercícios de meditação ou fazer um pouco de ioga. Muitos dos cuidadores enlouqueciam com tempo demais para eles mesmos, e não era raro eu chegar em casa e encontrar a televisão ligada antes do café da manhã. Satisfeita por gostar de minha própria companhia, as longas horas de silêncio me serviam muito bem. Mesmo que houvesse gente ao redor, com uma pessoa agonizante na casa, essas moradias eram ambientes geralmente tranquilos.

Entrando na casa de Stella no subúrbio enfileirado de árvores, essa era definitivamente um exemplo. Não apenas pelo fato de que ela estava morrendo. Havia ali gente pacífica, gentil. Stella tinha cabelos brancos longos e lisos. Graciosa era a primeira palavra que me ocorreu quando nos conhecemos, a despeito do fato de que ela estava jazendo no leito. Seu marido, George, era um belo homem e me acolheu com naturalidade.

Ter que aceitar que um membro da família está morrendo é uma enorme ocasião de mudança na vida por si mesma. Quando essa pessoa atinge o estágio de necessitar cuidados por vinte e quatro horas, contudo, tudo sobre a vida que essas pessoas conheceram desaparece. Sua privacidade e seus momentos especiais dos dois em casa desaparecem para sempre.

Cuidadores iam e vinham, alternando seus turnos de manhã e à noite. Alguns eram regulares, mas outros vinham apenas uma vez, no intervalo de atendimento de seus clientes regulares. De modo que havia novos rostos com os quais lidar, novas personalidades e variadas éticas profissionais. No entanto, muito depressa eu me tornei a cuidadora regular do dia para Stella. Uma enfermeira comunitária vinha visitar-nos também, bem como o médico paliativo. Foi um homem que vi brevemente com muitos clientes ao longo dos anos, e que pessoa especial, agradável e bondoso ele era!

Depois das experiências com Ruth, minha empregadora disse que eu havia me saído muitíssimo bem com elas e me ofereceu mais treinamento em cuidado paliativo, se eu quisesse seguir aquele caminho. Aceitei essa oferta, já que sentia que a vida estava me chamando nessa direção naquele momento. O tempo e o aprendizado com Ruth tinham tido um profundo efeito sobre mim, deixando um desejo de crescer e experimentar mais nesse campo.

Meu treinamento envolveu duas oficinas de trabalho. Uma delas foi para mostrar a mim e a outros cuidadores como lavar as mãos apropriadamente. A outra foi uma breve exposição de procedimentos para erguer o doente. Foi tão somente essa minha completa extensão de treinamento formal. Depois, enviando-me para trabalhar com Stella, minha empregadora me disse para não revelar a eles que eu tivera apenas um cliente paliativo. Ela acreditava que eu podia fazer o serviço, tal como fiz.

A honestidade sempre fora uma parte significativa de minha personalidade. Mas, quando surgiram as perguntas da família sobre minha experiência, eu me flagrei mentindo, tudo porque precisava do trabalho. Estavam surgindo novas leis sobre qualificações de equipe, as quais eu não possuía nenhuma. Ainda que eu não pudesse provar minhas habilidades falando de experiências anteriores, contudo, queria realmente que a família de Stella ficasse tranquila comigo. Eu sabia de coração que poderia fazer bem o trabalho, já que este requeria delicadeza e intuição mais do que qualquer coisa. Por isso, segui em frente com as mentiras, dizendo que eu havia cuidado de mais pessoas do que cuidara quando eles perguntaram. Mentir era tão incômodo para mim, no entanto, que eu nunca mais consegui fazer isso com outro cliente.

Stella era muito apegada à higiene e queria lençóis limpos na cama todo dia. Mas era também uma dama elegante e insistia em usar uma camisola que combinasse com a cor do desenho dos lençóis. George riu para mim um dia em que ele teve um problema por ter escolhido os lençóis errados para a camisola que ela queria usar. Eu disse a ele, rindo, como eu sempre acabava dizendo às famílias de quase todos os meus futuros clientes: "Fazemos qualquer coisa que ela queira para deixá-la feliz".

E assim foi que essa alta e graciosa mulher jazia agonizante com os lençóis e camisola de sua escolha quando me perguntou sobre minha vida.

— Você medita? — ela perguntou.

— Sim, medito — eu respondi alegremente. Não era uma pergunta que eu tivesse esperado.

Stella continuou:

— Que escola você segue? — Eu lhe contei, e ela fez um sinal de assentimento com a cabeça, entendendo.

— Você faz ioga? — ela perguntou.

— Sim, faço — respondi novamente. — Mas não tanto quanto gostaria.

— Medita diariamente?

— Sim. Duas vezes ao dia.

Não pude deixar de sorrir quando, depois de um momento, ela respondeu com uma voz gentil — Oh, graças a Deus. Tenho esperado por você há séculos. Posso morrer agora.

Stella havia sido uma instrutora de ioga por quarenta anos, muito antes que a ioga se tornasse uma coisa cotidiana na cultura ocidental. Naquela época, era uma coisa estranha vinda do Oriente. Ela fora à Índia várias vezes e era muito devotada à sua escola.

No princípio, porque a coisa era muito excêntrica para o mundo em que eles viviam, Stella disse que era uma instrutora de exercícios quando solicitada, em vez de uma professora de ioga. Como a sociedade felizmente foi evoluindo com o tempo, e a ioga se tornou uma prática notória, ela saiu de sua concha e ensinou a muitos estudantes as artes e a sabedoria desse método.

Seu marido era um profissional aposentado que ainda fazia algum trabalho em casa. Ele trabalhava devagar sossegadamente, e eu gostava de sua presença. A biblioteca da casa era cheia de clássicos da espiritualidade. Muitos eu havia lido, mas muitos eu tinha querido ler, e até aí não havia conseguido. Era o sonho realizado de um leitor, principalmente um leitor tão interessado em filosofia, psicologia e espiritualidade. Eu os devorava no maior número possível. Stella se agitava em seu sono, perguntava que livro eu estava lendo, quando eu estava com um livro nas mãos, e fazia um comentário sobre ele. Ela conhecia todos. Quando ficava lúcida o bastante para conversas longas, o que não era muito frequente, falávamos sempre sobre filosofia. Compartilhávamos várias teorias e descobríamos que nossas ideias não eram terrivelmente diferentes umas das outras.

Minha prática de ioga também melhorou enormemente. Eu não sentia que tinha que esconder o que eu estava fazendo, ou me afastar para outro quarto. A porta para o quarto de dormir de Stella nunca estava fechada, de modo que o ar fresco penetrava livremente o tempo todo. Era um ótimo espaço para trabalhar. O pacífico gato branco de Stella, chamado Yogi, ficava estendido aos pés de sua cama e me olhava. Como as tardes em torno de mim eram particularmente tranquilas, eu usava esse tempo em sua maior parte para me alongar e respirar. Achando que Stella estava dormindo, deleitava-me quando ela fazia um comentário sobre alguma coisa que eu estava fazendo e como melhorar aquela postura ou tentar outra parecida, talvez mais dinâmica e desafiadora, antes de cair no sono novamente.

Naquela altura, já vinha fazendo ioga havia quase cinco anos. Tinha começado em Fremantle, um subúrbio de Perth, quando vivia na Austrália Ocidental. Duas vezes por semana eu subia em minha bicicleta e descia para Fremantle, que ficava a um par de subúrbios de distância. Kale era o professor. Ele foi verdadeiramente uma introdução maravilhosa à ioga para mim. Ele descobrira seu próprio caminho para ela só bem tarde na vida. Uma doença de coluna o conduzira à prática da ioga. Obviamente, a vida tinha grandes planos para ele, e ele encontrou sua vocação, para grande benefício de seus muitos estudantes devotados.

Quando deixamos Perth, a vida ficou bagunçada por algum tempo. Mas a ioga continuou a me chamar. Onde quer que eu vivesse, procurava uma nova turma e às vezes me juntava a alguma por um breve tempo. Mas encontrar uma classe à qual eu me ligasse tanto quanto me ligara à de Kale foi em vão. Não foi possível encontrá-la.

Durante minha temporada no quarto de dormir de Stella, eu vim a notar como não havia realmente me ligado à minha prática, já que eu estava ainda procurando pelo professor para estabelecer a ligação, em vez de procurá-la em mim mesma. Isso foi mudado em caráter permanente em decorrência da orientação dela. Desde então, eu tenho gostado de outras turmas, já que elas me impulsionam um pouco mais do que pode ocorrer em minha prática caseira. Elas são também um grande meio para conhecer pessoas com afinidades. Mas minha prática caseira não cessa agora, já que a prática em si é a professora. Stella deixou sua marca em sua derradeira aluna.

Sua grande frustração era que ela estava preparada para morrer, e isso não acontecia. Eu chegava de manhã e perguntava como ela estava se sentindo.

— Bem, como você acha que eu me sinto? — ela respondia. — Eu estou ainda aqui, e eu não quero estar.

Ela também não conseguia mais meditar. Depois de todos os anos de disciplina mental de Stella e da ligação que ela experimentara consigo mesma por meio da meditação, achava que seria uma coisa natural agora, à medida que se aproximava de seu retorno ao lar. Na verdade, pensara que sua prática iria se intensificar. Mas foi minha prática que se intensificou. Toda tarde, quando ela pegava no sono, eu fazia meu exercício vespertino. — Você tem tanta sorte! — ela me dizia depois. — Isso é tão frustrante! Não consigo meditar e não consigo morrer.

— Talvez você esteja aqui ainda por minha causa. Talvez ainda haja coisas que eu tenha que aprender com você, e esta seja a razão pela qual sua hora ainda não chegou — eu sugeri.

Ela fez que sim. — Posso aceitar isso.

Como é sempre o caso de duas pessoas que interagem, contudo, nós estávamos aprendendo uma com a outra. Quando levantei a questão da resignação, Stella começou a encontrar mais paz em seu interior. Quando eu fiquei ao lado de sua cama e falei dos dias passados, de aprender a como deixar a coisa acontecer, ela escutou com interesse.

Ano após ano, eu vivera de um ato de fé após outro. Eu disse a ela como tinha pegado a estrada para o sul anos atrás sem nada a não ser um tanque cheio de gasolina, cinquenta dólares e uma intenção de me mudar para algum lugar mais fresco por uns tempos. Com uma cidade na costa extremo sul de New South Wales em mente, eu rumara para aquela direção. Visitando amigos ao longo do caminho, ia encontrando trabalho de um ou dois dias, o que me permitia seguir a viagem. Tendo já sido tão nômade, eu tinha amigos espalhados por todos os lugares e era maravilhoso revê-los, alguns deles eu já não via fazia quase uma década. Finalmente, cheguei à cidade pretendida, mas com pouco dinheiro.

Um parque de caravanas no promontório tinha a melhor vista da cidade, abrindo panorama para o poderoso Oceano

Pacífico. Por isso parei lá por uma noite. O assento traseiro de meu velho jipe havia sido removido e substituído por um colchão. As cortinas foram erguidas antes de eu pegar a estrada, e, pronto, saí andando. Verificando as oportunidades de trabalho na cidadezinha, as coisas pareceram um pouco desafiadoras, inicialmente. Mas era outono, minha época favorita do ano. De modo que eu apenas saboreei o tempo perfeito por dois dias e fiz um monte de caminhada.

Pagar por meu lugar no parque de caravanas, contudo, não seria possível. Meu dinheiro estava se esgotando, e eu me encontrava ali para tomar banho e ter uma base de ação enquanto fazia alguns contatos. Portanto, comprei um pouco de comida e rumei para o mato, seguindo os sinais para um rio interiorano não muito distante. Tendo vivido por atos de fé anteriormente, eu sabia que teria que encarar meus medos mais uma vez. Se fosse desejar conseguir alguma coisa para mim por meio apenas da fé, eu teria que tirar minha cabeça do caminho, e isso é sempre a coisa mais difícil de fazer.

Ideias sombrias surgiram em minha mente, resultado de meu condicionamento passado e da sociedade me falando que eu não conseguiria viver desse jeito. O medo começou a empinar sua cabeça feia quando eu passei a me perguntar quando, pelos deuses, tudo iria voltar a melhorar. Trazer-me de volta ao momento presente era a única coisa que me salvaria nesse momento. E não há melhor lugar para encarar seus medos do que na natureza, onde você pode voltar ao ritmo verdadeiro da vida.

Quando os medos adormeceram, eu gozei de dias maravilhosos numa sadia e descomplicada rotina de comer comida simples e saudável, nadar no rio purificador e claro como cristal, observar os curiosos rostos da vida selvagem indo e vindo, escutar pássaros numa variedade de cantos e ler. Foram dias reverentes, amplos e belos.

Quase duas semanas se passaram sem que eu visse outra pessoa. O dia em que vi gente foi agradável. Era uma família de três gerações, que estava a passeio no rio para um almoço de piquenique. Isso me revelou que era provavelmente um fim de semana. Deixei meu jipe aberto e fui fazer uma grande caminhada, dando a eles o lugar para desfrutarem. No fim da tarde me deitei na traseira do jipe, ainda com a retaguarda e as janelas bem abertas, e li um pouquinho. A bela luz do crepúsculo era filtrada magicamente através das árvores.

Quando a família estava partindo, a mulher de minha idade, mãe das duas crianças, se afastou do grupo. Seu marido, pais e filhos seguiram para seu carro. Ela caminhou em minha direção e invadiu meu jipe. Eu ergui os olhos do meu livro um pouco sobressaltada e sorri, quando ela simplesmente me sussurrou: "Invejo a sua liberdade". Com isso, nós duas rimos e ela partiu, sem mais nenhuma palavra e sem me dar tempo para responder.

Deitada no jipe naquela noite, as cortinas abertas, as rãs coaxando no rio e um cobertor de um milhão de estrelas me fazendo companhia, eu sorri pensando nela. Ela estava certa. Eu estava verdadeiramente livre. Não tinha dinheiro ou comida suficiente para os próximos dias, mas, naquele momento exato, eu era tão livre como uma pessoa poderia ser.

As pessoas frequentemente me perguntavam sobre as várias viagens que eu havia feito às florestas e outros lugares do país, e se eu não ficava assustada pensando em minha segurança. A resposta foi não, raramente tive motivos para pensar nisso. Houve duas ou três situações equívocas, como o episódio da carona. Mas eu me saí bem delas e considerei essas raras ocasiões como um bom aprendizado. Como todos os movimentos eram feitos intuitivamente, eu tentei ao máximo sempre me mover para a frente com confiança, sabendo que seria ajudada.

No entanto, somos criaturas na maior parte das vezes sociáveis, de modo que rumei de volta para a cidadezinha. Telefonei para a minha mãe, com quem eu tinha um relacionamento sadio e afetuoso. Como mãe, ela estava sempre um pouco preocupada com meu bem-estar. Mas outro lado dela entendia que a vida nômade era uma parte de mim. Ela não julgava minhas escolhas, mas ficava sempre aliviada por ter notícias minhas. No dia anterior ela havia gasto dois dólares num bilhete de loteria, com a intenção de ganhar algum dinheiro para mim. Ela é uma pessoa tão naturalmente generosa que a vida a premiou.

— Você me deu tanto de tantas outras maneiras! — ela disse. — Insisto em que pegue esse dinheiro. Foi com a intenção de lhe ajudar que ele chegou a mim, de qualquer modo.

— Assim, felizmente, flagrei-me com dinheiro para atravessar outro par de semanas.

Despertando no meu jipe no parque de caravanas na manhã seguinte, eu desci para as rochas para observar o nascer do sol sobre o oceano. Eu amo esse primeiro vislumbre de luz, quando ainda há estrelas pelo céu, mas um dia inteiramente novo está chegando. Enquanto o sol se tingia de rosa e depois de alaranjado, eu me sentei nas rochas observando um cardume de golfinhos brincalhões nadando, saltando do mar por puro prazer. Compreendi então que tudo iria acabar bem.

Após um longo e agradável papo sobre a vida e as viagens horas depois naquele dia, o proprietário do parque retornou ao meu jipe balançando uma chave.

— Eu não preciso da van número oito por mais dez dias. É sua, e eu não vou permitir que pague um centavo por isso. Se minha filha estivesse dormindo na traseira de seu carro, eu esperaria que alguém fizesse o mesmo por ela — Ted declarou.

— Seja abençoado, Ted, muito obrigada — eu disse, engolindo lágrimas de gratidão.

Assim, tive um teto sobre minha cabeça pelas dez noites seguintes e um lugar para cozinhar. Durante esse tempo, no entanto, os temores quanto à minha situação estavam começando a me assolar ferozmente. Eu tinha que ganhar algum dinheiro. Meu estoque de comida estava diminuindo novamente. A cada dia, eu visitava todo o comércio da cidade e, embora estivesse cheio de boas pessoas, não havia nenhum trabalho disponível. Caminhando de volta colina acima para o promontório e o parque de caravanas, tomava fôlego profundo, tentando ficar presente, mas tentando encontrar uma solução também.

Eu odiava essa parte de minha vida, essa compulsão para sempre abandonar, a deixar a cautela ao vento e criar situações tão desafiadoras para mim, vezes após vezes. Contudo, ela era também viciante. Toda vez que eu fazia isso, desafiava frontalmente meus medos e de algum modo eu sempre, sempre, aterrissava sobre meus pés novamente. De certa forma, cada ato de fé se tornava mais difícil, já que ele me levava para mais perto do âmago de meus mais profundos medos interiores. No entanto, cada ato se tornava mais fácil. Eu havia testado minha fé até o limite em muitas ocasiões anteriores e havia ganho sabedoria e fé mais poderosa em mim mesma ao longo do processo. A vida também fazia mais sentido para mim desse modo, independentemente de quão difícil isso se tornava, de vez em quando. Eu simplesmente não me ajustava ao modo como a sociedade convencional funciona.

Foi nessa altura que, observando a maré alta recuar, eu me lembrei da importância da resignação, de deixar as coisas caminharem por si mesmas e permitir à natureza tecer sua magia. A mesma força que equilibra o fluxo das marés, a força que vê as estações irem e virem perfeitamente, e cria a vida, era certamente capaz de trazer a mim a oportunidade de que eu necessitava. Mas eu tinha primeiro que deixar as coisas fluírem. Tentar controlar o tempo e as consequências era um terrível desperdício de energia. Minhas intenções já estavam manifestadas e eu havia adotado as ações que podia. Meu único trabalho agora era sair do caminho.

Eu ri docemente de mim mesma, lembrando-me que havia me esquecido disso. Era uma lição de épocas anteriores. Quando eu estivesse bem na ponta de um galho fino, frágil e curvo, a única coisa a fazer seria me entregar e ver onde eu poderia cair. Era hora de permitir que as coisas acontecessem por si só novamente.

Resignar-se não é desistir, longe disso. A entrega exige uma enorme quantidade de coragem. Com frequência somos capazes de fazer isso somente quando a dor de tentar controlar as consequências está ficando grande demais para suportar.

Chegar a esse ponto é na verdade libertador, mesmo que não seja divertido. Ser capaz de aceitar que não há mais nada que você possa fazer senão passar a dificuldade para a força maior é o catalisador que finalmente abre o fluxo.

Na manhã seguinte, eu desci para as rochas que davam para o mar, onde os golfinhos brincalhões me saudaram novamente ao nascer do sol. Estava sentindo-me completamente vazia e drenada depois da investida do medo, da dor e da resistência, finalmente chegando à resignação. A exaustão emocional havia me esgotado. Mas, olhando para os golfinhos, absorvi a nova aurora e lenta, delicadamente, permiti a mim mesma ser reabastecida pela esperança.

Em conversa casual com algumas pessoas de férias no parque de caravanas, alguns dias depois, um emprego me foi oferecido em Melbourne, a cerca de sete horas ao sul. "Por que não?", eu pensei. Estava livre para ir a qualquer parte e havia querido viver num clima mais fresco, de qualquer modo. Melbourne logo se tornou minha cidade australiana favorita e permanece como tal. Mas eu não havia pensado em mudar-me para lá naquela época, e não tinha ideia de quanto eu me beneficiaria viver numa cidade tão criativa. Foi apenas por meio da resignação e do estar presente que eu pude permitir que a oportunidade de emprego surgisse em meu caminho.

Quando terminei de contar minha história para Stella, nós duas sorrimos. Ela comeu metade de um morango, concordando sem ego. Ela havia tentado controlar o momento de sua morte. Era hora de desistir desse controle e, por mais que ela não gostasse particularmente da ideia, ela aceitou que poderia haver ainda algum tempo antes que seu dia chegasse. Leva a um corpo nove meses para se formar. Às vezes leva algum tempo para ele se acabar também.

Mas, a essa altura, ela estava muito fraca e quase não se alimentava. Não havia energia nela para comer, mas aceitava pequenos pedaços de frutas simplesmente para sentir o gosto das coisas. No dia anterior, haviam sido duas uvas. Hoje era metade de um morango.

Sua doença devia causar-lhe muita dor, especialmente pelo tempo avançado em que já se encontrava, antes que fosse diagnosticada. Mas havia pouca dor, o que espantava o médico. Era principalmente exaustão o que ela sentia, conforme a doença se espalhava. Todo o trabalho que ela fizera em sua jornada espiritual dera-lhe uma forte conexão com seu corpo, agora a agraciando com ficar quase livre de dor. Foi também o que lhe permitiu uma partida suave quando a hora chegou.

Dois ou três dias antes disso, notei que seus dedos haviam inchado ao ponto de sua aliança de casamento agora causar profundas marcas. Parecia que ela estava afetando sua circulação naquele lugar. Telefonando para minha empregadora, fui alertada pela enfermeira de que a aliança tinha que ser removida. Com George deitado no leito ao lado dela, eu trabalhei no dedo com água e sabão, removendo-a delicadamente. Levou muito tempo para eu conseguir fazê-lo e, a esta altura, tanto Stella quanto George estavam chorando. Eu me senti como a advogada do diabo, exceto que, na hora em que consegui remover esse símbolo de seu amor que havia estado ali por mais que metade de um século, eu estava chorando também.

Sempre um homem carinhoso, George a chamou por um nome especial, afetuoso, que havia sido parte da vida deles de casados por muito tempo. Eu saí do quarto enquanto eles dividiam um raro momento de intimidade privada, deitando-se nos braços um do outro pela talvez última vez. Ao ficar no banheiro chorando, senti-me privilegiada por testemunhar a profundidade do amor que havia entre eles. Era diferente de qualquer outra que eu houvesse visto anteriormente. Eles eram amigos verdadeiros e ambos amáveis e respeitosos com todos, e especialmente um com o outro. Mas ainda assim foi doloroso vê-los chorar quando a aliança foi removida do dedo de Stella para sempre.

Seu filho e filhas visitavam-nos regularmente e iam lá muitas vezes agora, já que o tempo estava se escoando. Eu gostava deles todos. Eram muito diferentes uns dos outros. Mas cada um deles era uma pessoa decente e agradável. De uma das filhas em particular, no entanto, eu havia ficado especialmente íntima.

Uma mudança para frio surgiu inesperadamente um dia e eu me flagrei trabalhando sem agasalhos suficientes. George insistira que eu pusesse um dos casacos de lã de Stella. Tanto ele quanto Stella achavam que ele me caía muito bem. Era uma dessas coisas que você normalmente não nota numa loja, já que não fazem seu estilo. Mas, quando você as veste, se apaixona por elas imediatamente. Nesse dia a família, incluindo Stella, deu-me o casaco para guardar. Anos depois eu ainda o uso. Ela tinha estilo, nossa Stella.

Naquela noite, ela entrou em coma quando eu estava dormindo em casa. Retornei na manhã seguinte para encontrar a casa em situação solene. George e seu filho, David, estavam lá. Enquanto a brisa suave soprava por todo o quarto de dormir, George deitou-se na cama ao lado de sua bela esposa. Sua mão segurou a dela, que estava agora esfriando. Stella ainda estava viva, mas, nesses casos, quando a morte se aproxima, a circulação é afetada nas extremidades. Seus pés também haviam perdido seu calor. David sentou-se numa cadeira segurando sua outra mão. Eu me sentei numa cadeira mais próxima ao pé da cama, minha mão sobre seu pé. Acho que só precisava tocá-la também.

Depois de mais de doze horas de um coma profundo, Stella abriu seus olhos e sorriu para alguma coisa em direção ao teto. George se ergueu.

— Ela está sorrindo — ele declarou, assustado. — Ela está sorrindo para alguma coisa.

Stella não tinha mais consciência de nós. Mas o sorriso que ela deu para quem ou para o que ela estivesse olhando cimentou em mim uma coisa que nunca cedeu. Tendo tido anteriormente meditações que me levaram a lugares bem-aventurados, muito além do plano humano, eu nunca duvidara de uma vida após a morte. Mas, olhando para a espantosa felicidade de Stella quando ela sorriu para o teto com seus olhos abertos, eu soube com total convicção que nada nunca me afastaria dessa crença. Há alguma coisa além para onde irmos, ou para onde retornarmos.

Depois que sorriu, Stella soltou um pequeno suspiro, seus olhos rolaram para trás e tudo ficou em silêncio. George e David olharam para mim para obterem confirmação. Tendo apenas experimentado o falecimento de Ruth antes disso, eu esperava pelo grande suspiro, que não estava surgindo.

— Ela está morta? Ela está morta? — perguntaram em desespero e dor dilacerada.

Eu tentei sentir o pulso em seu pescoço, mas meu próprio coração estava batendo com tanta força, que eu só conseguia sentir esse ritmo. Estava sob imensa pressão e não tinha ideia do que estava fazendo. Eles olhavam para mim desesperadamente. Eu não queria declarar que ela estava morta e depois descobri-la viva por mais um ou dois dias, ou mesmo apenas tomando um fôlego maior. De modo que orei pedindo orientação.

Uma calma caiu sobre mim quando olhei para ela e então eu compreendi que ela havia partido. Fora uma partida tão suave, graciosa e delicada, que eu não fora capaz de notar. Mas essa onda de amor agora me varrendo confirmou-me que ela havia partido. Eu fiz um sinal de assentimento com a cabeça, e então George e David saíram do quarto imediatamente. O soluço mais dilacerante ecoou por toda a casa quando George tomou conhecimento de que sua adorada esposa se fora. Eu fiquei em silêncio com Stella, quando minhas próprias lágrimas também caíram.

Poucas horas depois, com o resto da família ali e os detalhes práticos providenciados, dissemos adeus uns para os outros. A manhã havia agora evoluído para um dia muito quente, e eu estava pensando no que fazer de mim mesma, realmente apenas querendo uma distração superficial. Ainda guiando o mesmo jipe de todas aquelas milhas anteriormente percorridas, eu tive que bater a porta com violência para fechá-la apropriadamente. Ao fazê-lo nesse dia, a janela toda do assento do motorista se despedaçou e caiu dentro das almofadas da porta. Eu fiquei ali olhando para aquilo fixamente, já entorpecida pelos acontecimentos matutinos e agora ainda mais, devido ao enorme estrondo que veio com o despedaçamento. Olhei para fora da janela, desprovida de vidro exceto por uns poucos fragmentos, e concluí que talvez a melhor coisa para mim fosse apenas ir para casa.

Levou três dias para a janela substituta chegar. De modo que passei esses dias em casa e descendo para o porto. Agradeci a Stella constantemente durante esse tempo, por haver me mandado para casa. Era a melhor coisa, permitir que eu simplesmente fosse eu mesma. Um par de meses depois eu recebi uma carta de Therese, a filha de Stella de quem eu me tornara íntima. No dia em que Stella faleceu, Therese estava caminhando pela rua, naturalmente pensando em sua mãe. Uma enorme cacatua branca pousou diretamente em frente a ela, tão perto que ela conseguiu sentir o vento de suas asas. Stella era esse tipo de mulher, capaz de enviar-nos sinais, e eu senti grande prazer ao ler a carta de Therese.

Mais ou menos um ano se passou e eu visitei a família para um jantar. Estava esperando muito ansiosamente pela noite, especialmente para rever o querido George novamente e ver como ele estava passando. A noite começou bem e foi ótimo saber como George estava se tornando muito sociável, jogando *bridge* e outras coisas. Então, de algum modo a conversa do jantar acabou retornando ao departamento da "mentira". Therese estava fazendo perguntas sobre como o falecimento de sua mãe havia sido diferente de todos os de meus clientes anteriores, ou alguma coisa do gênero. Foi minha grande oportunidade para esclarecer e dizer a eles como eu era inexperiente para cuidar de Stella.

Achei que eles não se importariam àquela altura, já que estavam mais do que felizes pelo serviço que haviam recebido. Mas eu não consegui esclarecer nada, já que George estava muito satisfeito por eu estar ali e fazia questão de dizer como era belo para nós todos estarmos juntos outra vez. Isso o levava de volta a Stella, tenho certeza. Eu queria falar com Therese a sós naquela noite e lhe contar a história toda, mas não houve chance alguma.

Nós perdemos contato depois daquela noite, conforme a vida foi seguindo. Alguns anos depois, no entanto, nós todos nos reencontramos e eu tive a chance de falar à família de minha inexperiência e de meu remorso por não ter sido honesta com eles desde o início. Eles foram lindamente acolhedores e indulgentes com isso, dizendo que eu mais que compensara essa falha com simpatia e compaixão. Tinham sentido desde o início que eu era a pessoa certa para cuidar de sua mãe, como eu realmente fora. Foi adorável reencontrar-me com eles e lembrar tudo o que havíamos passado juntos. Todo inverno, eu ainda uso meu casaco de lã e penso em Stella, de vez em quando. No inverno passado eu estava usando-o ao reler um livro que ela havia me dado, pausando e sorrindo com minhas próprias lembranças. Esse trabalho com certeza me fizera conhecer algumas belas pessoas.

Mas, de todo modo, a questão da mentira foi uma grande lição. Depois de meu período com Stella, decidi que nunca mais mentiria novamente aos clientes. A coisa mais importante fora que eu aprendera com isso. Eu era uma pessoa honesta e, independentemente de como a honestidade pudesse ser difícil de declarar, era o único caminho que eu sempre trilharia confortavelmente.

Aprender com o que acontecera então permitiu que eu perdoasse a mim mesma, e esta é a maior de todas as formas de perdão.

Lamento 1:
Desejaria ter tido a coragem de viver uma vida verdadeira para mim mesma, não a vida que os outros esperavam de mim

Não levou muito tempo para que Grace se tornasse uma de minhas clientes paliativas favoritas. Ela era uma mulher pequenina com um coração enorme. Este se derramava sobre seus filhos, que também eram todos pais, a essa altura, e igualmente belas pessoas.

Grace morava numa parte totalmente diferente da cidade, o que era incomum entre nossos clientes. Era uma rua suburbana igual a muitas outras, sem nenhuma mansão se salientando de qualquer um dos lados. Minha primeira impressão era de que seria uma boa rua para uma série de televisão, já que transpirava energia familiar.

A coisa de que mais gostei na própria Grace, e em sua família, foi que eles eram muito simples e autenticamente acolhedores.

Meus primeiros dias com ela começaram como geralmente ocorria com os clientes, compartilhando histórias para travar conhecimento mútuo. Do banheiro, ouvi comentários familiares sobre a perda de dignidade que Grace vinha experimentando, com outra pessoa tendo que enxugar seu traseiro, e como uma jovenzinha bonita como eu não devia ter que fazer um trabalho tão medonho. No entanto, eu havia ficado acostumada com essa parte do meu trabalho e tentava atenuar a situação para Grace e para todos os meus clientes não fazendo alarde sobre isso. Ficar doente é certamente um modo de dissolver o ego. A dignidade desaparece no passado para todo o sempre quando você é um doente terminal. A aceitação da situação de outra pessoa limpando seu bumbum se torna inevitável, já que os clientes ficam doentes demais para se preocupar com tais coisas depois de algum tempo.

Casada há mais de cinquenta anos, Grace vivera a vida que se esperava dela. Tinha criado filhos adoráveis e agora se alegrava com seus netos à medida que iam atravessando seus anos de adolescência. No entanto, seu marido havia sido aparentemente um tanto tirano, tornando a vida de casada muito desagradável para Grace por décadas a fio. Fora um alívio para todos, especialmente Grace, quando ele fora admitido numa clínica de repouso permanentemente havia apenas alguns meses.

Grace passara sua vida de casada sonhando viver independente de seu marido, sonhando viajar, não viver sob sua tirania, e, mais do que tudo, ter apenas uma vida simples, feliz. Embora estivesse nos oitenta anos, era ainda disposta para sua idade, e sadia. A boa saúde propicia liberdade de movimentos, e isso ficou claro para ela quando ele fora admitido na clínica de repouso.

Dentro de um breve tempo de sua recém-descoberta e longamente esperada liberdade, todavia, Grace começou a se sentir muito doente. Alguns dias depois desse ponto de virada, foi diagnosticada com doença terminal, já muito avançada. O que tornava isso ainda mais comovedor era que a sua doença fora consequência do prolongado hábito de fumar dentro de casa que seu marido possuía. A doença era agressiva e, depois que um mês havia se passado, Grace perdera toda a sua força e estava acamada, quando não mancava lentamente para o banheiro com um andador enquanto era ajudada. Os sonhos que ela tivera a vida toda agora nunca iriam se realizar. Era tarde demais. A angústia que ela sentia com isso era contínua e a atormentava enormemente.

— Por que eu simplesmente não fiz o que eu queria? Por que eu deixei que ele me dominasse? Por que não fui forte o bastante? — eram perguntas que eu ouvia regularmente. Ela estava tão furiosa consigo mesma por não ter tido coragem! Seus filhos confirmaram a vida dura que ela experimentara e o coração deles lamentava por ela, assim como eu.

— Nunca deixe ninguém impedir você de fazer o que você deseja, Bronnie — ela disse. — Prometa isso para esta mulher agonizante, por favor. — Eu prometi, e continuei explicando como eu era feliz por ter uma mãe fabulosa que havia me ensinado a independência pelo exemplo.

— Olhe para mim agora — Grace prosseguiu. — Morrendo. Morrendo! Como foi possível eu esperar todos esses anos para ser livre e independente e agora ser tarde demais? — Não havia como negar que era uma situação trágica e que seria uma lembrança constante para que eu vivesse ao meu próprio modo.

Em seu quarto de dormir, salpicado de artefatos sentimentais e fotos de sua família, nós compartilhamos horas de conversas ao longo daquelas primeiras semanas. No entanto, seu declínio estava acontecendo muito rapidamente. Grace explicou que não era contra o casamento, não totalmente. Ela achava que poderia ser uma bela coisa e uma grande oportunidade para crescer, por meio do aprendizado compartilhado entre duas pessoas. Ela se opunha era à doutrina de sua geração, que declarava que você tinha que permanecer casada, independentemente de qualquer coisa. E assim fizera ela, privando-se de sua própria felicidade nesse ínterim. Ela havia dedicado sua vida ao seu marido, que tomara seu amor como fato totalmente consumado.

Agora que estava morrendo, não se importava com o que as pessoas pensavam dela e se angustiava por não haver descoberto isso mais cedo. Grace havia mantido as aparências e vivido do modo que as outras pessoas esperavam que vivesse, só agora percebendo que a escolha que fizera de agir assim fora apenas sua e estava baseada em seu medo. Embora eu lhe oferecesse apoio, incluindo a necessidade de se perdoar, o fato de agora ser tarde demais continuava a esmagá-la.

A maior parte de minhas orientações era desse tipo individualizado para clientes de longo prazo de quem eu cuidaria até que falecessem. No entanto, pipocaram muitos outros clientes ao longo dos anos, clientes que eu vi apenas algumas vezes a intervalos de seus próprios cuidadores assíduos. Essas palavras de Grace, repletas de angústia, desespero e frustração, tornaram-se familiares em muitos outros que eu vim a conhecer. De todos os arrependimentos e lições compartilhados comigo enquanto eu os assistia em seus leitos, *o remorso de não haver vivido uma vida verdadeira para si mesmo* era o mais comum. Era também aquele que causava a maior frustração, já que a percepção dos clientes chegava tarde demais.

— Não é que eu quisesse ter vivido uma vida grandiosa — Grace explicou em uma das muitas conversas junto ao leito. — Eu sou uma boa pessoa e não queria prejudicar ninguém. — Grace era uma das pessoas mais bondosas que conheci e não seria capaz de prejudicar ninguém de modo algum. Isso simplesmente não estava em sua natureza. — Mas eu queria fazer coisas para mim também e simplesmente não tive coragem.

Grace agora entendia que teria sido melhor para todos se ela tivesse tido coragem suficiente para honrar esse desejo.

— Bem, para todos, exceto meu marido — ela disse, desgostosa consigo mesma. — Eu teria sido mais feliz e não teria deixado essa desgraça permear nossa família por décadas. Por que eu o suportei? Por que, Bronnie, por quê? — Seus soluços comovedores irromperam e continuaram a fluir enquanto eu a abraçava apertado.

Quando suas lágrimas cessaram, ela olhou para mim com determinação feroz. — Estou falando sério. Prometa a esta mulher agonizante que você sempre será fiel a si mesma, que você será corajosa o suficiente para viver do jeito que você deseja, independentemente do que as outras pessoas digam. — As cortinas de renda sopraram suavemente, permitindo que o dia exterior penetrasse no quarto de dormir, quando nos olhamos mutuamente com amor, clareza e determinação.

— Prometo, Grace. Eu já estou tentando. Mas eu lhe prometo agora que eu irei sempre continuar a agir assim — eu respondi do fundo do coração. Segurando minha mão, ela sorriu sabendo que ao menos o que aprendera não seria totalmente desperdiçado. Explicando a Grace que por toda uma década de minha vida adulta eu havia trabalhado naquelas insatisfatórias funções de atendimento bancário, administração e gerência, ela começou a me entender mais e escutou com grande interesse. Mais anos no atendimento bancário foram adicionados depois dessa contagem, quando eu retornei do outro lado do oceano. Mas eu os chamei de meus anos de desabituação, desabituando-me do trabalho de como eu era.

Os primeiros dois anos fora da escola foram divertidos. Havia muitos recrutas e o trabalho era uma atividade social, acima de tudo. Todos os recrutas tinham dezessete ou dezoito anos. Assim, o trabalho era apenas envolver-se com os amigos e ganhar dinheiro para financiar nossos fins de semana. O trabalho em si foi muito fácil para mim a princípio, e podia ter continuado assim, se meu coração estivesse nele. No entanto, ele nunca esteve. Depois daqueles primeiros anos, eu rapidamente fiquei inquieta e comecei a questionar a vida. Ainda assim, continuei vivendo a vida esperada para mim por mais uma década, o tempo todo sabendo que havia alguma outra coisa esperando, mas sem coragem para buscá-la.

O que me mantinha ali acima de tudo era o medo da zombaria que eu teria que encarar de alguns membros da família se eu rompesse com o molde a que eles esperavam que eu me ajustasse. Eu estava vivendo a vida de alguma outra pessoa em minha pele, e isso nunca iria funcionar. Contudo, segui em frente, mudando os empregos bancários, os uniformes e os lugares regularmente. Como consequência, descobri-me num acelerado andamento de carreira, devido a ter trabalhado para a maior parte dos bancos e em mais funções do que uma pessoa de minha idade teria cumprido. Eu era um sucesso por descuido.

Desesperadamente infeliz, eu continuei a cumprir minha semana de trabalho numa atividade que nada fazia por minha alma. Há montes de pessoas que amam trabalhar em banco, e eu fico feliz por elas. Os bancos precisam de tais pessoas. Nos dias atuais também há oportunidades de trabalhar em áreas nas quais você beneficia a comunidade e em outros ramos nobres. Mas, como Grace, eu estava vivendo a vida que os outros esperavam de mim, não a vida que eu queria viver.

Como eu não podia agir mal com alguns membros de minha família e estava lutando para ser o que eles queriam que eu fosse, ficar num "bom emprego" ao menos os manteria longe de minhas costas naquela época da minha vida. Eu estava presa ao medo e à dor potencial que seria criada por atrair ainda mais julgamentos do que eu já suportara.

Ser a ovelha negra de qualquer família nunca é uma tarefa fácil. A ovelha negra tem um papel diferente a cumprir na dinâmica familiar. Mas não é sempre fácil. Quando alguns dos principais membros da unidade ganham poder reduzindo a força de outros, é uma estrada difícil a galgar. Mas, trabalhando em meio a tantas famílias nesse ramo de atividade, eu vim a observar que bem poucas famílias estão livres de conflito em algum nível. Todas têm seu aprendizado, absolutamente todas.

A minha não era diferente, embora essa compreensão não houvesse atenuado minha dor naquele momento.

Fazer piadas comigo era um esporte para minha família, até onde consigo me lembrar. Eu era uma nadadora em meio a uma família de cavaleiros, uma vegetariana numa família de criadores de ovelhas, uma nômade numa família de sedentários, e assim por diante. Com frequência as coisas eram ditas por brincadeira e a pessoa que as dizia podia não perceber a dor que estava causando naquele momento. Mas piadas tendem a se enfraquecer depois de algumas décadas que passamos ouvindo-as. No entanto, em outras ocasiões, frequentes demais, as coisas ditas eram de propósito e bem diretamente cruéis. Mesmo que você tivesse a força de mil pessoas, isso o desgastaria depois de muitos anos. Principalmente quando você encontra dificuldade para se lembrar de um período de sua vida em que ser ridicularizado, repreendido ou classificado de irremediável não fosse presente.

Consequentemente, até essa época eu nunca havia gostado particularmente da dinâmica familiar. Assim, o modo mais fácil de mantê-los afastados era apenas viver a vida que se esperava de mim. No entanto, ao fim, eu comecei realmente a renunciar e a viver em torno deles. Era meu mecanismo pessoal de cópia.

Os artistas no mundo todo são um grupo incompreendido, e eu era uma artista. Eu não havia percebido isso ainda. Tudo que sabia era que vender seguro a pessoas que só queriam descontar seus cheques de pagamento não era realmente um caminho de ascensão para mim. As vendas da seção no fim do mês não tinham relevância alguma para mim. Eu não me importava com nada, exceto fornecer aos clientes um serviço amigável e caloroso, o que fazia muito bem. Mas isso não era suficiente para mudar a feição do trabalho bancário. Era só vender, vender, vender.

No entanto, dizem que fazemos mais para evitar a dor do que para obter prazer. De modo que é apenas quando a dor se torna demasiada que nós finalmente encontramos coragem para promover mudanças. Nesse momento, a dor dentro de mim estava apenas continuando a inflamar até que atingiu seu ponto de ruptura.

Quando eu saí de outro "bom emprego" para ir morar na ilha, a confusão reinou. "Por que ela está fazendo isso? Para onde ela vai desta vez?" E durante toda a controvérsia eu estava apenas pensando com empolgação: "Vou morar numa ilha!". Quanto mais longe ficasse, mais feliz eu seria. Minha vida era minha, e lá seria uma boa vida. Qualquer contato que eu tivesse com o continente seria com minha querida mãe, que era realmente minha rocha e minha amiga preciosa.

Foi durante esses anos na ilha que eu mergulhei inicialmente na meditação. Depois, encontrei o caminho que me ofereceria a oportunidade de me conectar com minha bondade de modo que nenhum outro oferecia. Por esse caminho, comecei a entender e a experimentar a compaixão. É uma força tão bela e poderosa!

A dor que eu havia aceitado de outros tinha sido seu próprio sofrimento projetado sobre mim. Pessoas felizes não tratam outras pessoas daquele modo. Elas não julgam os outros por viver uma vida fiel à sua própria identidade. Se elas fazem alguma coisa é respeitá-los. Reconhecendo a dor transmitida à minha geração por gerações anteriores, eu tinha a chance de me livrar dela em minha própria vida. Eu nunca seria capaz de controlar outras pessoas, nem tinha desejo disso. As pessoas mudam porque querem e quando estão preparadas para isso.

Aprender a ver a vida compassivamente, e a aceitar que eu poderia nunca ter as relações compreensivas e afetuosas pelas quais um dia eu ansiara, foi libertador. Transformou minha vida em muitos níveis. Conhecendo a dor contínua de minha própria cura, eu aceitei que nem todos têm coragem de encarar o próprio passado, ao menos não até que ele se torne insuportável.

Até certo grau, a mesma dinâmica persistiu por alguns anos depois, mas começou a me afetar menos e menos. Levou força e tempo, mas agora eu via que não era problema meu. Era problema de qualquer pessoa que estivesse tentando me impingir sua crítica ou seu julgamento.

Uma história budista conta que um homem chegou gritando para Buda, que permaneceu indiferente a ele. Quando questionado por outros sobre como permanecera calmo e infenso, Buda respondeu com uma pergunta: "Se alguém lhe oferece um presente e você escolhe não recebê-lo, a quem então pertence o presente?". Claro que ele fica com o doador. Assim acontecia com as palavras que eram injustamente atiradas sobre mim de vez em quando. Parei de levá-las em conta e, em vez disso, senti compaixão. Afinal, essas palavras não estavam procedendo de um lugar feliz.

A coisa mais importante que eu aprendi em minha vida, no entanto, a mais importante de todas, é que *a compaixão começa com você mesmo*. Desenvolver compaixão pelos outros permitiu à cura começar e prosseguir. Isso me removia um tanto da equação quando os velhos padrões de comportamento ainda tentavam reinar. Eu conseguia reconhecer o sofrimento e ver que ele não era culpa minha de todo. Era a dor de alguma outra pessoa se manifestando. Isso era relativo a todas as relações, pessoais, públicas e profissionais. Todos nós sofremos, em alguma fase da vida. Todos nós sentimos dor, absolutamente todos nós.

Mas, saber como desenvolver compaixão por mim mesma foi muito mais difícil e, embora eu não soubesse disso na ocasião, a coisa me tomaria anos. Somos tão duros com nós mesmos, de maneira tão injusta! Aprender a tratar a mim mesma com bondade afetuosa, e com o reconhecimento de que eu também havia sofrido enormemente, era uma mudança tão difícil de promover! Era *quase* mais fácil escutar opiniões injustas dos outros e levá-las em conta, já que isso era tão familiar. Podia não ter trazido felicidade, mas aprender a ser boa para mim mesma e proporcionar-me compaixão, acima de tudo, era certamente um processo no qual eu teria que evoluir.

Mas a cura agora ao menos havia se iniciado.

Com essa nova intenção de autoestima, autorrespeito e autocompaixão, a velha dinâmica familiar começou a perder o poder. Eu encontrei a força para replicar, permitindo a mim mesma ser finalmente ouvida, em vez de continuar a ceder. Naturalmente, era agora minha própria dor que se expressava e não a das pessoas às quais eu me dirigia. Todos nós interpretamos as coisas que nos acontecem a nosso próprio modo. Portanto, era problema meu me expressar e liberar meu próprio sofrimento. Romper com os padrões de décadas exige um tanto de coragem. Mas minha dor deu-me essa coragem, e eu não tinha mais nada a perder. Do modo como as coisas eram, eu simplesmente não podia mais carregar a dor do silêncio.

Por fim, no entanto, era apenas o desejo de ser amados, aceitos e compreendidos uns pelos outros que realmente alimentava a dor dentro de todos nós.

De modo que a compaixão era o único caminho para a frente: compaixão e paciência. A despeito de tudo, o amor, em seu próprio disfarce frágil, ainda existia entre nós.

Era como se eu estivesse descendo por um rio nadando sem parar, e a cada vez me deparasse com uma grande pedra bloqueando meu fluxo natural. Ela sempre estava lá. Um dia, no entanto, percebi que poderia ficar lá *sempre*. Assim, em vez de encarar a mesma pedra, aquele mesmo bloqueio repetidamente, eu ia escolher um lugar diferente onde nadar, um lugar que me permitiria mover-me para a frente sensível e naturalmente. Eu não tinha que me atirar sobre aquele obstáculo sem parar, obstáculo esse que estorvava meu avanço natural, causando bloqueios e dores infalíveis o tempo todo.

Era hora de fazer as coisas de um modo diferente. Era hora de escolher um caminho diferente, falar claro e dizer "basta". Eu não estava querendo mais tolerar o mesmo padrão. Mesmo que eu acabasse mais sozinha, pelo menos isso poderia me levar à paz. O outro caminho certamente não era pacífico.

Depois de falar claro, as coisas começaram a mudar dentro de mim. Eu fiquei mais forte, com elevado autorrespeito e mais clara na autoexpressão. Algumas sementes novas e mais sadias haviam sido finalmente disseminadas. Eu ainda não sabia como nutri-las, mas estavam plantadas, pelo menos. Era hora de começar a viver como quem eu queria ser, dando um pequeno passo de cada vez.

Depois de compartilhar tudo isso com Grace, nós ficamos mais íntimas sem esforço. Ela concordou que todas as famílias oferecem seu aprendizado. Não conseguia imaginar uma família que não tivesse tido seus desafios e acreditava que as famílias traziam os maiores dons de aprendizado para a maioria das pessoas. Discutimos como o único meio de experimentar o amor é aceitar as pessoas totalmente como elas são, e não alimentar expectativas quanto a elas. Embora isso possa ser mais fácil falar do que fazer, era a abordagem mais afetuosa possível.

Grace compartilhou muitas histórias comigo; refletindo sobre sua vida, sobre os filhos que cresciam, sobre a vizinhança que mudava, depois voltando com frequência ao seu arrependimento terminal. Ela desejava ter tido a coragem de viver uma vida fiel ao seu próprio coração, não a vida que os outros haviam esperado que ela vivesse. O que conversávamos agora ia direto ao âmago das coisas importantes. Não havia mais conversa fiada, já que todos os assuntos abordados eram profundamente pessoais. Abrir-me para Grace foi inesperadamente muito terapêutico para mim, e minha escuta atenta tornou-se terapêutica para ela.

Por fim, chegamos também ao assunto da minha vida atual, de meus objetivos musicais, e de como eu havia começado a escrever canções e me apresentar. Depois de uma xícara de chá, Grace insistiu para que eu trouxesse minha guitarra ao trabalho no dia seguinte e tocasse alguma coisa para ela, o que foi um prazer absoluto para mim. Com o coração feliz, cantei para Grace, enquanto ela sorria e cantarolava junto, sentada em sua cama. Ela acolheu todas as canções que eu cantei, recebendo-as como se fossem as melhores canções do mundo. Sua família também foi ouvir, e foi igualmente bela e incentivadora. Grace amou absolutamente uma canção em particular, já que ela sempre quisera viajar. Era chamada *Sob os céus australianos*.

Depois daquele dia, Grace me pediu para cantar para ela regularmente. Não havia necessidade de uma guitarra, dissera. Portanto, eu me sentava lá em seu quarto de dormir, cantando para aquela adorável senhora pequenina, enquanto ela fechava os olhos sorrindo, absorvendo tudo o que eu cantava. As canções eram pedidas repetidamente, e eu nunca me cansava de cantá-las para ela.

A cada dia a saúde de Grace piorava. Seu tamanho miúdo se reduzia ainda mais. Velhos amigos vinham para dar-lhe adeus. Parentes sentavam-se ao lado de seu leito, conversando e reprimindo suas lágrimas. Sua família era participativa, muito envolvida, e suas visitas eram regulares. Eu gostava disso. Havia neles uma gentileza para a qual eu era atraída também. No entanto, quando todos se retiravam, éramos apenas Grace e eu novamente, e o pedido para que eu cantasse mais ressurgia. Foram horas especiais.

Ela não podia mais caminhar bem agora e, embora tivesse aceitado o uso de um aparelho sanitário junto à sua cama, ela o recusava quando os intestinos se agitavam. Ela queria usar um toalete apropriado para que eu não tivesse que limpar o aparelho. Não houve jeito de demovê-la disso, mesmo quando eu tentei assegurá-la de que não era um grande problema eu fazê-lo. De modo que demorava séculos irmos até o banheiro, que felizmente era próximo ao seu quarto de dormir. Ela estava muito debilitada. Quando a coisa terminava e ela estava limpa, eu a ajudava a ficar em pé e depois puxava sua calcinha para cima outra vez. Equilibrá-la enquanto ajeitava as roupas de baixo tinha que ser um movimento muito ágil.

Quando então recomeçávamos nossa caminhada de volta ao quarto de dormir, Grace apoiada em seu andador e eu a seguindo, segurando seus quadris, eu reparei que, na correria, eu havia enfiado um pouco de sua camisola por trás de suas calcinhas. Sorrindo para esta querida mulherzinha em seus últimos dias, encaminhando-a vacilante de volta para a cama, eu fui dominada pela alegria quando ela começou a cantar *Sob os céus australianos* enquanto ia andando. Algumas das palavras estavam nos lugares errados, mas isso apenas tornava o momento ainda mais precioso.

Eu senti então que havia experimentado o ponto alto de minha carreira musical. Nada que pudesse acontecer novamente superaria a alegria que eu experimentei naquele momento. Se eu nunca mais escrevesse outra canção, isso não teria me incomodado. Ter dado a essa querida pessoa tanto prazer com minha música, e receber em retribuição esse prazer ouvindo-a cantar minha canção em seus dias derradeiros, abriu meu coração mais que qualquer outra coisa que eu tivesse esperado de parte da arte musical.

Chegando ao trabalho dois dias depois, foi óbvio que aquele dia seria o último para Grace. Explicando que eu iria chamar a sua família, ela inicialmente balançou a cabeça em sinal de não. Fraca e exausta, estendeu os braços e me abraçou. Para poupar seus pequenos braços do esforço, eu deitei-me na cama e segurei-a entre os meus. Ela gostou disso, e nós nos pusemos a conversar por uns momentos, enquanto seus dedos afagavam meu braço. Perguntando-lhe por que ela não queria a família lá, ela disse que não queria causar-lhes mais dor. Ela os amava demais.

Mas eles precisavam dizer adeus, eu disse, e não proporcionar-lhes isso poderia acabar causando-lhes uma dor e uma culpa com as quais eles teriam que conviver depois. Ela entendeu e concordou, aceitando que ela não queria que eles se sentissem culpados por não estarem ali. De modo que telefonemas foram feitos e a família logo chegou. Mas, bem antes que eles chegassem, ela me disse em meio à sua exaustão

— Você se lembra de sua promessa, Bronnie, não se lembra?

Fazendo um sinal positivo com a cabeça em meio às minhas lágrimas, eu disse "sim".

— Viva fiel ao seu próprio coração. Nunca se preocupe com o que os outros vão pensar. Prometa-me, Bronnie — sua voz agora era um sussurro mal audível.

— Eu lhe prometo, Grace — disse delicadamente. Apertando a minha mão, ela mergulhou no sono, despertando novamente apenas por breves momentos para reconhecer sua adorável família, que então se postou junto à cabeceira de sua cama até o fim. Dentro de poucas horas, Grace se apagou. Sua hora havia chegado. Depois disso, sentada silenciosamente na cozinha, minha promessa feita a ela ainda estava fresca em meus ouvidos. Mas não fora apenas para Grace que eu fizera a promessa. Fora também para mim mesma.

Ao subir ao palco para lançar meu álbum alguns meses depois, dediquei aquela canção a ela. A família de Grace estava na plateia. O refletor escurecia a maior parte dos rostos, mas eu não precisava vê-los. Eu podia sentir o amor que eles estavam compartilhando enquanto me lembrava daquela pequena e querida mulher que não vivera como quisera, mas me inspirara a viver assim em seu lugar.

Produtos de nosso meio

Anthony estava apenas no fim dos trinta anos quando nós nos conhecemos numa tarde de sábado. Ele tinha cabelos encaracolados de um loiro-escuro e, apesar de estar doente, ostentava uma expressão natural de malícia. Era para mim uma grande mudança cuidar de alguém mais jovem. Iniciar uma amizade era um sopro renovador e, a despeito das circunstâncias, gozamos de um elemento de humor desde o início.

Com um irmão mais jovem, quatro irmãs mais novas, e uma família de destaque no mundo dos negócios, ele fora sempre muito poupado ao longo de toda a sua vida. O que quer que desejasse ele obtinha, e usou isso como vantagem quando mais jovem. Mas ele tinha em torno de si grandes expectativas devido ao sucesso financeiro de sua família. Essa pressão funcionava ao contrário e, apesar da inteligência e das oportunidades, ele tinha autoestima muito baixa. Mascarava isso muito bem sob seu humor e sua malícia. Anthony não conseguia ser o que sua família queria que ele fosse como o filho mais velho da família, e isso criava muita pressão em seu interior.

Seus anos de juventude foram passados dirigindo carros velozes, sendo perseguido pela polícia, contratando as prostitutas mais caras e causando danos a qualquer um que cruzasse seu caminho. Isto significava espaço territorial entre os jovens dos subúrbios ricos. Alguns dos atos que Anthony havia praticado em seu passado tiveram custo bem alto. Mas, devido a ele ser um homem de pouca dignidade pessoal, vivia também atrevidamente, desafiando a vida em alguns níveis perigosos. Um ato dessa espécie deixou-o num hospital com órgãos e membros danificados, com a possibilidade de perder sua saúde para sempre, e de perder a liberdade decorrente dessa saúde.

Os médicos estavam fazendo o que era possível para devolver-lhe a liberdade, mas as coisas não pareciam muito esperançosas. Anthony, entretanto, estava bem resignado à situação. Já percebendo que ele havia se causado um dano provavelmente permanente, pediu aos médicos para que a operação seguinte fosse levada em frente o mais breve possível, de modo que ele ficaria sabendo fosse o que fosse. Um par de procedimentos cirúrgicos foi efetuado. Então, analgésicos mantiveram-no dormindo pela primeira ou segunda semana, enquanto eu me postava ao lado de sua cama. Depois disso, era um caso de esperar para ver, dando margem à esperança de uma recuperação gradual.

Caímos no hábito de eu ler para ele. Isso começou numa noite quando ele me perguntou o que eu estava lendo. Depois de passar aquela temporada vivendo no Oriente Médio, eu queria ficar algum tempo a mais por lá. O livro que eu estava lendo era uma visão inteligente e imparcial do modo de vida naquela região e de sua história. Ainda que eu não negasse a submissão das mulheres em alguns desses países, ou o exagero a que chegavam alguns extremistas dessas nações em nome da religião, eu também vira um lado daquela cultura que infelizmente nunca é mostrado pela mídia.

Essas pessoas de coração caloroso eram maravilhosamente voltadas para a família, e algumas eram dos mais hospitaleiros anfitriões que eu chegara a conhecer. Belos corações se abriram e me acolheram sem hesitação. Isso também aconteceu com pessoas daquela região que desde então vim a conhecer na Austrália. Nós perdemos tanto da ligação familiar no Ocidente, principalmente no tocante à velha geração! Estava vendo isso em primeira mão, pela quantidade de pessoas solitárias nas clínicas de repouso, durante os turnos aleatórios que por vezes eu tinha que fazer nelas.

Outras culturas e as maneiras diferentes que todos escolhemos para viver me fascinam. Bem como me fascinam as delícias culinárias a serem descobertas por meio de outras culturas. No entanto, somos todos parecidos de outras maneiras também. O racismo é uma coisa que eu nunca entenderei. A maioria de nós é a mesma na questão de querermos apenas ser felizes. E, em algum nível, todos nós temos um coração que padece.

Anthony estava extremamente interessado em saber mais do que eu estava aprendendo. Assim, depois de fazer para nós um bule de chá herbáceo, seu aroma ondulando delicadamente pelo quarto, eu lhe falei do livro até onde o tinha lido. A leitura continuou, mas agora em voz alta. Passávamos uma ou duas horas nisso todos os dias, e se tornou uma ocasião de que nós dois gostávamos. Devido a termos passado algumas semanas nessa prática, pude apresentar a Anthony livros que ele nunca teria conhecido de outro modo. Oferecendo-lhe uma oportunidade de escolher os assuntos, ele sempre insistia que ficaria feliz com qualquer coisa que eu lesse.

De modo que apresentei a ele alguns clássicos do espiritualismo. Viemos a compartilhar livros sobre a vida, a filosofia e ideias discordantes. As discussões fluíam naturalmente depois disso, quando eu atendia às suas necessidades; levantando um braço que não estava funcionando, levantando outro num molde de gesso, fazendo curativo na ferida numa perna que não estava ativa, depois o alimentando, penteando seu cabelo e atendendo a outras necessidades pessoais de vestimenta.

Porém, por fim, o dano físico causado pelos seus atos deixou claro que as operações não haviam sido totalmente bem-sucedidas. Algumas coisas foram consertadas. Mas outras ficaram seriamente lesadas para a vida toda. Ele não poderia voltar para casa, devido ao fato de a forma de vida que tinha pela frente requerer assistência com permanente cuidado pessoal. Ficou então decidido que ele iria para uma clínica de repouso, uma das melhores da cidade, ao menos segundo o folheto de propaganda e o preço.

Anthony se tornou um homem jovem cercado por paredes de cores pardacentas, e pessoas moribundas, idosas. Era um ambiente medonho, e eu ansiava cobrir aquelas paredes com uma pintura de cores mais vivas. Inicialmente, no entanto, ele se sentiu suficientemente feliz. Deu-lhe paz o fato de a família ter parado de exercer pressão, já que sabiam que ele estava sendo cuidado. Ele também pôde levar bom ânimo aos residentes mais velhos, e eles gostaram dele. Com o passar do tempo, porém, sua luz se apagou e a escassez de estímulos externos embotou sua inteligência pela falta de uso. Ele começou a se tornar um produto de seu meio.

Todos nós somos criaturas bem maleáveis, subjugáveis, realmente. Embora tenhamos a chance de pensar por nós mesmos e ter vontade livre para viver do modo que o coração nos manda, nosso ambiente tem uma enorme influência sobre todos nós, principalmente até que comecemos a escolher a vida de uma perspectiva mais consciente.

Outro exemplo de ser influenciado pelo ambiente ao redor é observar pessoas com pés no chão e já felizes ficarem enredadas na busca por mais, mais e mais depois de uma promoção no emprego. O desejo de se igualar aos novos amigos no novo nível de poder aquisitivo geralmente faz as pessoas mudarem interiormente para se ajustarem ao seu meio. A zona em que estavam morando felizes deixa de ser suficientemente boa, de modo que eles se mudam para algo mais adequado, por exemplo. Às vezes isso traz felicidade, certamente, mas não sempre.

Muitas pessoas do interior também se adaptam à vida das cidades grandes e ficam afetadas pelas modas e pelos estilos de vida mais agitados da metrópole. Não que não haja modas no interior. Há, definitivamente. Mas, mesmo assim, é uma questão de ser influenciado pelo lugar onde se vive. Algumas pessoas criadas nas cidades grandes também se adaptam à vida do interior e tornam mais lentos seu estilo de vida, pondo de lado seus rótulos e descobrindo felicidade em *jeans* e botas de borracha, ao labutarem em suas propriedades. Onde quer que estejamos, nosso ambiente nos influencia enormemente se permanecemos nele por tempo suficiente.

Durante a metade dos meus vinte anos eu me diverti muito. O começo daquela década havia sido difícil para mim. Com cerca de dezenove anos estive para me casar, e tinha uma vida séria completa, até com compromissos de hipoteca. Em sua maior parte, era um relacionamento doentio. De algum modo, no entanto, eu sobrevivi àquele período. Olhando para trás, não tenho uma ideia de como consegui fazê-lo. Um excesso de ofensas mentais, jogos psicológicos e exposição a vários estágios de fúria expressados por meu companheiro continuamente diminuíram minha confiança.

Tudo isso se tornou excessivo perto da mesma época em que eu consegui um novo emprego, não surpreendentemente, num banco. A equipe de trabalho era fantástica e eu me flagrei recomeçando a curtir a vida. Ter um emprego também me permitia sonhar com algo além de minha situação presente, e eu me mudei. Eu me transferi para a costa norte com meu emprego, para recomeçar.

Imediatamente a dança e a frivolidade ganharam espaço e se tornaram uma feliz e descuidada parte da minha vida. Havia também um monte de drogas em torno de mim. Àquela altura, sabia que a bebida não era para mim e, embora eu não tivesse ainda atingido o ponto em que renunciaria ao álcool para sempre, beber não era uma grande parte da minha vida. Havia muitas outras coisas em oferta, no entanto, e no espaço de um ano eu experimentei a maior parte delas. Eram os dias anteriores às drogas sintéticas como a anfetamina e outras cujos nomes eu nem conheço. Maconha caseira era comum em meu círculo de amigos e, quando outro amigo me deu a oportunidade de experimentar ópio, eu o fiz.

Eu estava num espaço onde sentia que podia experimentar coisas novas, mas tinha lucidez o bastante para deixar a coisa de lado depois de uma só experiência, embora eu nunca tenha tentado aplicar essa teoria com a heroína, graças aos céus. Nem cheguei perto disso. Felizmente, uma só experiência foi o caso com ópio, cogumelos mágicos, LSD e cocaína, que eu fiz durante aquele período de um ano, mas nunca mais repeti. Havia em mim uma necessidade de algum atrevimento, eu acho, depois dos limites de minha formação e de meu relacionamento anterior. Mas, por baixo de tudo isso, num nível inconsciente, havia uma total ausência de valor próprio que tinha se tornado uma parte de mim e precisava ser preenchida.

A vida de excessiva indulgência com drogas não era para mim, entretanto. Eu percebi isso imediatamente e, embora me sentisse feliz em experimentar algumas coisas, disse a mim mesma que isso derivava mais de um desejo de experimentar a vida do que da necessidade de ficar "doidona". Conscientemente, não me levou muito tempo para perceber que preferia uma vida mais saudável. Mas, inconscientemente, havia muita coisa a ser desfeita depois de décadas de permissão a que as opiniões de outras pessoas dominassem meu sistema de crenças. A felicidade ainda estava muito dependente de forças exteriores.

Alguns anos depois, obedecendo às restrições da ilha também, eu estava vivendo na Inglaterra, servindo cervejas no *pub* da aldeia. As "bolinhas" abundavam. Depois de ingerir uma ou duas, os rapazes do lugar entravam no *pub* com enormes pupilas dilatadas, ficando com os dentes rangendo a noite toda. Suas rotinas regulares eram as mesmas todo santo ano. De modo que, quando compravam as "bolinhas", elas alteravam a realidade deles o suficiente para dar-lhes uma visão diferente do mesmo cenário. Era simplesmente do tédio que eles estavam tentando fugir e, observando-os no dia seguinte, com a melancolia e a exaustão que se seguiam, eu tinha que me perguntar se o preço pago por aquilo valia a pena.

Houve algumas ocasiões em que meu companheiro e eu decidimos aderir. Mas não levou muito tempo para percebermos que aquela não era a "nossa". O "bode" posterior da "bolinha" era horrível e eu me odiei por ter feito aquilo ao meu corpo. No entanto, mais ou menos um mês depois, eu me descobri experimentando uma época de mudança na vida, de novo sendo influenciada por meu ambiente e pela falta de vontade e escolha consciente para viver uma vida melhor.

Dean estava trabalhando todo fim de semana, de modo que me juntei às fileiras de outros rapazes da aldeia e subi num trem que ia para Londres numa noite. Apesar de estar no fim dos meus vinte anos, eu nunca fora a uma festa *rave*, simplesmente porque nela não se executava o meu tipo de música favorito. Mas, em vez de me deixarem em casa sozinha, os rapazes me convenceram a ir com eles, prometendo-me o maior momento de minha vida. Eram todos meus colegas, assim os segui.

Uma experiência anterior com *ecstasy*, na única vez em que eu o experimentara, fora *ok*. Tive uma noite tola e sobrevivi ao "bode", embora de maneira decididamente não agradável. Meu estômago ficou horrível e minha energia permaneceu incrivelmente baixa por dias a fio. No entanto, parecia que essa experiência me bastara e desde então eu recusara qualquer oferta. Também fiquei com remorso depois dela, e eu poderia passar muito bem sem nada disso. Havia pensamentos desse tipo o bastante em mim. No entanto, ali estava eu no trem para Londres com oito caras que estavam tentando me convencer a tomar uma pílula de *ecstasy*.

Os caras da cena metropolitana estavam tomando várias pílulas toda semana, de modo que problema haveria em eu tomar uma pequenina? Eu não os culpo de forma alguma, nem um pouquinho. Eles curtiam esse tipo de coisa e estavam apenas tentando me fazer aderir a eles. A escolha final foi decisivamente minha quando a pílula deslizou garganta abaixo, bem quando o trem parava na estação de Victoria. Estávamos no meio do inverno e lá fora estava absolutamente gelado, como Londres é nessa época do ano.

Desde o momento que entramos no clube, eu odiei a música e quis que a noite terminasse. A música acústica seria sempre a minha favorita, muito mais que qualquer coisa digital, embora cada um ficasse com seu gosto, naturalmente. A música *techno* explodia dos alto-falantes. Fazendo uma escolha consciente de parar de julgar a situação e aceitar que eu estava ali para ficar até o nascer do sol, relaxei e me juntei aos rapazes na pista de dança. Enquanto eles se entregaram à explosão imediatamente, eu estava meramente suportando a coisa.

Então, a pílula se ativou com intensidade total e eu senti que tinha que fugir da multidão. O suor escorria. Cada esbarrão do corpo de alguém na pista de dança me deixava claustrofóbica.

Eu tropeçava tentando achar algum espaço. O baixo ressoava através das tábuas do assoalho e do meu corpo. Os rostos sorridentes dos rapazes dançavam quase borrados, transformando-se nos de outras pessoas. Eu estava rapidamente perdendo controle e tinha que chegar a um lugar seguro.

Ruído, rostos sorridentes e a iluminação estavam aumentando em distorção quando eu abri caminho, num atordoamento desesperado, para os toaletes femininos. Não poderia manter um cubículo só para mim mesma pela noite toda, como eu desejava. Depois de refletir sobre isso enquanto estava no cubículo, cedi o espaço privado relutantemente a garotas que começaram a bater na porta para ver se alguém estava ali.

Estava frio demais para sair do clube, e o primeiro trem para casa não chegaria até 6 da manhã. O ruído nos toaletes das mulheres e as risadas das pessoas que iam e vinham deixavam-me num aturdimento vertiginoso. Foi então que avistei a borda da janela. Meu refúgio, concluí. Subindo na pia, eu consegui chegar à borda, que era larga o suficiente para que eu coubesse sem nenhum risco de escorregar. Deslizando por ela, encontrei um canto agradável fora do caminho, que dava para as pias nos toaletes femininos. A agitação e o caos rolavam lá embaixo. Mas agora eu tinha um lugar para descansar minhas costas e minha cabeça contra a janela e tentar encontrar algum sossego.

O suor continuava a escorrer. A janela congelada na qual eu me encostara trouxera uma trégua muito necessária. Eu estava em meu próprio mundo agora e poderia lidar melhor com as coisas. Meu pobre coração estava batendo mais rápido do que poderia ser natural para um coração humano e rezei para que ele sobrevivesse à noite. Ele não diminuiu o ritmo. No entanto, não passou pela minha cabeça pedir ajuda médica, tampouco. Talvez fosse um medo subconsciente da lei e das drogas ilegais. Eu não sei. Mas ficar sentada com minha cabeça recostada contra aquela janela fria como gelo era o que eu sentia que mais precisava.

— Você está bem, amor? — uma garota inglesa me perguntou, puxando a bainha dos meus *jeans*, que estavam à altura do olho dela.

Eu a ouvi vagamente, mas continuei boquiaberta, a cabeça recostada, de olho fixo no teto. Era difícil demais responder. Meu batimento cardíaco estava fora de controle e eu não conseguia me mexer.

— Amor, você está bem? — ela persistiu. Com todo grama de esforço que eu pude juntar, baixei os olhos para ela e fiz que sim.

— Tem um pouco de água aí? — ela perguntou. Eu balancei meus ombros, ao que ela desapareceu apenas para retornar com uma garrafa de água para mim. — Beba isso — ela insistiu. Cedendo, eu a vi então encher novamente a garrafa na torneira do banheiro.

— Obrigada — eu consegui dizer com um vago sorriso. A conversa foi boa para mim, por difícil que fosse. Eu tinha que me concentrar em vez de me perder na viagem que minha mente e meu corpo estavam fazendo. Conseguimos bater um papo por uns momentos. Ela era um anjo.

Por toda a noite eu permaneci naquela borda de janela, incapaz de me mexer, meu coração ainda disparando para fora do meu peito, o gelado ar noturno na janela equilibrando o calor excessivo dentro de meu corpo. Aquela excelente mulher continuou a vir regularmente para me examinar, enchendo minha garrafa de água e batendo papo comigo toda vez que vinha. Eu não sei quem é até hoje, mas odeio pensar no que teria me acontecido sem ela.

Cerca de meia hora antes de o clube fechar, ela me ajudou a descer. Eu estava ainda terrivelmente fora de mim e não gostando nem um pouquinho disso, mas falava mais claramente agora. Conseguimos sorrir e bater um papinho curto. Mas, muito embora brincássemos ligeiramente com a coisa, ambas sabíamos da seriedade daquilo pelo que eu passara, e eu a abracei, agradecida. Então, ela me conduziu de volta para dentro do clube para encontrar os rapazes. Eles tinham me procurado a metade da noite e ficaram terrivelmente aliviados por me ver. — Fiquem de olho nela — a mulher lhes disse, estendendo a minha mão para um deles e dizendo adeus para mim com um beijo e um sorriso.

No trem para casa, os rapazes não conseguiam parar de rir um do outro e falar que noite fantástica aquela havia sido, desejando ainda estar lá e lamentando pelas drogas terem acabado. Eu encostei minha cabeça na janela e fingi dormir, sabendo que levaria algum tempo até que isso fosse realmente possível. Meu coração ainda estava me saindo pela boca e meu único pensamento era que eu desejava que tudo isso simplesmente terminasse.

Os dias de prejudicar meu precioso corpo com químicas tóxicas ficaram para trás daquele dia em diante. Dormindo por dois sólidos dias depois disso, despertei como uma nova mulher, agradecida pela enorme lição que me fora dada. Deitada ali, olhando para o teto, exausta da viagem que meu pobre corpo fizera, meu maior alívio foi ter sobrevivido a ela. Era hora de tratar a mim mesma com mais respeito e cuidar da dádiva de saúde que eu havia recebido.

Vários anos depois me ofereceram uma pílula de *ecstasy* num barco, que eu recusei polidamente sem hesitação. Pareceu uma coisa tão estranha ao meu mundo, naquele momento! Percebi que eu havia me transformado num produto de meu meio, felizmente, meu novo meio. Meu estilo de vida havia se voltado para a saúde. As horas de relações com amigos eram passadas com comida saudável, chá em torno de fogueiras, longas caminhadas e natação em rios. Era um meio que me convinha muito melhor. Eu não me importava de modo algum ser um produto desse meio.

No entanto, Anthony havia se tornado um produto de seu meio do pior modo possível. Durante minhas visitas ao longo de seu primeiro ano na clínica, ele gostava de discutir assuntos de atualidade no rádio e na televisão. Era astuto e sempre preparado para dar uma opinião inteligente ou fazer um pouquinho de gozação. Também me estimulava a contar histórias a ele sobre o que estava acontecendo em minha própria vida, e ficava genuinamente interessado.

Mas, com o passar do tempo, sua luz se apagou a tal ponto, que ele preferia se recusar a que eu o levasse para sair. Antes disso, tivéramos horas prazerosas, absorvendo o sol e conversando com transeuntes. Às vezes nos sentávamos no jardim da clínica, observando os pássaros e conversando um com o outro. De um modo ou outro, sempre tivéramos horas felizes com muita risada e conversa.

Se qualquer um de seus amigos ou de sua família sugerisse que ele tentasse aprender novas habilidades para criar uma vida melhor que a atual, ele se recusava a ouvir.

— Não vejo por que — ele dizia para mim seguidamente. — As coisas estão bem aqui, eu aceito este destino na vida. — Anthony sentia que merecera o que havia acontecido a ele devido ao mal que fizera a outras pessoas no passado.

— Você pagou suas dívidas, Anthony — eu dizia. — Você aprendeu com elas e isso é o que importa. — Mas ele não se perdoava. Tampouco podia ser forçado a criar uma nova vida. Havia se reduzido ao ritmo e à rotina da clínica de repouso e não tinha aspirações a retornar à vida normal da sociedade novamente. Suas incapacidades de certo modo davam-lhe uma sensação de alívio, como se ele não tivesse que tentar mais nada. Isso a despeito de muitas pessoas com várias incapacidades viverem plenamente e inspirar outras vidas em outras partes. Mas, acima de tudo, com essas desculpas, ele podia se esquivar a fracassar. Quando questionado, reconhecia para mim que não tinha mais coragem de tentar. Se não tentasse, não fracassaria. Já que nem um grama de motivação restava nele quando o sol nascia e criava um novo dia, Anthony preferia dissipar sua vida dormindo.

Eu continuei a visitá-lo ocasionalmente por mais ou menos um ano, já que seu ambiente era muito opressivo. Mas amizades unilaterais são exaustivas para qualquer um, e era isso que a nossa estava se tornando. Anthony havia perdido a motivação para telefonar para quem quer que fosse, incluindo eu mesma, como sempre fazia nos intervalos entre as visitas. Quando eu realmente o via, nossas conversações agora giravam em torno de quão bem seus intestinos estavam funcionando e quão grosseiros os funcionários da clínica eram. Sua falta de interesse por sua aparência também era impossível de ignorar.

Ele ficara velho antes do tempo e, embora fosse ainda trinta anos mais novo que a maioria dos outros residentes, agora parecia muito ajustado ao ambiente. Era um produto de seu meio. Ver a luz desse homem adorável se apagar fazia-me lembrar como é importante ter coragem para viver aquilo que seu coração deseja. Tristemente, sua vida era um exemplo daquilo que eu não queria.

Uma ligação telefônica de seu irmão mais jovem alguns anos depois me revelou que Anthony havia morrido. Até a sua morte, sua vida não havia mudado em nada e ele havia continuado a recusar quaisquer saídas da clínica, inclusive para reuniões de família. Ele dizia que não podia ser importunado, me contou o irmão. Eu não pude deixar de pensar no que teriam sido seus últimos pensamentos, lançando um olhar retrospectivo sobre sua vida.

O impacto da sensação de fracasso de Anthony impeliu-me para a frente. Com uma total falta de esforço, Anthony não dera a si mesmo nenhuma oportunidade em absoluto para melhorar ou mudar. O fracasso não era uma questão de ele ser bem-sucedido ou não no que quer que tentasse. Fazer simplesmente uma tentativa já teria sido um sucesso por si só. O maior fracasso de Anthony consistia em haver se tornado um produto completo de seu meio, perdendo qualquer desejo de se desafiar e, portanto, de melhorar sua vida. Era um enorme desperdício de uma pessoa inteligente e boa, e dos dons naturais com os quais nascera. Portanto, se todos nós, incluindo a mim mesma, nos tornamos um produto de nosso meio, a melhor coisa que eu poderia fazer seria escolher os meios certos daí em diante, aqueles que se ajustariam à direção para a qual eu desejaria que minha vida se movesse. Ainda seria preciso coragem para viver do modo que eu queria.

Mas essa nova consciência, do potencial de efeitos que o meio circundante poderia ter sobre mim, tornaria a jornada mais fácil. E foi assim, com essa consciência e coragem renovadas, que eu me tornei mais responsável pela vida que eu iria criar, e pelo poder que existe na liberdade de escolha.

Prisões

Nem todos os relacionamentos formados com clientes começaram de maneira positiva. Embora o grosso do meu trabalho fosse com pessoas agonizantes, às vezes os clientes necessitavam de cuidados devido a uma doença mental. Por eu ter um efeito positivo e calmante sobre outros clientes terminais, alguns casos mais difíceis começaram a surgir em meu caminho. Nenhuma experiência na vida é perdida. Meu passado havia me exposto a muitos comportamentos irracionais que agora pareciam me ajudar ao lidar com pessoas difíceis.

Em boa parte do tempo eu não ficava terrivelmente perturbada por clientes desafiadores. Digo boa parte do tempo, não o tempo todo. Às vezes, minha personalidade calma não conseguia apaziguar o cliente de modo algum, não importando o que eu tentasse. Chegando a uma magnífica mansão, certamente uma das melhores da cidade, as advertências que eu recebera sobre a proprietária voltaram à minha mente. Florence era terrivelmente defensiva quanto a precisar de cuidados, insistindo que não os precisava de modo algum. Isso não era novidade. Muitas pessoas idosas eram relutantes em aceitar que não eram mais independentes como um dia haviam sido. Não era fácil para elas reconhecer que essa ocasião havia chegado.

Mas eu não estava preparada para a mulher louca que desceu correndo pela entrada de automóveis, brandindo uma vassoura e gritando no máximo da voz. Seu cabelo não vinha sendo cuidado sabe lá Deus há quanto tempo. As unhas estavam cheias de sujeira ou talvez coisa pior. Usando apenas um chinelo, ela dificilmente representaria o conto de fadas de Cinderela. E parecia que não trocava de vestido havia um ano.

— Caia fora. Saia da minha casa! — ela gritou. — Eu vou matá-la primeiro. Caia fora da minha casa! Você é igualzinha ao resto deles. Fora, ou eu vou matá-la.

A vassoura zuniu pelo ar, não me acertando por um triz. Ora, eu posso lidar com muitas coisas na vida, mas não sou estúpida. Nem sou uma mártir. Tentei realmente uma frase para aplacar Florence. Mas, com minhas palavras caindo em ouvidos surdos e suas ameaças de quebrar meu para-brisa com a vassoura ainda pairando, eu não precisei de mais persuasão.

— *Ok, ok* — eu disse. — Vou indo embora, Florence. Está bem. — Ela parecia furiosa e indomável erguendo-se na ponta de sua entrada de automóveis, defendendo seu território, segurando a vassoura com firmeza.

Dirigindo para longe, aquela imagem permaneceu no meu espelho retrovisor até que eu fiquei completamente fora de vista. Ela não arredou pé. Por mais que isso possa ter parecido para alguém de fora uma cena bem engraçada, meu coração não conseguia deixar de ter pena dela também. Fiquei pensando em quem ela fora um dia, no que sua vida havia sido e o que a levara a se tornar aquilo que agora era.

Um mês depois, as respostas me foram dadas quando eu retornei ao mesmo endereço. Desde então, Florence havia aparentemente sido levada à força e sedada. Foi uma imagem que eu odiei imaginar. Como ela devia ter ficado assustada! Mas no último mês fora levada a uma clínica temporária para os doentes mentais, e agora passava bem. Os médicos ficaram felizes com sua reação aos medicamentos e estavam mandando-a para casa com conselhos para receber cuidado constante.

A enfermeira comunitária estava esperando quando eu cheguei.

— Ela está dormindo agora, mas deve acordar logo. De modo que vou esperar com você até depois que isso aconteça — ela explicou. Abrindo as portas duplas que davam para o interior da mansão, fui acolhida por uma enorme escada de mármore, candelabros e um local cheio de bela e antiga mobília. Fui também acolhida por um mau cheiro que era absolutamente podre.

— Nós passamos pela entrada. Agora vou lhe mostrar o resto da casa — a enfermeira explicou, referindo-se à equipe de faxineiros com que nos deparamos no aposento seguinte. Florence vinha morando num imundo depósito de lixo havia dez anos sem que ninguém percebesse até recentemente, quando um vizinho comentou para a enfermeira comunitária sobre um comportamento inabitual e excêntrico. Quando a enfermeira foi vê-la, a extensão de sua imundície foi revelada. Não diretamente por Florence, é claro, pois ninguém podia se aproximar dela, mas por olhar pela janela e enxergar o estado de sua casa.

Ela estava sobrevivendo com comida enlatada e tinha suprimento para cerca de um ano em sua despensa. Eu não vi prova de nada mais que isso, de certamente nada de fresco que pudesse ser cozido. Era quase impossível ver o piso da cozinha, devido ao lixo. A pequena parte do piso que estava desocupada tinha polegadas de grossura de sujeira preta. O banheiro de Florence não apresentava estado melhor. Era um poço insalubre de toalhas sujas, pedaços de sabão ressecados e sinais óbvios de que ninguém usava o chuveiro ou a banheira havia muito tempo.

A enfermeira conduziu-me para o andar inferior, onde mais ou menos uns seis quartos de dormir e um par de banheiros se apresentavam em descaso parecido. Os faxineiros haviam sido contratados para limpar a casa toda e esperava-se que isso lhes tomasse algumas semanas. Mais abaixo, as portas se abriam para uma piscina imunda; tive certeza de que era inabitável até para rãs. Erguendo-se ao lado da piscina e olhando para o alto do nível principal da casa e toda a sua grandiosidade, eu fiquei pensando no que os muros desse lugar diriam se pudessem falar.

Florence havia passado por uma transformação positiva com a higiene enquanto estava no hospital e repousava com uma adorável e limpa camisola. Seu cabelo estava desemaranhado e fora lavado e cortado, e suas unhas estavam limpas. Era quase como olhar para uma mulher diferente.

Um leito de hospital substituía agora seu leito anterior. Eu dei instruções muito firmes para que ela ficasse na cama, com as laterais erguidas o tempo todo, sempre que eu estivesse em casa sozinha com ela. Outra cuidadora viria por duas horas, de manhã e à tarde, para me ajudar. As manhãs eram para o banho, as necessidades fisiológicas e o desjejum. As tardes se voltariam para manter Florence lá fora, no jardim, ou no terraço para desfrutar de um pouco de ar fresco. Sedação pesada seria uma grande parte do tratamento de Florence. No resto do tempo ela estaria apenas suavemente dopada. Como resultado do plano de tratamento dessa paciente, ela ficou muito mais dócil.

Passou-se um mês, e nós agora estávamos morando numa mansão reluzente. Os faxineiros tinham finalmente acabado, mas haviam sido contratados para arrumar a casa semanalmente. Alguns belos momentos de clareza começaram a brotar de Florence quando ela foi capaz de compartilhar histórias comigo. Sua vida havia sido grandiosa e excitante. Havia viajado pelo mundo todo nos navios mais luxuosos e visitado muitos lugares fabulosos. Quando apontava para gavetas na proximidade, eu lhe pegava fotos enquanto ela me contava sobre cada uma delas. Era difícil acreditar que aquela era a mesma pessoa, exceto nas vezes em que eu a reconhecia como a jovem e bela mulher que sorria nas fotos.

Não diria que ficamos mais íntimas, mas ficamos suficientemente afeiçoadas uma à outra para aceitar a situação que nos aproximara. Contudo, ainda havia momentos em que eu vislumbrava aquela mulher louca e furiosa nela. Ter outra cuidadora era decididamente necessário para suas saídas do leito. Ela era obediente ao tomar seus remédios, mas ainda brigava muito todo dia com a rotina do banho, e eu vim a temer enormemente lavar seu cabelo. Mas, assim que saía do chuveiro, ficava uma doçura e se mimava diante do espelho, rindo como a mulher grandiosa que fora naqueles dias passados.

Sua fortuna havia estado na família desde sempre. Dinheiro antigo, antigo, ela o chamava. Seu marido também viera de família rica, mas nada igual à união da qual ela procedia. Depois de alguns negócios equivocados, ele foi preso por vários anos. O único parente que Florence deixava entrar em sua vida me revelou que foi nessa época que Florence começou a ficar desconfiada e paranoica com todo mundo.

Seu marido morreu depois de um ano após sair da cadeia. Então nenhuma oportunidade de curar ou reduzir sua paranoia surgiu novamente e sua estabilidade mental piorou. Ela confiava nele completamente e achava que todas as outras pessoas estavam atrás do dinheiro dela e que outros haviam causado a prisão dele. Fazia pouca diferença para minha ligação com ela se ele era culpado ou não, de modo que não refleti sobre isso um momento sequer.

Florence aceitava a vida no leito de hospital na maior parte do tempo. Ela estava bem feliz por ficar em sua própria casa e às vezes reconhecia gostar da companhia que nós, cuidadoras, representávamos para ela. Contudo, poucas horas antes que a outra cuidadora retornasse a cada tarde, Florence ia para seu outro lado e se tornava uma mulher totalmente diferente outra vez. Eu poderia até marcar isso no relógio.

— Deixe-me sair. Deixe-me sair desta cama maldita! Socorro. Socorro. Socorro. SOCORRO! — ela gritava, sua voz ecoando por toda a mansão e ressoando pelos pisos de mármore. Correndo para seu quarto, eu às vezes conseguia acalmá-la por poucos segundos, mas eram apenas poucos. Isto é, três segundos no máximo. Depois, a coisa recomeçava. — Socorro. Socorro. Socorro. SOCOOOOORRRRRO!

Se não estivéssemos numa mansão tão luxuosa com paredes grossas e distante entre vizinhos, tenho certeza de que algumas pessoas teriam telefonado para a polícia diariamente para informar que havia alguém gritando. Por fim, não fazia diferença se eu estivesse no quarto ou não. Ela gritava por socorro e para sair da cama constantemente até que a outra cuidadora chegasse e nós a deixássemos sair.

Não havia jeito de apelar para a razão com ela nessas horas e, embora eu sentisse pena dela e ficasse tentada a deixá-la sair, conhecia seu outro lado. Não valia a pena arriscar minha segurança por isso. Aquela imagem dela me perseguindo com a vassoura e de sua furiosa determinação nunca me deixara. Eram vislumbres dessa personalidade beligerante que eu via em seu campeonato de gritos vespertinos, convencendo-me a ouvir os profissionais que haviam prescrito a rotina de tratamento do modo que estabeleceram. Mesmo assim, eu lamentava por ela. Quão horrível devia ser ficar preso em sua própria casa!

Grades laterais em sua cama, legalidades e decisões profissionais eram os fatores combinados que no momento aprisionavam Florence. Antes disso, porém, a paranoia a havia aprisionado. A doença de Florence a tinha privado de sua liberdade para sair de sua própria casa, com uma obsessiva desconfiança das pessoas e do que elas poderiam roubar dela, se ela o fizesse. Embora a maioria das pessoas não possa viver presa a uma cama, é possível inventar vidas onde as prisões que nos isolam são criadas por vontade própria e precisam desesperadamente de libertação.

Uma de minhas lembranças mais remotas é estar presa dentro de uma caixa. Mas eu não me sentia realmente presa. Era uma grande caixa de madeira colocada ao lado da casa no jardim. Um de meus irmãos mais velhos convenceu-me a subir nela e depois fechou a porta sobre mim. Eu ainda consigo lembrar de ter me sentado na escuridão e me sentido segura e feliz, apesar disso. Mesmo quando eu tinha dois ou três anos, sabia que gostava de minha companhia e a paz era bela. A voz apavorada de minha mãe me chamando soou algum tempo depois, de modo que eu respondi e tudo ficou bem. Eu fui libertada e retornei ao caos da agitada vida de família.

Contudo, outras prisões se fizeram presentes em minha vida de adulta. Embora eu procurasse a coragem para honrar meus próprios caminhos, um passo a cada vez, velhos padrões de pensamento não me ajudavam de jeito nenhum. Superar meu medo de apresentações foi um processo particularmente difícil, quando tentei me libertar dessas prisões criadas por mim mesma.

Se alguém me tivesse dito que a fotografia e a escrita iriam finalmente me conduzir a apresentações sobre um palco, eu poderia ter rido do absurdo de tal ideia. Isso teve início quando comecei a vender meu trabalho fotográfico em feiras, depois em galerias. Não vendia em número suficiente para criar uma renda da qual eu sobrevivesse, mas houve momentos de incentivo suficientes para me manter no caminho firme e lento.

A partir desses pequenos sinais de apoio, decidi trabalhar na indústria de fotografia e aterrissei num laboratório profissional em Melbourne. Infelizmente, era um trabalho de escritório e, depois de um ano de tédio, luzes fluorescentes e nenhuma janela, reconheci que não era mais satisfatório para mim que qualquer um de meus empregos anteriores em bancos. Nenhuma oportunidade tampouco surgiu para eu entrar no lado criativo do negócio, e eu vim a perder o interesse total pelo emprego, começando por fim a cometer erros involuntários. Eu me lembro que suspirava muito nesse emprego; posta sobre meus cotovelos, o queixo sobre a palma da mão, tentava encontrar a solução para a satisfação em minha vida profissional — e então suspirava novamente.

Porém, a partir desse trabalho eu realmente vim a perceber como não precisava trabalhar na indústria fotográfica para fazer belas fotos. Com a ajuda de um par de novos e hábeis amigos digitais, criei então um pequeno livro de fotografia e inspiração. De novo surgiu muito apoio pela qualidade de meu trabalho, mas não o suficiente para ter o livro publicado. O custo da impressão em cores foi um fator significativo nos conselhos que recebi dos editores, embora alguns tivessem comentado que era um belo livro.

Por alguns anos apliquei nisso tudo o que eu tinha, cada grama de concentração e energia. Mas as cartas de rejeição continuaram a se empilhar, apesar de algumas virem com incentivo sincero. Foi durante as lágrimas e frustrações desses esforços que eu peguei minha guitarra. Mal conseguia tocá-la, mas comecei a escrever parcialmente minha primeiríssima canção. Eu pouco sabia do significado daquele momento.

Tendo aprendido sobre o poder da resignação, eu vim a aceitar que, fosse o livro de fotografia publicado ou não, isso não importava ao fim. Eu já era um sucesso aos meus próprios olhos, por ter tido a coragem de tentar. O sucesso não depende de alguém dizer sim, publicaremos seu livro ou não, não publicaremos. Sucesso é você ter a coragem de ser você mesmo, independentemente de qualquer coisa. Sentindo que as lições que eu aprendera naquele processo todo do livro já haviam trazido dádivas por si mesmas, fui finalmente capaz de deixar rolar. Talvez tenha sido simplesmente para meu próprio aprendizado que esse livro tivesse brotado de mim, de qualquer modo. Ou talvez ele fosse encontrar seu lugar em outra época, quando eu estivesse mais preparada.

Fosse como fosse, não importava. Eu tinha que deixar rolar. Meus esforços tinham me deixado exaurida e eu havia posto ênfase demais na questão de o livro ser publicado. Era hora de viver outra vez e parar de tentar controlar o futuro. A canção que eu havia escrito pela metade também permanecera semiesquecida enquanto eu procurava pelas respostas, devotando mais e mais tempo à minha prática da meditação e da cura. Depois de alguns dos muitos confinamentos no silêncio e na meditação, todavia, eu senti uma forte ânsia de terminar essa canção escrita pela metade. Daquele dia em diante, senti que compor canções era uma parte do trabalho de minha vida, já que não apenas terminara a canção, mas também escrevera outra no mesmo dia. Simplesmente não conseguia parar, depois de ter começado. As canções manavam de mim.

Quando crianças, nós nos apresentamos em concertos para parentes e amigos. A música estava em meus genes. A despeito de suas outras carreiras batizadas como "sensatas", meu pai era um guitarrista e compositor quando conheceu minha mãe, que era uma cantora na época. No entanto, eu nunca sentira um anseio consciente por subir no palco. E com certeza não o sentia tampouco agora. Na verdade, a ideia me aterrorizava. Não era apenas a ideia de estar sobre um palco. Era que o trabalho estava me convocando à arena pública. Eu era feliz por ser anônima. Muitos compositores não se apresentam em palco, e eu queria ser um desses. Mas, para conseguir que meu trabalho fosse inicialmente ouvido, apresentar minhas próprias canções seria o caminho.

Isso me aterrorizou e criou enorme turbulência no meu interior, por uma longa temporada. Tentar encontrar trabalho de que eu gostasse já havia sido um desafio muito doloroso para mim, um desafio que eu nunca parecera capaz de deixar para trás completamente. Agora eu não podia aceitar que o trabalho que estava claramente sendo levada a fazer fosse realmente me expor à opinião pública, quando eu sempre amara e resguardara tanto minha privacidade. Eu decididamente não queria viver a vida que eu via pela frente.

No entanto, recebemos lições para nos corrigirmos, não necessariamente para nos satisfazermos. Foi uma época terrivelmente conflitante. Não ajudava que eu estivesse também recebendo um monte de negatividade de pessoas em particular quanto aos meus novos objetivos. No entanto, de qualquer modo eu apenas desejava que a vida me engolisse e me fizesse continuar despercebida.

Passando um tanto dessa época solitária num de meus rios favoritos, eu nadei por semanas, tentando aceitar que era para isso que a vida estava me levando.

A água fresca me purificava a cada braçada que eu dava. Quando eu nadava sob a superfície, o outro mundo desaparecia. Nunca havia ao lado do rio outros sons que não os de pássaros cantando e da brisa soprando suavemente através das árvores nas margens. A paz era curativa, de modo que eu me deixava enfeitiçar por ela com frequência. Um dia eu cheguei a ver um ornitorrinco, famoso para ser uma criatura muito tímida que raramente se aproxima das pessoas. Essa alegria me restaurou.

Sentada na margem, permitindo à natureza exercer sua magia sobre minha alma muito cansada, a brisa tão suave em meu rosto, eu tinha que ser honesta comigo mesma. Quando todas as minhas experiências de vida até esta altura foram consideradas, eu vi que lá no fundo uma parte de mim sempre soubera que eu estaria exposta à opinião pública, em algum nível. A escolha de manter alguma vida para mim mesma seria ainda de minha responsabilidade e eu podia exercê-la. Era minha vida, afinal, e era escolha minha como eu lidaria com o que viesse a acontecer.

De modo que, por fim, aceitei que, se esse trabalho era uma parte do meu caminho na vida e eu poderia ajudar outras pessoas agindo assim, então eu de algum modo, positivamente, cresceria no meu desempenho. Confiar que o aprendizado iria beneficiar também meu próprio crescimento, independentemente de quem quer que fosse ouvir minha música, também me ajudou na aceitação. No entanto, o apoio de um par de amigos que eram músicos foi salvador naquela época.

Retrocedendo a quando eu me apresentei pela primeira vez, lamento pelo público tanto quanto por mim mesma. Mesmo que a música fosse tolerável, ficou óbvio por longo tempo que eu achava penoso me apresentar. Minhas mãos tremiam, a guitarra me fugia, eu errava cordas e minha voz ficava completamente sufocada. Eu odiava isso imensamente e ficava doente de nervosismo com frequência. A meditação me ajudou muito nesse aspecto. E a prática também. Como em qualquer coisa na qual se persevere, fica-se melhor por fim com a prática. No entanto, mesmo com todos esses nervosismos e pavores, alguma coisa me empurrou para a frente. Era a aceitação de que essa era uma parte do trabalho de minha vida e um anseio de contribuir. Era também o desejo de ser ouvida. Abria-se uma avenida para compartilhar pensamentos que haviam sido suprimidos por tempo longo demais.

Eu já entrava nos trinta quando terminei aquela primeira canção e mais um ano ou dois se passaram antes que eu começasse a me apresentar. Não beber álcool de modo algum significava que eu tinha que enfrentar meus medos com a cara e a coragem, sem ajuda artificial. Mas as apresentações me ajudaram a me abrir. Elas trouxeram tantas de suas próprias dádivas! Na época em que eu estava cuidando de Florence, também fazia o circuito de composições nos *pubs* da cidade. A maior parte dele eu odiava.

Estava muito solitária nessa época, já que minhas feridas emocionais me fizeram recolher-me profundamente em mim mesma. Subir num palco e cantar minhas canções era algo que eu consegui fazer, mas não apreciei por um longo tempo. No entanto, isso me ajudou a crescer. Quando você compartilha seus pensamentos pessoais com um salão cheio de desconhecidos, isso com certeza volta a lhe dar abertura mental. As respostas consistentemente positivas às minhas canções e ao que eu tinha de dizer também me incentivaram como compositora.

Mais tarde vim a notar que estava tocando no tipo errado de locais para meu estilo e minha personalidade. Depois de muitos empregos como musicista, eu disse adeus aos empregos para músicos em *pubs* para sempre. Eu havia feito meu aprendizado, por enquanto. Podia significar que haveria menos oportunidade de empregos do tipo, mas, como apresentar-me ao vivo em *pubs* e receber reconhecimento daquele modo não era o que me motivava, isso não me incomodou de modo algum. A essa altura eu também estava entrando em alguns festivais de música *folk* e havia experimentado a felicidade que um cantor obtém quando tem um público respeitoso, que não apenas ouve suas canções, mas as entende totalmente. Essa ligação com pessoas de mentes afins é uma sensação fantástica. Portanto, daí para a frente só aceitei belos locais ou festivais apropriados.

Retrocedendo a quem eu era quando me apresentei pela primeira vez, no entanto, eu mal reconheço aquela criatura frágil. Agora, quando eu toco ao vivo sou confiante, porque estou tocando nos locais certos, para o público certo. Minhas canções são cheias de significado e extremamente delicadas. Elas podem ser. Eu as permito ser. Eu não estou mais competindo com a rifa de carne sendo proclamada mais alto que o microfone nos *pubs*, ou perdendo a ligação com o público porque a luta de boxe é exibida nas telas de televisão nas paredes. Se eu cometo um erro, rio gentilmente de mim mesma e vou em frente. Afinal, cantores são humanos também.

Também é um alívio que o Sr. Invencível não esteja mais lançando-me olhares de desejo. Você sabe, aquele cara que tomou todas no *pub* e subitamente conclui que é o irmão gêmeo de Johnny Depp. Ele fica lá bem em frente ao palco, olhando-a maliciosamente enquanto balança daqui pra lá, de algum modo conseguindo não derramar uma gota de sua décima oitava cerveja. Ele sabe sem sombra de dúvida que é um presente de Deus às mulheres e concede a você um sinal de cabeça e uma piscadela, enquanto gira os quadris apenas para você. E, se você é boa o suficiente, ele vai esperar por você ao lado do palco para responder a todas as suas preces no departamento de homens e grandes amantes. Sim, conheci todos eles. Benditos sejam!

Assim, do mesmo modo que ter que enfrentar meu terror inicial de me apresentar, continuar a caminhar na senda criativa todo dia era um ato de coragem. Eu tinha recentemente finalizado um ano de estudo musical. Resolvendo que eu queria aprender mais sobre a profissão, ensinei a mim mesma um pouco de teoria musical muito básica, suficiente para pelo menos ser aprovada na minha audição para o programa. A audição também incluía uma versão muito agitada de uma de minhas próprias canções. Mas eu estava em sintonia. Eu era uma estudante em meus trinta anos e amava cada minuto daquilo.

No entanto, tive que empregar métodos diferentes para dominar meus nervos enquanto estava me apresentando. A prática foi um deles, com certeza. Expor-me por toda parte consistentemente aprimorou minha execução, meu canto e minha confiança mais e mais. Mas as duas coisas que mais me ajudaram foram os métodos que usei para libertar-me de minha mente. Estes métodos se aplicam a tudo, não a apresentações apenas, e desde então têm me ajudado de outras maneiras.

Quando meus nervos disparavam ou quando pensamentos negativos como *"o que diabos eu pensei que estava fazendo por aí?"* emergiam, eu retornava à minha prática de meditação em meio à canção. Eu não parava a canção realmente ou me sentava no palco na posição de lótus. Não era isso de modo algum. O canto continuava, bem como a minha execução de guitarra. Mas eu voltava meu foco para a respiração, observando-a entrar e sair. Por todo o tempo eu depunha confiança total em minha memória muscular, para que ela lembrasse onde colocar meus dedos sobre a guitarra e para que as palavras continuassem a fluir. Era a respiração que eu tinha que focalizar, naquele momento. Isso funcionou incrivelmente bem e acalmou-me o suficiente para retornar à canção com melhor expressão e mais presença.

A outra coisa que mudava meu pensamento e verdadeiramente dizia adeus aos nervosismos era quando eu removia a mim mesma da equação e via a ocasião como uma hora de doação para quem estava no público. Uma simples prece era murmurada antecipadamente, agradecendo à música por fluir através de mim e levar prazer a essas pessoas. Então, eu simplesmente saía do caminho e curtia a música tanto quanto o público.

Apresentar-me ensinou-me muitas grandes coisas. Sou muito grata à vida por ter-me feito continuar com as apresentações quando eu não as queria em particular. Como podemos saber que dádivas estão esperando por nós por meio das lições disponíveis, se não passamos por elas? Não podemos saber até que tenhamos terminado. Se eu continuar ou não a me apresentar no futuro não é mais importante para mim. Eu continuarei, se for este o caso, e vou curtir isso imensamente. Ou não continuarei, se não for o caso, e curtirei imensamente qualquer outra coisa que eu venha a fazer. Não importa de modo algum. Irei para onde meu caminho me levar.

Mas, pelo domínio dos meus nervos nas apresentações, eu havia começado a dominar minha mente de outras maneiras também. Estava me livrando das prisões que eu havia criado durante uma existência toda de padrões de pensamento doentios. Todos nós temos prisões de que precisamos nos libertar. A maior parte delas não são prisões físicas e, se são, é provável que tenham se originado de prisões não físicas, tais como pensamentos doentios e sistemas de crenças negativos.

Infelizmente para a querida Florence, no entanto, ela ainda estava presa à sua cama até que a outra cuidadora chegasse.

Já que a minha presença não diminuía o volume de sua gritaria, era para mim mais delicado não ficar no quarto. De vez em quando, eu apontava a minha cabeça para espiar. Ela parava por cerca de dois segundos, olhava para mim, depois desviava o olhar e começava a gritar "socorro" outra vez. Essa senhora deveria ter sido uma cantora. Pulmões para isso ela com certeza possuía.

Os iates velejavam no Porto de Sydney. Retrocedendo a uma época em que eu fora amiga de alguns grandes sujeitos que velejavam, sorri pensando onde eles poderiam ter ido parar. O som da campainha da porta interrompeu minha reminiscência.

Quando abaixamos as laterais de sua cama, a gritaria cessou num segundinho. Foi bem assim. Florence sorriu para nós.

— Bem, olá para vocês duas. Como foi o dia de vocês até aqui? — ela perguntou. Nós olhamos uma para a outra sorrindo, ao ajudá-la a sair da cama. Embora a outra cuidadora não tivesse que suportar algumas horas da gritaria de Florence todo dia, ela ainda assim era acolhida por essa gritaria toda tarde.

— Muito obrigada, Florence, e seu dia, como foi? — eu perguntei.

— Oh, não muito ruim, querida. Eu só fiquei olhando os barcos no porto. Eles correm nas quartas-feiras, você sabe.

Concordando com ela, eu disse.

— Correm com certeza, Florence.

Vagando pelo jardim juntas, todas nos maravilhamos com as cores. Isso também caíra no descaso por anos a fio. Mas o parente que havia recentemente ganho poder de advogado sobre o dinheiro de Florence havia insistido para que o lugar ficasse bonito em caso de Florence ter alguns momentos de lucidez para apreciá-lo. De modo que os jardineiros estiveram ali para fazer sua magia, e a piscina estava clara e limpa novamente.

— Olhem para meu belo jardim — ela nos disse. — Como ele parece espetacular nesta época do ano! — Nós duas concordamos sinceramente. Por debaixo de todo descaso, um adorável jardim havia sobrevivido e estava retornando em toda a sua glória.

— Eu estava aqui um dia desses plantando estas flores, vocês sabem. Você tem que cuidar bem dos jardins, principalmente com todos esses répteis. — Nós sorrimos e concordamos novamente. Levando em conta que esse lugar era uma selva esparramada e de aparência suja havia apenas um mês ou dois, era divertido ouvir o que Florence achava dele.

Empurrando algumas trepadeiras para longe das flores, ela continuou:

— Não se pode ser preguiçoso com jardins. Eles requerem muito amor e tempo. — Perguntamos a ela sobre algumas flores, e ela respondeu com espantosa clareza e conhecimento. — Esta trepadeira vai prender as flores e estrangulá-las — Florence nos disse, empurrando um pouco mais de trepadeiras para longe. Eu fiz um sinal de assentimento quando ela continuou: — Eu nunca deixaria alguma coisa me prender, vocês sabem, e eu não vou deixar nada prender minhas flores.

E, enquanto Florence continuou a romper as cadeias em torno de seu belo jardim, eu silenciosamente murmurei uma prece de agradecimento, por ter encontrado a coragem de começar a me livrar de minhas próprias cadeias. Como uma flor, eu também era agora livre para crescer e florescer.

Lamento 2: Desejaria não ter trabalhado tanto

Enxugando a louça, eu podia ouvir meu paciente John em seu escritório dando risadinhas como um garoto de colégio.

— Sim, ela tem a idade exata também — ele gargalhava, continuando a me descrever ao seu amigo no telefone. John tinha quase noventa anos. Eu ainda estava nos meus trinta. Recordando uma frase que um homem de setenta anos uma vez me dissera, "todos os homens são garotos", eu sorri para mim mesma, balançando minha cabeça.

Saindo de seu escritório mais tarde, John era o cavalheiro diplomático que eu conhecia, sem nenhum sinal de sua malícia em absoluto. Ele queria me levar para almoçar fora, no entanto, e eu teria um vestido cor-de-rosa para usar? Se não tivesse, ele poderia me comprar um? Eu dei risada e polidamente recusei sua oferta de me comprar um vestido, porque eu realmente tinha um cor-de-rosa. Embora ele não fosse uma parte de meu uniforme do trabalho de cuidadora, eu informei-o que estava feliz por atender um velho homem moribundo. Seu prazer foi maravilhoso.

Um lugar para dois foi reservado num restaurante muito caro. Era a melhor mesa, a frente e os lados dando para um parque do outro lado do porto. John parecia mais garboso em sua jaqueta azul-marinho com guarnições douradas, uma dose recente de loção após-barba pairando no ar. Com sua mão na parte de baixo de minhas costas, ele me conduziu para a mesa. Depois de dar uma olhada na vista, eu voltei meus olhos rapidamente para captar uma piscadela dada a ele pelos quatro homens que se sentavam numa mesa próxima. Eles estavam todos dando risadinhas enquanto me examinavam, mas imediatamente adotaram rostos sérios quando perceberam que haviam falhado.

— Amigos seus, então, John? — eu perguntei, sorrindo. Ele gaguejou e admitiu que queria que seus amigos vissem quão felizardo ele era por ter uma cuidadora de tão grande qualidade física. Eu caí na risada. — Qualquer mulher de minha idade tem grande qualidade física num quarto cheio de gente de oitenta e nove anos. — Devo reconhecer, no entanto, que seus modos eram impecáveis e que eu realmente gostaria que mais homens de minha geração ainda tivessem o charme e a etiqueta à mesa que ele me proporcionou. Tivemos um almoço adorável. John havia telefonado antecipadamente e explicado que estava levando uma vegana ao restaurante. Eles haviam servido um belo pão vegetal, especialmente assado.

Acabou acontecendo que seus amigos foram todos impedidos de interromper nosso almoço ou nem sequer se aproximaram da mesa. Ele me apresentaria depois. Assim, com seu almoço terminado havia muito tempo, eles ficaram sentados pacientemente até que John e eu finalizamos nosso almoço e nossa conversa. Depois, com sua mão na parte de baixo de minhas costas, ele me conduziu à mesa de seus amigos, onde eu interpretei a perfeita namorada encantando a todos eles, mas garantindo que John recebesse a maior parte da atenção. Ele me fez pensar num galinho com todas as suas plumas eriçadas em orgulho e competitividade. Foi uma diversão.

Por debaixo de tudo isso, no entanto, havia um homem a caminho da morte. Que mal podia fazer ceder a um jogo tão inofensivo numa que seria de suas últimas saídas de casa? Assim que chegamos em casa e eu tirei meu vestido cor-de-rosa para pôr roupas de trabalho mais práticas, para grande desapontamento de John, eu o ajudei a ir para a cama. A saída devia tê-lo deleitado, mas ele estava exausto também. A energia de pessoas agonizantes é tão enfraquecida, que uma pequena saída de casa se torna o equivalente a trabalhar oitenta horas por semana erguendo tijolos. Ela os exaure completamente. A família e os amigos tampouco percebem quanto suas bem-intencionadas visitas podem fatigar pessoas doentes. Quando estão em suas últimas semanas, mais ou menos, visitas de mais que cinco ou dez minutos podem se tornar trabalho duro para o paciente, e, no entanto, é por um tempo assim que eles são geralmente bombardeados por visitantes. Éramos apenas John e eu nessa tarde, e ele dormiu profundamente. Dobrando meu vestido cor-de-rosa para guardá-lo em minha sacola, achei adorável ter-lhe dado o prazer que ele obteve do almoço. O fato havia me dado prazer também.

John havia também se beneficiado de minha juventude de outros modos. Entendendo de computadores melhor do que ele, eu retornei ao seu trabalho no escritório que havia começado no mês anterior. Para um homem de sua idade, sua aproximação aos computadores foi admirável quando ele se aventurou a penetrar na era da tecnologia. Mas seus arquivos eram uma bagunça, já que ele não aprendera sobre pastas e arquivamento organizado. Enquanto ele dormia, eu prossegui criando categorias e encontrando lugares para centenas de documentos, criando simultaneamente um índice para que as coisas pudessem ser encontradas. Mas, como eu disse, para um homem de sua idade, ele já estava se saindo notavelmente bem com o computador.

Quando vi a deterioração em John na semana seguinte, fiquei muito feliz por nós já termos saído para o almoço. Ele não conseguiria mais sair de casa novamente. Poderia haver ainda algumas semanas pela frente, ou talvez não, mas sua força estava desaparecendo muito rapidamente. Sentados em seu terraço lá fora naquela tarde, ficamos vendo o sol se pôr sobre a Ponte do Porto e a Casa de Óperas. John estava com sua camisola e seus chinelos, tentando comer um pouco, mas com dificuldade.

— Não se preocupe com isso, só coma o que você puder ou quiser — eu disse, já que ambos conhecíamos as palavras não pronunciadas por trás dessa sentença. John iria morrer, e isso não estava muito distante. Fazendo um sinal de assentimento, ele pôs o garfo sobre o prato, estendendo-os para mim. Eu pus a bandeja de lado e nós continuamos a fitar o pôr do sol.

Influenciado pela paz da tarde, John declarou:

— Eu desejaria não ter trabalhado tanto, Bronnie. Que tolo estúpido eu fui! — Sentada na outra cadeira de espreguiçar no terraço, eu olhei para ele. Ele não precisou de incentivo para continuar: — Eu trabalhei duro demais e agora sou um homem solitário, agonizante. O pior é que fiquei sozinho na maior parte de minha aposentadoria, e não precisava ter ficado. — Fiquei ouvindo-o me contar a história toda.

John e Margaret haviam criado cinco filhos, quatro dos quais tinham agora filhos próprios. O quinto havia morrido no começo dos trinta. Quando todos os filhos estavam adultos e fora de casa, Margaret pediu a John para se aposentar. Eram ambos dispostos e sadios e tinham dinheiro suficiente como fundo para se aposentarem bem. Mas ele sempre dizia que eles poderiam precisar de mais. Margaret respondia a cada vez que eles poderiam vender sua enorme e agora vazia casa e comprar alguma coisa mais apropriada se preciso, poupando mais dinheiro. Por quinze anos essa batalha prosseguiu entre eles, enquanto ele continuou trabalhando.

Margaret era solitária e desejava reinventar o companheirismo dos dois sem crianças nem trabalho. Por anos ela devorou panfletos de viagem, sugerindo países e regiões diferentes para visitar. John também tinha um desejo de viajar mais e concordava com isso onde quer que Margaret sugerisse. Infelizmente, ele também gostava do *status* que seu trabalho lhe dava. Ele me contou que não gostava particularmente do trabalho em si, só da posição que ele lhe dava na sociedade e entre seus amigos. A busca de fechar um negócio havia se tornado um pouco como um vício para ele.

Numa noite com Margaret em lágrimas, pedindo a ele para finalmente se aposentar, ele olhou para aquela bela mulher e percebeu que ela não apenas estava desesperadamente solitária sem sua companhia, mas que ambos já eram pessoas idosas agora. Essa mulher maravilhosa esperara tão pacientemente por que ele se aposentasse! Olhando para ela, ela estava tão bela quanto no dia em que a conhecera. Mas foi a primeira vez em sua vida que John refletiu que eles não iriam viver para sempre.

Embora petrificado por motivos que não podia justificar, ele concordou em aposentar-se. Margaret pulou para abraçá-lo, suas lágrimas mudando de tristeza para alegria. Mas o sorriso não durou muito, desaparecendo no minuto que ele acrescentou que isso "levaria mais um ano". Havia um novo acordo sendo negociado no momento na companhia e ele queria vê-lo concluído. Claro que ela podia esperar por um ano a mais. Era um acordo, mas um acordo com o qual ela concordou relutantemente. Quando o sol desapareceu de vista, John me contou que ele se sentira egoísta por sua escolha já naquele momento, mas que não poderia se afastar sem fazer apenas mais um negócio.

Sonhando com essa ocasião havia anos, as coisas começaram a ficar reais para sua adorada esposa. Ela fez alguns planos reais, ao telefone com o agente de viagens, regularmente. Toda noite enquanto ele vagava fora de casa, ela ficava esperando por ele com o jantar preparado. Enquanto comiam à mesa que havia uma vez acomodado a família toda, ela compartilhava com ele seus pensamentos e ideias com grande empolgação. John estava começando a acalentar a ideia de se aposentar agora também, embora ainda insistisse em manter os doze meses até o fim se Margaret sugeria o contrário.

Com quatro meses desde a sua aceitação de se aposentar e oito ainda por transcorrer, Margaret começou a sentir-se enjoada. A princípio foi um pouco de náusea, mas depois de quase uma semana ela não havia passado.

— Marquei uma consulta com o médico amanhã — ela lhe disse quando ele voltou do trabalho. A noite já estava escura. — Mas tenho certeza de que não é nada — ela disse, tentando parecer animada.

Embora John estivesse preocupado por ela não se sentir bem, não lhe passou pela cabeça que isso fosse além da noite seguinte, quando Margaret disse que o médico havia sugerido alguns exames. Contudo, mesmo que os resultados nada houvessem revelado na semana seguinte, o aumento no desconforto dela e a dor que ela sentira a seguir teriam revelado que alguma coisa estava errada. Eles simplesmente não haviam contado com quanto estava errado. Margaret estava morrendo.

Nós passamos tanto tempo fazendo planos para o futuro, sempre dependendo de as coisas virem numa data posterior para assegurar nossa felicidade ou presumindo que temos todo o tempo do mundo, quando tudo que temos é nossa vida hoje! Não era difícil entender os profundos remorsos com os quais John convivia agora. Eu entendo como as pessoas podem amar seu trabalho, e não há necessidade de sentir-se culpa por isso. Eu também amava meu novo trabalho agora, a despeito da tristeza que com frequência o acompanhava.

Mas, quando perguntado se teria gostado de seu trabalho tanto assim se não tivesse tido uma vida de família tão apoiadora, John balançou sua cabeça.

— Eu gostava do trabalho o suficiente, claro. E eu definitivamente amava o *status*, mas, qual será o sentido disso agora? Eu dei menos tempo àquilo que me mantinha vivo: Margaret e minha família, minha querida Margaret. Seu amor e apoio sempre estavam lá. Mas eu não estava lá para ela. Ela era muito divertida também. Nós teríamos nos divertido tanto por aí, juntos!

Margaret havia morrido três meses antes que John estivesse dentro do prazo de aposentar-se, embora ele houvesse *já se afastado* àquela altura devido à saúde dela. John me revelou como sua aposentadoria foi atormentada pela culpa desde então. Mesmo quando chegou a certo ponto de aceitação sobre seu "erro", como ele o chamou, ele ansiava por estar viajando e rindo com Margaret agora.

— Eu acho que estava assustado. Eu estava. Eu estava petrificado. Meu trabalho havia me definido, sob certo ponto de vista. Claro que agora, quando me encontro aqui morrendo, vejo que ser apenas uma boa pessoa é mais do que suficiente na vida. Por que dependemos tanto do mundo material para termos valor? — John pensou em voz alta, sentenças aleatórias cheias de tristeza tanto pelas passadas quanto pelas futuras gerações que queriam tudo, baseando sua importância no que possuíam e no que faziam, em vez daquilo que eram no fundo de seu coração.

— Não há nada de errado em querer uma vida melhor. Não me interprete mal — ele disse. — É só que a procura por mais e a necessidade de ser reconhecido por nossas conquistas e pertences podem nos desviar das coisas reais, como o tempo a passar com aqueles que amamos, o tempo para fazer as coisas que nós mesmos amamos, e nos afastar do equilíbrio. Provavelmente é tudo uma questão de equilíbrio realmente, não é?

Concordando, fiz que sim silenciosamente. Algumas estrelas estavam sobre nós agora e as luzes coloridas da cidade se refletiam no mar. O equilíbrio também havia sido um tanto desafiador para mim. Parecia ser tudo ou nada, mesmo nesse trabalho. Turnos de vinte horas eram meu dia normal de trabalho e, quando os clientes se aproximavam do fim, eles e suas famílias queriam o máximo de firmeza que fosse possível de parte das cuidadoras. Assim, não era incomum trabalharmos seis dias por semana durante o último mês, às vezes tirando um turno para dormir nesse entremeio, significando que eu estava lá por trinta e seis horas diretas. Uma semana de oitenta e quatro horas não é sadio para ninguém, mesmo que você ame o trabalho que faz.

Às vezes os clientes dormiam, mas, ainda assim, eu tinha que estar lá. Muitos outros deveres me chamavam. Eu sentia como se minha própria vida estivesse em suspensão, embora numa percepção posterior não estivesse, é claro, já que esta também era uma parte disso. Quando a vida do cliente acabava, eu estava exausta. Em geral, acabava acontecendo de outro cliente regular não surgir senão depois de que houvesse transcorrido algum tempo após um sufoco desses. Por isso eu saudava com prazer o tempo de folga, voltava a conversar com os amigos, retornava à minha música e escrita, e depois fazia tudo de novo. O tempo de folga era maravilhoso, principalmente em largos espaços com apenas um turno ou dois turnos casuais em algum ponto de entremeio. Se o trabalho acabava, o dinheiro acabava também.

Por essa ocasião, foi-me oferecido um dia por semana como gerente de um escritório num centro pré-natal. Foi trabalho firme e eu gostei dele. O centro administrava cursos de natalidade para mulheres grávidas e grupos de mães. Havia semanas quando eu deixava de cuidar de pessoas que estavam preparadas para morrer naquela semana ou muito em breve para ficar com bebês engatinhando sobre mim enquanto eu trabalhava, sapecando beijos molhados em minhas bochechas. Era um sadio alerta sobre as alegrias da vida e o círculo completo. Quando um cliente falecia, um novo bebê chegava ao centro. Os pequeninos eram tão incrivelmente frágeis e belos! Minha chefa, Marie, era uma das pessoas mais maravilhosas que já conheci, com um coração grande de forma exemplar. Eu a amava e ainda a amo. Parte do meu trabalho era atualizar o material do curso para as classes pré-natais. Como resultado, muitas horas de meu dia eu passava lendo sobre como mulheres de culturas diferentes no mundo abordavam a gravidez e todo o processo de nascimento.

A noção de como o medo é imposto a nós, ocidentais, ficou reforçada quando vi quão naturalmente muitas culturas abordavam as coisas e como era reduzida a dor do nascimento para algumas delas. O nascimento era tratado como uma celebração alegre e bela do começo ao fim.

Trafegar entre nascimento e morte foi muito sadio para mim. Conviver com os agonizantes e ter uma tão forte empatia pelos clientes e a família realmente me extenuava, às vezes. Há pessoas por todo o mundo que devotam a vida inteira a trabalhar com pessoas que vão morrer. Talvez elas tenham dominado o distanciamento mais do que eu. Ou o equilíbrio. Eu não sei. Independentemente disso, eu concedo a elas meu mais completo respeito. O que realmente sei é que ter um dia por semana girando em torno do começo do ciclo da vida em vez do fim dela trouxe à minha vida uma leveza que eu não sabia que estava me fazendo falta naqueles anos. A energia era fresca e viva, como se alguém houvesse aberto janelas para mim e deixado o ar limpo soprar através delas.

Ter esses contrastes numa base semanal também me ajudou ao mesmo tempo a ver meus clientes agonizantes como bebês. E, quando novas mamães orgulhosamente me mostravam seus queridos recém-nascidos, eu também refletia que os bebês cresceriam esperançosamente e viveriam uma vida completa. Então, um dia eles chegariam ao fim da vida, como meus clientes estavam chegando. Foi uma oportunidade bem interessante essa de ficar exposta aos dois extremos do espectro. Foi uma bênção.

A partir daí, aumentou minha compaixão pelos outros em minha vida, já que reconheci que eles também haviam sido uma vez apenas pequeninos e frágeis bebês e que também morreriam um dia, tal como eu. Comecei a ver meus pais, irmãos, amigos e desconhecidos como bebês e criancinhas, que uma vez confiaram na vida com a inocência e a esperança que as criancinhas têm. Pensei em quem eles teriam sido antes de serem feridos por outros, se não teriam sido a família, os pares ou a sociedade que haviam se abatido sobre eles, afetando a confiança e a abertura natural com as quais haviam nascido. A bondade dos corações humanos ficou clara para mim, e eu comecei a amá-los todos com toda a qualidade protetora de uma mãe carinhosa.

Eu realmente nunca mais vi as coisas ofensivas que disseram ao longo dos anos como verdadeiramente brotadas deles. As palavras vinham de suas feridas, não dos belos e puros seres que eram ao nascer. Cada um daqueles preciosos bebês nascidos havia décadas era ainda uma parte deles. Uma criança terna, pequena e inocente ainda vivia dentro de cada um deles. E um dia eles também receberiam a sabedoria da visão posterior que vem a tantas pessoas com o processo de morrer.

Podia ter havido ocasiões em que pensei não amar certas pessoas em minha vida. Mas eu via que eram apenas seu comportamento e suas palavras que eu não amava. Agora eu amava seu coração inocente, coração que uma vez acreditou que o mundo lhes traria felicidade e cuidaria deles. Quando isso não aconteceu, o sofrimento entrou em cena e sua dor e sua desilusão fizeram com que reagissem de modos que não eram sadios. Eu não era diferente. Eu também havia causado dor aos outros, por meio do meu próprio sofrimento, meu próprio desapontamento pela vida não ter se tornado aquilo que eu esperava. Aquela garotinha cuja confiança havia se rompido por ser exposta à dor alheia havia então respondido com a sua própria dor.

Os corações de minha querida família, e de todos, ainda continham aquela pureza original. Ela estava apenas obscurecida com a dor e a vida. Se eu iria ainda encontrar com algumas pessoas a felicidade, a amizade pelas quais eu uma vez esperara, era coisa ainda a ser determinada. De qualquer modo, isso realmente não importava mais. Eu agora via que elas haviam sido uma vez belos pequeninos bebês com toda a confiança e a inocência que um bebê tem. Qualquer coisa não amável que se dissesse aos outros era simplesmente o sofrimento se manifestando de parte de uma criança que havia perdido seu caminho, como eu perdera o meu também. E só por isso eu podia continuar a amá-los.

Sentada ao lado de John no terraço, eu vi a criança frágil nele também; um garotinho precioso que de algum modo decidira, devido a alguma coisa à qual fora exposto, que provar a si mesmo por meio do trabalho iria torná-lo mais feliz do que sair em viagem com sua esposa. Ele era um homem idoso agora, e, no entanto, aquela pequena criança inocente dentro dele ainda era notória. Lágrimas lentas escorriam pelo seu rosto de vez em quando, quando ele suspirava profundamente. Deixando-o sozinho com seus pensamentos e sua privacidade, eu peguei as louças lá dentro e comecei a lavá-las. Ao retornar, coloquei uma manta sobre suas pernas e beijei-o no rosto antes de sentar-me novamente.

— Se eu posso lhe dizer uma coisa sobre a vida, Bronnie, é esta. Não crie uma vida em que você vá se arrepender de ter trabalhado duro demais. Posso dizer agora que não sabia que iria me arrepender disso até que estivesse agora encarando o próprio fim. Mas, no fundo do meu coração, eu sabia que estava trabalhando duro demais. Não por Margaret, mas por mim também. Eu teria adorado não dar bola ao que outros pensavam de mim, como não dou agora. Eu fico pensando por que temos que esperar até que estejamos morrendo para descobrir uma coisa dessas. Balançando a sua cabeça, ele continuou falando. — Não há nada de errado com amar seu trabalho e querer se empenhar nele. Mas há tanta coisa mais nesta vida! O equilíbrio é que é importante, manter o equilíbrio.

— Concordo, John. Isso já foi uma lição para mim, mas eu estou trabalhando nisso, não se preocupe — reconheci honestamente. Ele sabia o que eu queria dizer. Nós havíamos compartilhado histórias o suficiente até aí para que ele me entendesse. John então começou a rir para si mesmo. De modo que o questionei, estimulando-o a contar a piada.

— Bem, eu disse que se havia alguma coisa que eu pudesse lhe dizer era para não ficar arrependida de trabalhar demais. Mas eu acabo de pensar em outra, quase tão importante quanto ela.

— Fale, então. — Eu sorri.

Ele me olhou, então, com malícia nos olhos, e disse:

— Nunca jogue fora esse vestido cor-de-rosa!

Rindo, John apontou para minha cadeira e depois bateu de leve no lado da sua, pedindo para que eu aproximasse minha cadeira, o que fiz rindo também. Mais um par de horas se passou enquanto ficamos sentados lado a lado, olhando para o porto, uma manta sobre cada um de nós. De vez em quando a conversa derivava para um silêncio confortável, antes que mais conversas recomeçassem. Mas outros momentos de silêncio eram simplesmente interrompidos por um profundo suspiro de John. Eu pegava sua mão e ele apertava a minha como resposta.

Olhando-me com um sorriso triste, ele me disse:

— Se posso deixar algum bem neste mundo além de minha família, deixo estas palavras. Não trabalhe demais. Tente manter o equilíbrio. Não transforme o trabalho em toda a sua vida.

Sorrindo delicadamente em retribuição, eu ergui sua mão e beijei-a. John faleceu não muitas horas depois, naquela noite. Embora eu não soubesse naquele momento, suas palavras seriam repetidas para mim inúmeras vezes por outros de quem vim a cuidar. Apesar de tudo, ele tivera um sentido na vida, e era um sentido de que eu nunca me esqueceria.

Propósito e intenção

O boca a boca começara a trabalhar a meu favor na minha questão de sobrevivência. A temporada na casa de Ruth agora estava bem para trás. Mas uma rede de pessoas maravilhosas havia começado a ver o benefício mútuo de eu cuidar de suas casas enquanto elas estavam distantes. Embora houvesse ocasiões em que isso me extenuasse, mudando de casa de poucas em poucas semanas e poucos e poucos meses, também me expunha a muitas belas casas. Uma delas até dava para os fundos da casa do homem mais rico do país. De modo que eu estava certamente morando em ricas adjacências.

Com muitos dos cuidadores de casa temporários vinham um faxineiro e um jardineiro, às vezes um lavador de janelas em separado também. Meu único papel era morar na casa como se ela fosse minha e desfrutar dela. Desnecessário dizer que isso não era difícil. Além de essa rede ser de pessoas muito ricas, algumas delas eram incrivelmente criativas. De modo que as casas eram geralmente luminosas, coloridas e acolhedoras.

Foi por intermédio de um dos meus clientes da função de cuidar de casas que vim a cuidar de Pearl. Sua casa era animada, tal como ela, ao menos quanto era possível para uma pessoa que iria morrer. Gostamos imediatamente uma da outra. Ela também tinha três cachorros, um dos quais era habitualmente muito tímido com desconhecidos, mas sentou-se em meu colo em poucos minutos (os animais conhecem os apreciadores de animais). A resposta do pequeno cão preto ajudou a estabelecer intimidade entre mim e Pearl imediatamente.

Havia alguns meses, bem antes de seu sexagésimo terceiro aniversário, Pearl tivera diagnóstico de doença terminal. Por causa de seus cães e do amor por sua casa, ela estava determinada a morrer em sua própria cama. Um amigo já havia se oferecido para adotar todos os três cães quando a hora chegasse, de modo que Pearl estava tranquila quanto ao fato de que eles poderiam ficar juntos. Ela também aceitava bem seu falecimento próximo.

Muitos dos clientes dos quais eu havia cuidado até aí tinham inicialmente ficado em negação de sua situação. Eles passavam por um leque de emoções antes de finalmente aceitar o inevitável futuro. Outros estavam em tal choque desde que a notícia lhes fora transmitida, que a coisa era demais para suportar. O transmissor de tal notícia a fizera de maneira direta demais, não entendendo o impacto total de sua mensagem. Às vezes esse transmissor era a família. Às vezes eram médicos profissionais. No entanto, uma delicadeza verdadeira é decisivamente necessária em tais ocasiões.

Contudo, Pearl estava muito à vontade na aceitação de que sua hora havia chegado. Uma parte do que tornava isso mais fácil, ela me contou, era que ela havia perdido seu marido e sua única filha, a garotinha, com um ano de diferença, havia mais de trinta anos. Ela sabia do fundo do coração que os veria logo novamente.

Seu marido havia sido levado de repente por um acidente de trabalho, embora ela não gostasse da palavra "acidente", já que acreditava que tal coisa não existia.

— Tinha que ser — ela me disse. — Isso me causou uma dor enorme, mas, com mais de trinta anos de vida depois, eu vim a ver como essa perda me ajudou a me tornar a pessoa que sou agora e a ajudar os outros. Eu não seria quem eu sou sem ter experimentado seu falecimento.

Ela também era filosófica quanto à perda de sua garotinha. Tonia havia morrido de leucemia aos oito anos de idade.

— Perder um filho é tão ruim quanto todo mundo diz que é. Nenhum pai deveria ter que passar por isso. Mas eles passam, você sabe, pelo mundo todo, todo santo dia. Eu sou apenas uma entre muitos. — Eu ouvi e apreciei a paz que brotava dela, enquanto discorria sobre a filha. — Fico feliz por ela não ter sofrido por tempo longo demais. Acredito que ela tenha entrado em minha vida para me ensinar a alegria do amor incondicional. Desde então, fiquei capaz de dar isso aos outros, mesmo não sendo aparentada com eles. Querida Tonia, meu querido anjinho!

As lembranças haviam deixado de ser quadros claros em sua mente, mas não haviam diminuído de todo em seu coração. O amor de Pearl por sua filha era tão forte como sempre. O amor não morre, ela me disse alegremente. Ela prosseguiu contando como a vida havia se tornado difícil por algum tempo depois da morte de Tonia, demorando alguns anos para que as rodas voltassem a girar de novo apropriadamente.

Mas ela nunca se vira como uma vítima. Embora conhecesse a dor de perder um filho e não desejasse aquilo a ninguém, ela também sabia da alegria de ter um filho, o que, como ela ressaltava, nem todos têm oportunidade de conhecer.

Nós concordamos que há sempre uma dádiva em cada desafio.

— As pessoas fazem sempre o papel da vítima — ela continuou. — Mas com quem estão brincando? Estão apenas roubando a si mesmas. A vida não lhe deve nada. Ninguém tampouco lhe deve nada. Apenas *você* se deve alguma coisa. Por isso a melhor maneira de fazer o melhor de nossa vida é apreciar a dádiva que ela é, e escolher não ser uma vítima.

Eu expliquei a Pearl como eu havia conhecido algumas vítimas em minha época, mas o maior chamado para despertar foi quando eu reconheci isso em mim mesma no estágio inicial. Pegou-me completamente de surpresa quando vi que eu havia ficado tão presa às minhas feridas, que era capaz apenas de me focar em quão difícil minha vida havia sido.

Ela concordou sem julgamento.

— Nós todos podemos recair nisso em alguma ocasião. Há uma linha fina entre a compaixão e a mentalidade de uma vítima. No entanto, a compaixão é uma força curativa e vem de um fundo de bondade com você mesma. Fazer o jogo da vítima é um desperdício doentio de tempo que não apenas afasta as outras pessoas, mas também priva a vítima de nem sequer conhecer a felicidade verdadeira. Ninguém nos deve nada — ela disse novamente. — Nós apenas é que devemos a nós mesmos tirar a bunda das poltronas, enumerar nossas bênçãos e encarar nossos desafios. Quando você vive sob essa perspectiva, as dádivas se derramam. — Eu amava essa mulher.

Ela continuou falando sobre como a vida de muitas pessoas é dura, como a algumas pessoas foram dados enormes desafios e, no entanto, elas ainda conseguem persistir e encontrar felicidade em pequenas coisas ao longo do caminho. No entanto, outras se queixam sem parar de sua vida quando não têm uma ideia de como ela é boa comparada à de outros. Concordar com Pearl quanto a isso foi fácil, já que, a despeito da dor que eu carregava de vez em quando, eu não perdia de vista as incríveis bênçãos que eu recebera também. Havia sempre alguém muito pior que nós.

Quando Pearl realmente conseguiu pôr sua vida nos trilhos novamente depois da perda do marido e da filha, ela se lançou ao seu trabalho por vários anos. Era um trabalho de que ela gostava bastante. Ela amava seus companheiros de trabalho e os fregueses e sentia que uma parte do motivo de estar lá era mantê-los inspirados e felizes, o que ela fazia bem. Havia sempre um vazio nela, apesar disso. Por quase duas décadas, ela o atribuíra à perda de sua família.

Um comentário de passagem mudou sua vida um dia, e ela se flagrou ajudando um freguês fora de hora, que estava desenvolvendo um novo programa comunitário. Sem estar terrivelmente consciente disso, Pearl ficou mais e mais envolvida, simplesmente porque amava o projeto e o que essas pessoas estavam querendo fazer.

— Pela primeira vez em mais de vinte anos eu experimentava a paixão novamente. E você sabe por quê? — ela perguntou, enquanto eu esperava. — Eu tinha propósito, propósito real. Era por isso que o vazio acompanhava o meu trabalho. Eu não tinha propósito suficiente por mim mesma.

Não foi difícil para mim me relacionar a isso. Compartilhei minha história profissional anterior com Pearl, incluindo as lutas pelas quais passara até que me descobrira trabalhando com cuidado paliativo e com música, duas coisas que vinham me trazendo contentamento crescente. Ela concordou que meu trabalho realmente tinha propósito, principalmente se comparado a outros trabalhos que eu fizera. Mas, como eu, ela acreditava que qualquer um poderia descobrir propósito verdadeiro em seu trabalho se estivesse no lugar certo. Era apenas uma questão de perspectiva.

A casa de Pearl tinha um belo conservatório onde o sol de inverno brilhava sobre nós através do telhado de vidro. Era luminoso e adorável. Toda manhã eu a levava a passeio na cadeira de rodas, geralmente com pelo menos um cão em seu colo, às vezes todos os três. Tomávamos galões de chás herbáceos frescos enquanto nos deliciávamos com a dádiva de cada novo dia. Quando comentei com ela que estar ali não se parecia com trabalho para mim de modo algum, ela se animou e disse:

— Naturalmente, é assim que as coisas deveriam ser. Quando você está fazendo um trabalho que ama, não se parece com trabalho. É simplesmente uma extensão natural de quem você é.

O projeto comunitário evoluiu até o ponto em que Pearl encontrou nele o trabalho de sua vida. Dentro de um ano, ela havia se demitido de seu velho emprego e estava totalmente devotada ao seu novo papel. O pagamento era menor, inicialmente, mas ela não se importava. No entanto, com o tempo, ele realmente aumentou. — Às vezes você tem que dar alguns passos para trás para tomar impulso antes de dar um salto — ela riu. — O dinheiro é tão mal compreendido! Ele mantém as pessoas nos empregos errados para sempre porque elas acham que não serão capazes de fazer dinheiro fazendo o que amam. Quando pode ser exatamente o contrário. Se você ama totalmente o que faz, pode se tornar mais aberta ao fluxo do dinheiro porque está mais absorvida por seu trabalho e mais feliz como pessoa. Naturalmente, leva algum tempo para mudar de pensamento e parar de tentar controlar como o dinheiro virá.

Um amigo meu uma vez explicara isso bem e eu contei para Pearl. Nós damos ênfase demasiada ao dinheiro. O que precisamos fazer é estabelecer o que queremos fazer, qual projeto, e trabalhar nessa direção com concentração, determinação e fé. Não fazê-lo pelo dinheiro. Fazê-lo, em vez disso, pelo projeto em si. Então o dinheiro vai se ligar ao projeto naturalmente, geralmente por meio de fontes inimagináveis.

Meus atos de fé já tinham me ensinado isso. Quando o dinheiro acabava, era em geral porque eu estava me concentrando naquele medo da sua falta, de modo que eu era contemplada com mais falta. Quando me concentrava na beleza do dia, enumerava minhas bênçãos e trabalhava em direção a qualquer coisa para a qual estivesse sendo guiada, aquilo de que eu necessitava aparecia em meu caminho.

Uma das maiores recompensas por ter a coragem de continuar trabalhando na direção daquilo que eu queria foi quando eu gravei meu primeiro álbum. A ocasião iria ser perfeita, já que eu estaria morando em uma de minhas favoritas e mais constantes casas por cuidar, onde poderíamos gravar. Era uma linda casa rosa-escuro que dava para um bolsão de floresta tropical. O mesmo bloco de tempo se ajustava bem a todos os envolvidos. Meu produtor em particular era um homem muito ocupado, mas havia conseguido fixar uma agenda. Outros músicos ficaram felizes também com a data. Havia apenas uma coisa faltando. Dinheiro! Eu tinha algum, mas não o suficiente.

No entanto, tudo em mim me dizia para eu me preparar como se a coisa fosse acontecer, de modo que o fiz. Os músicos estavam reservados. Eu dediquei tempo a pesquisar, apurando canções. Mas, quando os dias se aproximaram, a fé que havia me impulsionado até aquele ponto começou a vacilar. Eu sabia lá no mais fundo de mim que não teria sido levada a isso se isso não fosse possível. Portanto, durante os momentos mais fortes, existia crença total em que tudo iria em frente. Afinal, eu havia praticado outros atos de fé no passado. Acreditava em mim mesma e em minha habilidade de atrair para mim as coisas de que precisava. Mas o medo estava começando a borbulhar na superfície, até o ponto em que minha fé não poderia mais mantê-lo tampado.

Íamos começar a gravar numa segunda-feira. Era sexta-feira à tarde, e o dinheiro ainda não havia surgido. O medo começou a me assolar. O produtor não podia permitir que o tempo usado não fosse remunerado. Os outros músicos também tinham tempo disponível limitado. Começando a entrar em pânico, fui diretamente para a minha almofada de meditação e me sentei. As lágrimas se derramaram. Elas vinham sendo engendradas havia alguns meses enquanto eu tentava ficar totalmente focada e forte. Agora, estavam saindo. Soluçando, eu soltei todas as minhas frustrações, reconhecendo que não poderia mais gravar. Eu não tinha mais forças. Havia feito aquilo para que fora guiada, mas não podia seguir em frente. Era tudo difícil demais. A coisa simplesmente *não* podia mais ser realizada.

Então, "Ahh!" — Aquele belo momento de resignação! Lá estava ele. Não havia mais nada que eu pudesse fazer. Eu simplesmente tinha que repassar aquilo para as forças maiores. Sentindo-me assustada e extenuada, decidi sair e ver alguma apresentação musical como distração. Uma amiga telefonou bem naquela hora, sem saber da minha situação, e me convidou para sair com ela e outra amiga. Elas estavam indo para um café-livraria. Parecia mais atraente do que sair sozinha para ver uma banda, de modo que aceitei. Prometendo a mim mesma curtir a noite e esquecer minha situação, eu saí alegremente. Amanhã seria um novo dia e eu então lidaria com as coisas. Mas nessa noite eu precisava apenas esquecê-las.

Enquanto minha amiga Gabriela passava os olhos pelos livros, eu sentei-me na sala de espera do café batendo papo com sua amiga. Leanne e eu havíamos nos encontrado apenas uma vez, muito brevemente, de passagem, havia alguns anos, e não havíamos nos cruzado mais depois disso. Ela me perguntou onde eu morava e então eu expliquei minha vida de cuidadora temporária de casas. Isso a intrigou, mas também auxiliou, já que ela estava prestes a entrar no mercado imobiliário e valorizou minhas opiniões sobre os diferentes subúrbios em que eu morara. Sendo questionada mais profundamente, disse-lhe como havia entrado nesse estilo de vida em decorrência de querer ficar livre de aluguel e trabalhar com meu lado criativo, especialmente com a música.

Leanne estava passando por um divórcio muito tumultuado, e acolheu bem a distração de sua própria vida assim como eu acolhi a distração da minha. Assim, a conversa continuou a fluir naturalmente. Ela então perguntou sobre meu álbum e eu fui levada de volta à minha situação atual, lamentando haver permitido que a conversa enveredasse por esse tópico. Mas eu lhe falei honestamente em que ponto as coisas se encontravam, e como eu estava esperando que um milagre me salvasse. Ela me perguntou mais sobre o álbum, sobre as pessoas que estavam trabalhando comigo, que instrumentação havíamos planejado, como eu começara com minha música e o que me levara a fazer apresentações. Então, sem mais um momento de hesitação, ela declarou que sempre quisera apoiar as artes, não sabia a quem apoiar, estava passando por uma ocasião horrível, precisava de alguma coisa positiva, e estaria em minha casa na manhã de segunda-feira com o dinheiro de que eu precisava.

Lágrimas de alívio e alegria brotaram em mim. Eu não conseguia acreditar naquilo.

Sem pensar, eu a abracei sinceramente, repelindo a ânsia de soluçar completamente. A coisa terminara. Eu havia conseguido. O álbum iria sair. O dinheiro havia se juntado a mim.

Leanne apareceu em algumas das gravações. Era maravilhoso tê-la ali, estendida no longo tapete, escutando por meio dos fones de ouvido enquanto cantávamos e tocávamos, gravando cada nova faixa. Ela ficou bem distanciada de tudo, todavia. Ficar feliz por ver a coisa acontecendo era suficiente para ela. Que bela e generosa mulher ela era! Esse incidente deu-me força para cada um dos atos de fé posteriores que pratiquei também. A ajuda vem. Nós só temos que sair do caminho.

Pearl se deleitou com essa história, já que ela reforçava tudo em que acreditava.

— Isso é absolutamente certo. O medo nos bloqueia inteiramente. O dinheiro é apenas outra espécie de energia, uma energia que quer trazer o bem e a felicidade para nós todos. Mas nós o usamos erradamente, dando-lhe poder, perseguindo-o, temendo-o, desequilibrando nossa vida em sua perseguição, ficando obcecados por ele — ela declarou. — Ele é tão disponível quanto o ar que respiramos. Nós não perdemos tempo nos preocupando se haverá ar suficiente. Nós não deveríamos perder nosso tempo se haverá dinheiro suficiente. São precisamente esses pensamentos que bloqueiam o fluxo natural dessa energia amorosa e criativa em nossa direção. — Eu entendi e concordei.

Quando Pearl havia entrado no projeto comunitário, os fundos tinham sido uma preocupação constante para as pessoas que já estavam trabalhando ali. Toda a energia delas se aplicava em como o dinheiro seria encontrado, não no *por que* ele era necessário. Felizmente, a equipe de trabalhadores se abriu para as filosofias de Pearl. Embora eles não tivessem a princípio fé suficiente em si mesmos para acreditar que poderiam atrair os fundos necessários para cada etapa do projeto, tiveram fé na fé de Pearl. Assim, concordaram em continuar trabalhando em direção ao sucesso do projeto, com a confiança de que os fundos viriam, mas o todo tomando todos os passos ativos que fossem possíveis para virem em auxílio disso. Eles estavam também aprendendo a deixar as coisas acontecerem quando não havia mais nada que pudesse ser feito naquela direção e apenas continuar trabalhando como se os fundos já estivessem a caminho deles. A fé de Pearl não vacilava, apesar disso, e, como consequência, ela inspirava a equipe enormemente.

O dinheiro logo começou a fluir para o projeto de numerosas fontes inesperadas, proporcionando grande alegria entre os trabalhadores. O programa se expandiu para outro subúrbio, ajudando mais pessoas. Em poucos anos, Pearl e alguns outros estavam ganhando um bom dinheiro, expandindo o programa mais ainda, ajudando mais e mais pessoas necessitadas e nunca, em nenhum momento, sentindo que aquilo era trabalho.

O sol agora havia se movido para além da casa e nós retornamos à sala de estar, onde eu havia acendido a lareira um pouco antes. Pearl estava exausta, mas não se admitia ir para cama até que fosse noite, se pudesse ficar em pé. Ela fazia seus repousos durante o dia no grande sofá junto à lareira. Acomodando-a, eu ajustei os travesseiros e coloquei uma bela manta sobre ela. Como Pearl e tudo em sua casa, ela era também cheia de cores. A lareira lançava uma bela luz por todo o aposento, sugerindo uma sensação de conforto. Quando ela ficou à vontade, os cachorros pularam e se aninharam ali. Foi uma bela cena: Pearl, os cães, a lareira, as cores de sua casa... E é uma das que permanecem claras em minha mente nestes muitos anos depois.

— No entanto, essa coisa de dinheiro é mais uma questão de intenção — ela declarou. Arrastando uma cadeira para a frente para ficar mais perto dela, continuei a ouvir, curtindo suas ideias. — A maior parte flui melhor quando a intenção é honrada. Fomos capazes de encontrar fundos para o projeto porque era para o bem de outros. Claro que nos beneficiamos dele também ganhando dinheiro com o que nós amávamos, bem como desfrutando de um senso de propósito em nossa vida.

Pearl disse que era por isso que o propósito era importante em nosso trabalho. Se encontrarmos propósito nele, nós naturalmente nos aproximaremos dele com a intenção certa. Qualquer trabalho com propósito vai beneficiar outra pessoa de algum outro modo. O dinheiro virá para apoiar essa intenção; desde que realizemos a ação que pudermos e não bloqueemos o fluxo com o medo. As pessoas de meia-idade, em particular, descobrem que muitas perguntas vão surgindo e sentem um anseio de se ligar ao mundo de algum modo por meio de seu trabalho. Esse é o natural anseio por propósito de que Pearl falava.

Ela era uma mulher inteligente e sábia e compartilhava suas ideias livremente. Imaginei que teria havido o mesmo fluxo fácil entre nós, ainda que ela não estivesse morrendo. Pearl continuou, declarando que os pais, por exemplo, não acreditam sempre no seu próprio valor e em como sua intenção de criar filhos felizes é uma das maiores contribuições que alguém pode fazer à sociedade. Ela produz bons adultos. Ela odiava ouvir sua mãe falar que ela era *apenas* uma mãe, quando isso era a coisa mais importante e um trabalho de autêntico propósito. A mesma coisa se aplicava para as pessoas com seus jardins, celebrando a beleza da terra.

Pensando numa adorável senhora que eu havia conhecido quando estava vivendo pelos lados de Perth, lembrei-me quanto seu jardim me trazia felicidade toda manhã quando eu caminhava para a estação de trem. Trazia-me tanto prazer com as flores que se abriam e as árvores coloridas, que eu acabei pondo um cartão na caixa postal dela para agradecer-lhe pelo deleite que me proporcionava. O jardim realmente tornava cada dia melhor para mim. Flores coloridas e plantas exóticas funcionavam em bela simetria umas com as outras, a cada dia revelando outra mudança, outra visão. As pessoas nem sempre percebem a alegria que levam às outras. Um dia, eu vi a jardineira em pessoa, uma mulher de oitenta e oito anos, e disse a ela quanto amava seu lugar. Não levou tempo para Yvonne se dar conta de que era eu quem havia escrito o cartão e uma nova amizade começou.

— Sim, era este o propósito dela — o jardim. Encontrar propósito na vida é a mais importante de todas as coisas — Pearl continuou. — De certo modo, eu desejaria não ter desperdiçado todos aqueles anos num emprego que era agradável, mas de muito pouca significação comparado ao verdadeiro trabalho de minha vida, o trabalho que eu descobri por meio do projeto. No entanto, ele me levou para aquilo que eu estava predestinada, já que foi um cliente de lá que me ajudou a encontrar meu caminho para aquela mudança. Pode levar anos para descobrir o que você quer fazer, e foi assim comigo. Mas a satisfação que nos espera faz a procura valer a pena para todos.

Levando em conta a luta pela qual eu também travara para encontrar trabalho que me satisfizesse, concordei que valia a pena. Sentada junto à lareira com essa bela mulher e três cães de natureza afável, eu me senti muito feliz de poder chamar isso de meu trabalho. Eu disse isso a Pearl e ela sorriu, concordando.

— Se eu tive algum remorso, Bronnie, deve ser que eu desejaria não ter passado tantos anos num emprego mediano. A vida termina tão rapidamente! Eu senti isso quando perdi minha família. Mas às vezes podemos saber coisas por um longo tempo antes de estarmos preparadas para agir conforme elas, infelizmente. De modo que posso lamentar por isso, mas não vou fazê-lo. Em vez disso, prefiro ser boa, perdoando a mim mesma por não ter sido capaz de deixar aquele emprego mais cedo, por não ter visto os postes de sinalização com clareza suficiente até mais tarde. — Concordando que o autoperdão era um estado mais sadio que o remorso, eu disse a Pearl quanto estava aprendendo com meus clientes.

Ela riu.

— Isso está certo. Você não tem desculpas. Você não pode ir para o leito de morte e dizer que desejaria ter feito uma coisa mais cedo. Você, na verdade, está sendo abençoado por todos os seus enganos. — Rindo, eu concordei com sua opinião. Mas vi que a conversa estava agora exaurindo Pearl, e ela assentiu. Por isso, assegurei-me de que ela estava confortavelmente instalada e depois fechei as cortinas, deixando-a para repousar junto à luz da lareira. Da porta, olhando para ela e os três cachorros por um momento, uma lágrima lenta escorreu por meu rosto.

Embora eu estivesse aprendendo a perceber meu verdadeiro valor, estava engolfada pela gratidão por ter enfim um emprego com coração. Sorrindo, então, rumei para a cozinha. Depois de fazer uma xícara de chai, eu desfrutei de outro quarto tranquilo da casa enquanto Pearl dormia. Era uma tarde silenciosa na vizinhança, embora não fizesse diferença ali. Era um lar sempre pacífico, tanto em ruído quanto em energia.

Compartilhei algumas outras semanas com Pearl, mas ela estava ficando mais fraca a cada dia, até que finalmente sair da cama se tornou simplesmente difícil demais. Reconhecendo que ela havia amado a sua casa ao máximo, ela me pediu para continuar amando-a pelo resto de meu tempo ali, em sua homenagem. Eu sorri e disse para ela não se preocupar. Mas era a Pearl que eu amava, muito mais que sua casa adorável.

Os amigos vieram para dar adeus, incluindo alguns com os quais ela havia trabalhado nos projetos comunitários. Eles falaram de como ela havia mudado suas vidas e como o seu trabalho havia deixado um rastro permanente, ajudando a muitos outros. No entanto, não é necessário que um trabalho seja grandioso para que tenha propósito. Algumas pessoas são capazes de ajudar milhares de outras. Algumas podem ajudar apenas uma ou duas. Em ambos os casos, o trabalho é igualmente importante. Todos nós temos um propósito, e trabalhar rumo a esse propósito contribui para o bem de todos. E, naturalmente, isso ajuda a nós todos também. O trabalho, então, não é mais trabalho, mas, como Pearl dizia, uma extensão satisfatória de nós mesmos.

Quando fechei a porta atrás de mim no dia em que Pearl faleceu, mergulhei lá fora num dia de belo sol de inverno. Parando e tomando um fôlego profundo, dei boas-vindas ao sol de inverno que brilhava sobre meu rosto. Ao longo de toda aquela procura durante meus anos de trabalho no banco, minha única intenção havia sido encontrar um trabalho que eu amasse.

Agora, sob o sol de inverno, sorri pensando em Pearl e na pessoa maravilhosa que ela era. Eu havia realmente encontrado um trabalho que amava e por isso me sentia abençoada. Levou-me algum tempo para dar um passo para além do jardim de frente de sua casa, perdida em meus pensamentos e na minha gratidão, e enviando amor para Pearl. Mas, de qualquer modo, isso não importava. Eu estava sorrindo e tinha meu trabalho para lhe agradecer.

Simplicidade

Compreensivelmente, as famílias dos que iam morrer também sofriam em demasia durante as últimas semanas do cliente. A faixa de idade para a maioria das famílias era entre os quarenta iniciais e os cinquenta adiantados, com a maioria delas tendo seus próprios filhos.

O medo de perder um de seus pais, e talvez o medo de sua própria dor, detonava alguns comportamentos dramáticos. Essa era uma das áreas pelas quais eu era sempre lembrada de como é nocivo viver numa sociedade que tenta manter a morte escondida. As pessoas não estão apenas despreparadas para lidar com a enormidade de emoções que emergem, mas ficam desesperadamente assustadas e vulneráveis, as famílias frequentemente mais ainda. Os clientes encontraram sua paz antes de partirem. Mas as crianças geralmente viveram emoções que ficaram totalmente fora de controle, governadas pelo medo e pelo pânico.

Trabalhar em casas particulares me expôs aos estilos de vida e dinâmicas de uma enorme quantidade de famílias. Isso me ensinou que quase todas as famílias têm desafios em alguns níveis, coisas a curar e a aprender uns com os outros. Alguns não estavam sequer completamente conscientes dos gatilhos que cada pessoa servia para disparar. Mas estavam decisivamente presentes. Quando eu via irmãos ficarem impacientes ou perturbados com seu irmão ou irmã, colocava-me respeitosamente fora da questão, e tentava ver a situação tão compassivamente quanto possível.

As questões de controle eram fundamentais nessa ocasião também. Com frequência havia um irmão que queria controlar tudo: a administração da casa, a lista da mercearia, as cuidadoras, o funeral iminente, tudo. Quando outros irmãos tentavam contribuir ou dar um parecer, as discussões às vezes estouravam. Todos têm direito de contribuir, principalmente quando o tempo limitado aumenta esse desejo em todos. Mas a pessoa controladora da família com frequência intensificava essa necessidade de mandar ainda mais. Era doloroso ver essa exibição de poder, ou de tentativa de poder, já que ela era motivada pelo medo.

Mas o bem-estar do cliente era minha prioridade, acima de absolutamente tudo o mais. Assim, quando ouvi uma discussão começar e se intensificar ao lado do leito de Charlie, entrei no quarto num relâmpago. Meu adorável cliente jazia sob seus filhos adultos, Greg e Maryanne, enquanto eles gritavam desesperadamente um para o outro de cada lado do leito, fora de controle.

— Parem com isso, por favor! — eu declarei firme, mas delicadamente. — Levem isso para o outro quarto, se quiserem continuar. Olhem para seu pai. Ele está morrendo aí, pelos deuses!

Maryanne rompeu em lágrimas, pedindo desculpas ao seu pai. Charlie era um homem pacífico, e havia sido assim sempre, aparentemente.

— É que ele discute comigo, o maldito, tempo todo! — ela disse de seu irmão. Maryanne tinha belos olhos azuis e longos cabelos negros, parecendo alguém que devia ser um modelo para pintores, pensei comigo mesma. Mas seus olhos estavam vermelhos de chorar, e tão tristes! Sem pausa, Greg retaliou, furioso. — Bem, não vejo por que você deveria receber tanto quanto eu no testamento. Você se mudou para longe. Você fez menos esforços. Eu tenho trabalhado muito mais, e fiquei aqui junto do papai a maior parte do tempo desde que mamãe morreu. — Meu coração doeu por Greg e esse argumento. Era apenas um garotinho frágil e ferido debaixo dessas palavras. Eu conseguia ver seu pai nos dois irmãos, mas acho que Greg devia ser mais parecido com sua mãe. Seu cabelo era castanho e sua pele mais clara que a de sua irmã. Mas ele não estava chorando. Estava era enfurecido.

Olhando para Charlie para obter orientação, ele apenas deu de ombros para mim com uma expressão de tristeza em seus grandes olhos azuis. Conduzindo-os para fora, eu disse:

— Acho que pode ser melhor se vocês saírem do quarto agora. Isso não está ajudando ninguém, principalmente seu pai. — Com chá preparado, sentamo-nos na cozinha e eu os ouvi conversarem. Maryanne não tinha tanto a dizer, e quando eu lhe perguntei por que, ela disse que não valia uma discussão. Por sob as palavras ofensivas que tinham trocado, no entanto, eu ainda conseguia enxergar amor. Pensando retrospectivamente em como a honestidade começara a reparar a situação de minha própria família, eu os estimulei a falar.

Minha relação com meu pai, por exemplo, fora tumultuada e muito dolorosa para mim. Mas, com honestidade, compaixão e tempo, ela havia melhorado lindamente. Nós agora desfrutávamos de uma amizade muito respeitosa, bem-humorada e afetuosa. Houve tempos em que eu nunca sonharia que isso seria possível, mas qualquer relação de família pode ser sanada, se ainda restar amor e ambas as partes interessadas tiverem boa vontade, como sucedeu conosco. Era óbvio que existia amor entre Greg e Maryanne, bem como sobrevivia um anseio de entendimento mútuo. Só que tudo estava distorcido pela dor.

Depois que os dois compartilharam suas aflições, eu perguntei do que eles gostavam um no outro.

— De nada — Greg respondeu grosseiramente. Eu aliviei a situação com humor e dentro em pouco ele deixou emergirem algumas coisas. Maryanne também revelou algumas. O ego deles estava em luta com isso, particularmente o de Greg, já que ele queria odiá-la. O que me levou a dar essa sugestão, no entanto, foi que isso funcionava para mim quando pensava em alguns dos membros de minha própria família. Durante os anos em que as coisas se tornaram mais dolorosas na minha relação com eles, eu tentava puxar pela memória as coisas de que eu gostava ou amava neles. Foi a mesma coisa com Greg a princípio, uma luta para lembrar alguma coisa. Mas era apenas a minha dor falando, me cegando para ver coisas boas neles. Quando eu relaxei, vi que, muito embora as diferenças entre nossos estilos de vida nunca pudessem permitir ligações muito íntimas, eles todos eram pessoas decentes e de bom coração.

Fui capaz de recordar coisas que eles haviam feito com boas intenções no passado. Embora algumas dessas fossem infelizmente usadas contra mim posteriormente, as intenções iniciais tinham sido boas. Houve também ocasiões em que, a seu próprio modo, eles haviam tentado me demonstrar seu amor, o que eu reconhecia agora. Mas eu fora tão ferida, que havia censurado a atitude, rejeitando-a. No entanto, todos eles eram ótimas pessoas por baixo de qualquer mal-entendido, como toda pessoa é por debaixo das coisas que obscurecem o melhor de cada um. Portanto, hoje era apenas o dia de Greg e Maryanne trabalhar alguns de seus desentendimentos.

Veio à tona que Greg havia carregado ressentimentos em relação à sua irmã por décadas, simplesmente porque ela tivera a coragem de viver a vida para a qual fora destinada, a vida que ela queria viver. Não fora Maryanne quem impedira Greg de fazer isso por si mesmo, no entanto. Fora o próprio Greg. Uma grande quantidade de emoções veio à tona naquela tarde e, embora eles não tivessem se tornado os melhores amigos no fim do dia, estavam mais unidos do que no princípio. Cada um deles, individualmente, passou algum tempo com Charlie antes de os dois irem embora. Então, ficamos somente eu e Charlie outra vez.

Entrando de volta em seu quarto depois que eles haviam saído, ele olhou para mim balançando sua cabeça e rindo mansamente.

— Bem, minha querida garota. Isso vinha se formando há cerca de vinte anos. Eu sempre me perguntava quando o vulcão iria entrar em erupção — ele soltou uma risada. — Fico feliz que tenha acontecido agora antes de eu ir embora, talvez eu vá vê-los se tornarem amigos, afinal.

Pássaros cantavam nas árvores nativas do lado de fora da janela e uma borboleta alaranjada passou voando. Nós dois a olhamos, sorrindo, e depois voltamos a bater papo. Charlie falou-me como eles haviam sido sempre muito unidos quando crianças, Greg sempre cuidando de sua irmã pequena e ela idolatrando-o. Quando ela se tornou uma adolescente mentalmente independente, no entanto, eles haviam começado a brigar e nunca mais recuperaram a sua intimidade.

— Mas não é com Maryanne que eu me preocupo, Bronnie. Ela é relativamente feliz. É com Greg. Ele nunca parou de tentar se afirmar. Quando diz que sempre fez por mim mais do que Maryanne, está certo em alguns pontos, embora ela tenha ajudado grandemente de maneiras menos óbvias. Mas ele não tinha que ajudar. A maior parte do tempo ele fez coisas que eu mesmo ainda fazia, e teria gostado de fazer, na verdade. — Suspirando, Charlie continuou. — Ele trabalha horas absurdas num emprego que odeia, criando filhos que nunca o veem, e eu realmente não sei por quê.

— Ele sabe que você o ama, Charlie? — eu perguntei com ousadia. Ele olhou para mim, intrigado.

— Bem, suponho que sim. Eu sempre comento se ele faz um bom trabalho aqui, dentro da casa. Ele sabe que fico orgulhoso dele.

— Como? Você alguma vez diz a ele diretamente que está orgulhoso por quem ele é como pessoa, em vez de orgulhoso pelo trabalho que ele fez? — eu perguntei.

— Não diretamente, não. Mas ele sabe. — Charlie respondeu.

— Como? — eu insisti. Charlie riu.

— Vocês, mulheres malditas. Vocês têm que ir até o fundo de tudo, não têm? — Rindo, eu então revelei meus pensamentos a Charlie. Ele ouviu respeitosa e abertamente. Eu fiquei me perguntando se o que ele havia dito sobre Greg sempre tentar afirmar a si mesmo era na verdade devido a ele procurar o amor e a aprovação de seu pai. A conversa continuou enquanto eu dei um banho em Charlie e depois o conduzi de volta à cama na sua cadeira de rodas, mas já estava começando a exauri-lo e, dentro em pouco, seriam somente banhos de cama. Sua respiração estava fraca e levou algum tempo para ele regularizá-la outra vez, assim que voltou para a cama. Ele estava ficando um pouco mais frágil a cada dia. De modo que o deixei para que descansasse.

Voltando a dar-lhe uma espiada dentro de um par de horas, ele se virou para mim e sorriu. Assim, sentei-me ao lado da cama, ajudando-o a beber, e perguntei-lhe se ele precisava de outra coisa. Ele balançou a cabeça e depois continuou a falar sobre seus filhos:

— Tudo o que eu desejo para eles é que sejam felizes. É tudo que qualquer pai deve querer de seus filhos. Eu desejaria que Greg parasse de trabalhar tanto, tornando sua vida mais simples. Ele é um bom homem, mas não é interiormente feliz — ele me falou. — A vida simples é a vida feliz. É como a mãe deles e eu sempre vivemos. Mas nós não tivemos realmente uma chance. Eram tempos difíceis, então. Mas a simplicidade ainda é possível hoje. É uma boa escolha.

Uma fotografia de Charlie como um homem jovem arrojado, ao lado de sua noiva, se erguia na posição central do consolo da lareira em seu quarto. Pensei nele e em sua esposa criando Greg e Maryanne quando crianças. Charlie era um homem de fala direta, e eu gostava disso nele. Havia uma coisa muito antiquada em sua honestidade. Ele continuou a revelar o que quer que lhe viesse à cabeça, pensando em voz alta:

— Você sabe, eu não acho que ele realmente sabe que eu o amo. Eu nunca disse as palavras exatamente.

— Nós todos somos diferentes — eu disse. — Algumas pessoas percebem pelos atos, mas a maioria precisa realmente ouvir as palavras. Talvez Greg seja uma pessoa desse tipo. O que lhe custaria, de qualquer modo, você lhe dizer?

— Ele fez um sinal de assentimento.

— Eu realmente preciso dizer a ele. Em que mundo terrível nós vivemos, quando um homem de setenta e oito anos fica nervoso para dizer ao seu filho que o ama! Eu não tive prática disso, você sabe — ele riu. Mas a seriedade se instalou em seu rosto. A expressão de uma decisão e de uma determinação clara se tornou óbvia. Charlie continuou: — Você acha que eu poderia ser capaz de convencê-lo de viver uma vida mais simples se não estiver mais buscando minha aprovação, se ele souber que o amo? E eu realmente o amo.

Eu disse a Charlie que ninguém pode determinar como outra pessoa reagirá. Não havia garantias de que isso mudaria o estilo de vida de Greg. O importante é que era provável que saber da aprovação e do amor de seu pai lhe trouxesse mais paz.

O tópico de viver com simplicidade se tornou uma questão mais importante para Charlie à medida que os dias se escoavam. Ele disse que as pessoas trabalham duramente demais por todos os motivos. Frequentemente pensam que não há chance, porque não podem sair da roda da rotina com dívidas e com o sustento da sua família. Charlie entendia isso. Concordava que a sobrevivência é um autêntico desafio para muitas pessoas, mas insistia que sempre haveria escolhas.

— É uma questão de mudar sua perspectiva, às vezes. Precisamos realmente morar numa casa desse tamanho? Precisamos de um carro tão vistoso? — ele perguntou. Às vezes, ele disse, era mais uma questão de mudar de pensamento e encontrar uma nova solução, pensando a fundo sobre o que amavam e trabalhando como uma família à procura de mais equilíbrio.

A comunidade também era um meio de chegar à simplicidade, Charlie explicou. Se trabalhamos juntos mais como uma comunidade, não precisamos de tantos recursos. Há menos desperdício, e nós aprendemos a ajudar-nos uns aos outros. O ego e o orgulho impedem que muitas comunidades sequer nasçam e se desenvolvam. Mas, se quisermos viver mais e mais simplesmente, é importante começar a entender a enorme importância e necessidade de comunidade na área em que vivemos. Ele estava triste porque os tempos haviam se tornado tão velozes e desequilibrados que nós havíamos nos esquecido disso.

Charlie reconhecia que isso poderia ser muito difícil financeiramente falando nesses tempos. Ele disse que a sociedade havia perdido as prioridades verdadeiras de vista, e era ela própria que precisava de uma lição de simplicidade. Mas isso apenas acontece quando os indivíduos mudam a si mesmos primeiro, uma pessoa de cada vez. Depois, ao fim, a sociedade seguirá o caminho em que a maioria pensa e vive, como sempre faz. Ele também acreditava que os que estão no poder precisavam de um bom chute no traseiro. Havia algumas pessoas boas espalhadas por todos os sistemas políticos do mundo. Mas elas também eram restringidas pela burocracia e por outras com muito mais dinheiro e poder. Portanto, para ocorrer uma mudança significativa, cada um de nós tinha um trabalho a fazer. Simplificar nossa vida era um ponto de partida muito bom.

Charle havia criado uma família própria, de modo que entendia plenamente a pressão da sobrevivência e do sustento de uma família. Mas também estava morrendo e agora via as coisas de uma perspectiva diferente, desejando assumidamente ter percebido tudo isso mais cedo, de modo que pudesse ter orientado Greg de maneira diferente.

— As crianças são mais felizes passando mais tempo com seus pais do que possuindo mais brinquedos. Elas podem se queixar, a princípio. Mas mais felizes são aquelas que passam um tempo qualitativo com seus pais, ambos os pais, se possível. Garotos também precisam mais de influência masculina. Como podem os filhos de Greg obter tal coisa se ele trabalha o tempo todo, tentando se afirmar? — Charlie expôs pensativamente, quando percebi novos discernimentos surgindo em seu interior. — Eu realmente amo meu garoto. Eu preciso dizer a ele, não preciso?

Fiz um sinal de assentimento, feliz. Então, inesperadamente, ele perguntou:

— Sua vida é simples? — a que eu respondi rindo com complacência.

— Sim, minha vida material é muito simples, Charlie. E eu estou trabalhando para simplificar minha vida emocional, um passo de cada vez — respondi honestamente, ainda rindo um pouco ao pensar nas complicações de minha vida emocional em anos recentes, uma coisa que havia sido muito longe de simples. — A meditação me ajudou muito a simplificar meu pensamento. Toda a minha vida se beneficiou disso, de um modo ou de outro. Ela realmente me transformou, permitindo que eu me movimentasse em meio a um monte de coisas que costumavam me fazer recuar. De modo que meu pensamento é muito, muito mais simples atualmente. E, sim, minha vida material é bem simples também.

Charlie era de um estilo de vida e de uma geração diferentes, não sabia nada sobre meditação, a não ser que pessoas estrangeiras com mantos alaranjados se sentavam de olhos fechados. Ele me perguntou o que era. Expliquei da maneira mais simples possível, contando a Charlie que, aprendendo a focar a mente, nós nos tornamos melhores para observar nosso próprio pensamento. Com isso fica claro quanto nossa vida é moldada por uma mente que corre furiosamente por conta própria, criando sofrimentos e medos desnecessários. Conforme esses padrões doentios de pensamento crescem e se intensificam, nós nos tornamos identificados com essa personalidade como se ela fosse o que somos e moldamos nossa vida a partir disso. Quando, realmente, não somos isso, mas muito mais.

Nós somos seres sábios e intuitivos cegados pelos medos e percepções errôneas que nossa mente criou ao longo dos anos, por meio de todas as suas reações, tanto positivas quanto negativas. Assim, aprendendo a focar nossa mente na meditação, isto é, observando nossa respiração como um exemplo fácil, começamos a recuperar a posse de nosso próprio pensamento, assim proporcionando a nós mesmos a escolha de pensar conscientemente pensamentos melhores. E, por conseguinte, criando vidas mais felizes.

Charlie ficou sem fala, olhando fixamente para mim. Eu sorri, esperando.

— Uau! — ele disse finalmente. — Por que não a conheci cinquenta anos atrás? — Rindo, eu me levantei e lhe dei outro gole de sua bebida.

— Por que *eu não me* conheci anos atrás também, Charlie? — eu ri. — Isso teria me poupado muita dor!

A conversa continuou e finalmente acabou com ele me perguntando sobre a simplicidade de minha vida material, e o que eu quisera dizer com isso.

Depois de muitos anos de mudanças, disse a ele, eu havia começado a questionar a importância dos pertences. Em algumas mudanças, minha mobília seguia comigo. Em outras ocasiões, ela ficava guardada de graça nas fazendas da família, ou num barracão pelo qual eu tinha que pagar. Toda vez que eu estava vivendo um capítulo de vida livre desses pertences, lembrava de quanto eu não precisava de nada deles para ser feliz. Questionava por que eu os estava guardando.

Assim, minha mobília foi vendida, reduzindo meus pertences somente a aparelhos domésticos, capacitando-me a me instalar novamente em qualquer outro lugar, quando a ocasião surgisse. E a ocasião surgia, do mesmo modo como eu sempre amara meu próprio espaço de cozinha. Viver à deriva combinava comigo. Havia nisso uma grande liberdade. Mas mesmo a liberdade tem seu preço. Tudo tem um preço. Sentir falta de minha cozinha era o que em geral me fazia querer me fixar novamente em algum lugar, por uns tempos.

No entanto, depois de me fixar por doze ou dezoito meses, eu sentia falta da excitação de saltar para o desconhecido novamente. Possuir coisas fazia com que eu me sentisse terrivelmente oprimida. De modo que, reconhecendo meus próprios padrões, vim a aceitar que seria na verdade muito melhor se eu não possuísse nada. Cada vez que eu recomeçava a mobília vinha até mim facilmente, por meio de boca a boca, lojas de segunda mão e liquidações caseiras. Eu adorava isso. Comprar coisas de segunda mão também era mais condizente com meu amor pela Terra, já que ela não pede mais nada para que não diminuamos seus recursos. Nossa sociedade desperdiçadora parece esquecer que tudo que é novo tem que vir de alguma parte, e que tudo que é velho tem que terminar em alguma parte. Na maioria dos casos, é a Terra que tem que suportar o fardo nos dois extremos. Isso se dá com um preço perigoso para a sobrevivência do planeta e de todas as suas criaturas, nós, seres humanos, incluídos.

Como ocorria habitualmente, havia sempre coisas fascinantes com as quais eu acabava ficando, criando todo um novo lar. Nunca me ocorreu que a mobília não surgiria. Portanto, como consequência, ela sempre aparecia e muito facilmente. Eu possuí algumas lindas peças ao longo dos anos. Se a mobília me surgia tão naturalmente toda vez que eu me mudava, então tudo mais surgiria também. Tendo pago pela guarda de meus pertences pelos primeiros doze meses, eu concluí que era um desperdício de dinheiro e uma carga de que eu não necessitava. Assim, com a ajuda de um ótimo e confiável amigo, nós criamos uma lojinha de garagem em sua casa. Facas, livros, tapetes de piso, roupa branca, ornamentos, pinturas, entrou de tudo. Era tão divertido ver a empolgação das pessoas quando minhas coisas se tornavam suas novas posses e pechinchas! Tudo o que restou foi levado ao bazar de caridade naquela tarde.

Por enquanto, eu estava dirigindo um carro de um tamanho de uma caixa de sapatos. O jipe havia deixado a vida de um modo espetacular havia mais ou menos um ano, numa rodovia de seis pistas. O carro atual, embora incrivelmente econômico e ágil em torno das cidades, era pequenino. Era conhecido afetuosamente como o Floco de Arroz. Assim, a intenção da venda na garagem era não possuir nada mais que não coubesse dentro do Floco de Arroz.

Restou um total de cinco caixas. Duas caixas de meus livros favoritos estavam incluídas. Eu mantive apenas aqueles que eu sabia que leria novamente ou aqueles que eu daria ou emprestaria a outras pessoas para inspirá-las. O resto dos livros estava em novas mãos para que fossem desfrutados novamente em alguma outra parte. O restante das caixas continha CDs, diários, álbuns de fotografias, algumas pequenas coisas de valor sentimental, a colcha de retalhos que minha mãe me fizera e minhas roupas. Depois, com o Floco de Arroz lotado e com o estéreo ligado, eu parti para outra época de minha vida.

A trilha sonora que me acompanhou continha canções de Guy Clark, The Waifs, Bem Lee, David Hosking, Cyndi Boste,

Shawn Mullins, Mary Chapin Carpenter, Fred Eaglesmith, Abba, The Waterboys, JJ Cale, Sara Tindley, Karl Broadie, John Prine, Heather Nova, David Francey, Lucinda Williams, Yusuf e The Ozark Mountain Daredevils. Todas eram canções brilhantes, cada uma delas provando ser uma fabulosa companheira de viagem. Eu cantei feliz e livremente enquanto as milhas se desdobravam, sabendo que todos os meus pertences no mundo estavam ali comigo no Floco de Arroz. A cerca de mil quilômetros de distância, parei na casa de minha família e descarreguei as caixas. Depois disso, só ficaram minhas roupas e eu.

Charlie ouviu com prazer, esfregando suas mãos velhas e úmidas de alegria por minha história. Eu então contei como, depois daquela viagem, fiquei à deriva por uns tempos. Agora eu estava em Sydney, experimentando a vida de uma cuidadora de casas em caráter extraordinário, e de fato minha vida material era na verdade simples. Ele percebeu então que eu entendi o que ele estava tentando dizer sobre a importância da simplicidade. Concordamos que não é sempre óbvio para as pessoas como o fato de ter um excesso de pertences pode oprimi-las, mesmo que não tenham a intenção de se mudarem. Livrar-se dos pertences sempre faz com que a pessoa se sinta espaçosa por dentro também.

Greg chegou no dia seguinte e passou o tempo todo com seu pai. A pedido de Charlie, eu havia telefonado para Maryanne e dito a ela para não vir visitá-lo nesse dia. No dia seguinte seria o contrário. Maryanne teria o pai todo para si e Greg não viria. Charlie havia me pedido para aparecer discretamente de vez em quando para o caso de as coisas ficarem embaraçosas entre ele e Greg, com a esperança de que minha presença alterasse isso. Mas não houve necessidade. Nas duas vezes em que realmente apareci lá para servir um bule de chá ou passar uma mensagem, foi óbvio que uma discussão e uma confissão pessoal muito importante estavam sendo efetuadas.

Pouco antes de Greg sair, para que seu pai pudesse descansar, eles me chamaram lá dentro. Os olhos de Greg estavam injetados de lágrimas e eles seguravam as mãos um do outro.

— Bronnie, eu só queria que você soubesse também — Charlie proclamou. — Eu amo este homem com todo o meu coração. Ele é um bom filho e um grande homem.

Ouvindo isso, naturalmente, eu quase chorei.

— Meu filho já é o suficiente — Charlie disse. — Ele não tem que provar mais nada. Não há nada que ele tenha que fazer ou ter para se tornar uma pessoa melhor. Eu amo este homem que está sentado aí completamente. E ter sido seu pai trouxe grande alegria à minha vida.

Em meio a meu sorriso largo, eu disse que Greg era abençoado por ter Charlie como seu pai também. Greg concordou, usando a manga da camisa toda para enxugar suas lágrimas.

— E papai calcula que eu possa aprender uma ou duas coisas sobre simplicidade com você — ele proclamou.

Rindo, respondi que seu pai tinha ainda tempo suficiente para deixar sua própria marca sobre ele nesse aspecto. Charlie não precisava que eu fizesse o trabalho por ele. Mas, como uma observação de despedida, eu disse com um sorriso:

— Tudo o que *eu vou* acrescentar, no entanto, é *simplifique*.

Maryanne veio no dia seguinte. Eu a ouvi rindo e chorando com seu pai também. Havia muito amor sendo compartilhado nessa residência e eu não pude deixar de ser afetada por ele positivamente. Durante as semanas seguintes, os três passaram muito tempo juntos e ficaram muito mais íntimos. Nunca ouvi Charlie dizer adeus sem dizer a cada um que os amava, e eles respondiam o mesmo para ele. O canal de comunicação se abrira para a cura a tempo, enquanto Charlie ainda estava vivo.

No dia do falecimento de Charlie, Greg e Maryanne seguraram cada uma das mãos de seu pai. A pedido deles, eu também fiquei no quarto observando a respiração de Charlie começar a diminuir, até cessar completamente e ele partir em paz.

Foi uma manhã clara, e os pássaros continuaram a cantar do lado de fora, como sempre faziam. Eu pensei em como isso acrescentava beleza à ocasião. Eles continuavam a cantar para Charlie.

Deixando Greg e Maryanne sozinhos, eu sentei um pouco na varanda, curtindo minhas próprias lembranças de Charlie e enviando-lhe preces e bons votos na estrada que se abrira à sua frente, onde quer que ele agora estivesse. Quando entrei novamente, Greg e Maryanne estavam sentados do mesmo lado da cama, apertando-se as mãos enquanto olhavam para seu pai, rindo e sorrindo entre lágrimas, falando dele com alegria.

Cerca de um ano depois, recebi um *e-mail* de Greg. Ele e a família tinham vendido sua grande casa. Aceitara uma transferência da companhia em que trabalhava, estava ganhando menos, mas morava agora numa pequena cidade do interior. Com a transferência, passara a trabalhar à mesma distância que antes. Entretanto, o trajeto era feito por uma estrada secundária para uma cidade do interior maior e lhe tomava menos que a metade do tempo que ele dispendia na locomoção para o trabalho anterior. Isso lhe proporcionava uma hora e meia de sobra ao dia para ficar com seus filhos. As despesas também haviam diminuído depois que a vida dele se tornara mais simples. No entanto, sua qualidade de vida tinha melhorado substancialmente. Sua esposa estava feliz também e todos amavam seus novos amigos e seu novo estilo de vida. Ele me agradeceu por cuidar de seu pai e falou afetuosamente de Maryanne, que aparentemente estivera lá lhes fazendo uma visita.

Compreensivelmente, o *e-mail* me trouxe muita alegria. Ele me fez lembrar Charlie, seus olhos azuis, seu sorriso prazeroso e as conversas que havíamos trocado. Saber que suas palavras tinham não apenas sido ouvidas, mas também postas em prática era também uma sensação maravilhosa.

O melhor do *e-mail*, contudo, foi como Greg o assinou. Depois de desejar que eu ficasse bem com minha vida, ele resumiu as coisas com uma pequena palavra, deixando-me com um enorme sorriso no rosto.

Simplifique.

Sem dúvida, Greg e Charlie. Sem dúvida.

Lamento 3: Desejaria ter tido a coragem de expressar meus sentimentos

Para um homem de noventa e quatro anos que estava morrendo, Jozsef parecia notavelmente bem quando nos conhecemos. Ele era gentil, tinha um sorriso adorável, que o fazia parecer um garotinho de vez em quando. Com seu discreto, mas muito ágil senso de humor, eu me entusiasmei por ele imediatamente.

A família de Jozsef havia decidido não contar-lhe que ele estava morrendo. Achei isso difícil, mas tentei respeitar a decisão deles, tanto quanto possível. Nas poucas semanas seguintes, contudo, sua saúde sofreu uma drástica virada, e foi impossível ignorar. Ficar sem assistência se tornou coisa do passado. A cada novo dia, ele dependia de minha força mais e mais. Sua doença não precisava ser salientada. Ela era óbvia toda vez que ele tentava se levantar ou sentar, e era uma coisa silenciosamente observada por nós a cada esforço. De modo que, enquanto a família prosseguia no jogo de não lhe revelar que estava morrendo, a própria percepção de Jozsef estava se estabelecendo. Ele era, sem dúvida, um homem muito doente.

Os medicamentos eram usados para equilibrar sua dor tanto quanto possível. Mas, como ocorria com muitas pessoas, seus efeitos colaterais eram intestinos bloqueados. Há remédios para isso, mas eles não estavam funcionando bem no caso de Jozsef. Por isso pediram-me para ajudar com a evacuação dos intestinos inserindo medicamento em seu reto, pobre velho. Quando você fica doente assim, não há mais privacidade.

Certamente não havia dignidade agora, quando Jozsef rolava para o lado para que eu lhe inserisse o pequeno tubo. Tentei aliviar a situação, naturalmente, e me flagrei dizendo palavras que eu me ouviria dizer a outros regularmente mais tarde.

— Tudo começa sendo comida e cocô, Jozsef, e tudo termina sendo comida e cocô — eu brinquei com ele. Trabalhar com os agonizantes me levava realmente de volta aos ciclos da vida. As coisas que mantêm um bebê mais à vontade bem no princípio de sua vida são comida e o alívio de seus intestinos e gases. No fim da vida, as perguntas que todos fazem a uma pessoa agonizante são se elas ainda estão comendo e se seus intestinos estão funcionando apropriadamente.

É um alívio para todos quando alguém que está morrendo e está sendo tratado com analgésicos fortes finalmente consegue movimentar os intestinos, aliviando esta outra dor. Esse era o caso de Jozsef e sua família, quando ele corria para o toalete logo após tomá-los e desfrutava de uma explosão de seu traseiro. Naturalmente isso me trazia alívio também, não só porque meu cliente ficava mais à vontade, mas também porque eu havia sido bem-sucedida nesse procedimento em minha primeira tentativa.

Um de seus filhos morava num subúrbio próximo e visitava-o diariamente. Outro vivia em outro estado. Sua filha estava do outro lado do oceano. Todo dia Jozsef e seu filho conversavam um tempinho, o mais das vezes sobre páginas de negócios dos jornais, até que Jozsef ficava cansado demais. Isso não tardava muito, já que sua saúde estava se deteriorando muito rapidamente. Eu gostava de seu filho, embora não sentisse uma ligação forte com ele. Não tinha razão para não gostar dele, entretanto. Quando eu mencionei a Jozsef mais tarde que seu filho era um bom homem, ele respondeu:

— Ele está interessado apenas em meu dinheiro. — Preferindo avaliar as pessoas ao meu modo, tentei impedir que esse comentário influenciasse minha opinião sobre seu filho.

Pelas próximas semanas meu cliente compartilhou muitas histórias comigo, a maior parte delas sobre o amor ao seu trabalho. Ele e sua mulher, Gizela, eram sobreviventes do Holocausto que tentaram chegar à Austrália depois de sua libertação. As histórias sobre a sua temporada nos campos de concentração vinham aos fragmentos. Mas não forcei nada. Eu estava ali para ouvir, não para determinar o que ele queria compartilhar. Era óbvio que a vida ficava mais fácil para ambos se não falassem sobre isso. Tentando ter o máximo possível de empatia com a situação, eu odiava pensar quanta dor cada um deles carregava, e meu coração se voltou para eles.

Jozsef e eu estabelecemos uma ligação tranquila, e as histórias e outros assuntos fluíam bem. Tínhamos senso de humor parecido e éramos ambos de natureza serena. Por isso gostávamos um do outro. O fato de sermos de gerações diferentes nada influenciou quando passamos a compartilhar diálogos profundos, que se fortaleciam diariamente. Enquanto isso, Gizela vinha com comida, constantemente estimulando Jozsef a comer. Ela era uma grande cozinheira, mas, embora ele mal fosse capaz de comer a essa altura, ela ainda cozinhava enormes quantidades. Uma parte disso era possivelmente devido ao hábito, outra parte era em decorrência da negação.

A família convencera de algum modo o médico de Jozsef a não lhe revelar que estava morrendo. Era uma negação em massa. Mas eles não apenas não lhe contavam a verdade sobre sua condição e seu declínio inevitável. Tentavam convencê-lo de que estava melhorando.

— Vamos lá, Jozsef, coma tudo. Você vai melhorar rapidamente — Gizela dizia repetidas vezes. Meu coração se condoía por ela também. Ficar com tanto medo da verdade devia ser um enorme fardo a suportar.

A essa altura, Jozsef estava reduzido a somente uma bisnaga de iogurte por dia e vinha ficando incrivelmente fraco dia após dia, incapaz mesmo de caminhar até a sala de espera com ajuda. Mas eles lhe diziam que ficaria melhor rapidamente. Eu fiquei quieta em relação a essa decisão, até que Jozsef abordou o assunto diretamente comigo.

Gizela acabara de sair do quarto. Jozsef estava recostado e eu lhe fazia uma massagem no pé, coisa que ele nunca tivera em sua vida, mas com a qual se acostumara com grande prazer nas semanas anteriores. Eu gostava de mimar meus clientes, e talvez fosse essa a razão pela qual ficávamos íntimos. Muitas das conversas que eu travava com eles transcorriam quando eu estava massageando seus pés, escovando cabelos, coçando costas ou lixando unhas.

— Eu estou morrendo, não estou, Bronnie? — ele disse quando ela saiu do quarto.

Olhei para ele com doçura e fiz que sim.

— Sim, Jozsef, você está.

Ele fez um sinal de assentimento pelo alívio de ouvir a verdade. Depois de minha experiência com a família de Stella, não havia outra coisa que eu devia ser além de honesta dali em diante. Ele olhou pela janela por algum tempo, a massagem do pé prosseguindo em confortável silêncio.

— Obrigado. Obrigado por me dizer a verdade — ele finalmente respondeu com seu sotaque acentuado. Eu sorri mansamente e fiz que sim. O silêncio pairou por alguns momentos. Depois ele falou novamente: — Minha família simplesmente não consegue lidar com isso — ele disse. — Gizela não consegue encarar a dor de falar comigo sobre isso. Ela ficará bem. Ela apenas não consegue falar disso.

Ele estava tranquilo por finalmente estar ciente de sua situação, e eu por ter sido honesta. Ele continuou:

Eu não tenho muito tempo pela frente, tenho?

— Eu não penso assim, Jozsef.

— Semanas, meses? — ele perguntou.

— Eu realmente não sei. Mas suponho que sejam apenas semanas ou dias. Esta é a minha impressão, mas realmente não sei. — Eu lhe disse honestamente. Ele fez que sim e olhou pela janela novamente.

Pouquíssimas pessoas podem realmente prever exatamente quando alguém vai embora ou morrer, a menos que a pessoa esteja obviamente em seus dias derradeiros. Mas era uma pergunta que clientes e famílias sempre faziam, às vezes repetidamente. Nesse momento, eu estava começando a avaliar o declínio das pessoas, vendo também como as coisas podem mudar rapidamente. Com frequência os clientes pareciam se recuperar brevemente antes da hora final. O sucesso de meu papel como cuidadora realmente dependia de eu trabalhar intuitivamente. Foi com base nessa experiência que respondi à pergunta de Jozsef, mesmo que um tanto relutantemente. Eu simplesmente não queria dizer a ele que tinha meses pela frente quando não havia meio de ele tê-los.

A massagem no pé terminou e eu fiquei olhando pela janela também. Ele rompeu o silêncio, um momento depois:

— Eu desejaria não ter trabalhado tanto. — Esperando, deixei-o prosseguir. — Eu amava meu trabalho, eu realmente o amava. Era por isso que eu trabalhava tanto, por isso e para sustentar minha família e a família deles.

— Bem, foi uma bela coisa, então. Por que lamentá-la?

Ele explicou que seus remorsos eram em parte devido à sua família, que o tinha visto tão pouco na maior parte de sua vida na Austrália. Mas isso se devia muito mais ao fato de ele sentir que nunca dera a eles uma chance de conhecê-lo.

— Eu ficava com medo demais de deixar meus sentimentos transparecerem. Por isso trabalhava e trabalhava e mantinha a família a certa distância. Eles não mereciam ficar tão sozinhos. Agora eu desejaria que eles realmente tivessem me conhecido.

Jozsef disse que ele próprio não havia se conhecido até anos recentes, de modo que questionava como eles poderiam ter tido uma chance de conhecê-lo, de qualquer modo. Seus belos olhos ficaram tristes quando conversamos sobre os padrões de relacionamentos e como é difícil quebrá-los. Também discutimos quão necessário é para um relacionamento atingir seu maior potencial. Ele sentia que havia perdido a oportunidade de criar uma afetividade com seus filhos. O único exemplo que sempre dera fora como ganhar e valorizar o dinheiro.

— De que adianta isso agora? — ele suspirou.

— Bem — eu tentei argumentar —, você fez o que queria fazer. Você está partindo com uma vida confortável. Você proveu o sustento deles como queria.

Uma lágrima solitária desceu pelo seu rosto.

— Mas eles não me conhecem. Eles não me conhecem. — Eu o olhei afetuosamente. — E eu quero que eles me conheçam — ele disse, quando as lágrimas começaram a brotar. Fiquei em silêncio enquanto ele chorou. Depois de algum tempo, eu lhe insinuei que não era tarde demais. Mas ele discordou. Estava muito frágil para falar por longos períodos agora, de modo que só isso já tornaria as coisas difíceis. Também reconhecia não saber como falar com eles sobre essa profundeza de sentimentos. Eu me ofereci para ir buscar Gizela e seu filho, para incluí-los na conversa que transcorria, dizendo que talvez pudesse ser mais fácil eu estando presente ali. Mas ele balançou a cabeça e secou suas lágrimas. — Não. É tarde demais. Não vamos dizer a eles que eu sei. É mais fácil para eles pensarem do modo que pensam. Eu sei que estou morrendo. Está *ok*.

Jozsef estava próximo da idade que minha querida avó tinha quando faleceu. Embora a vida deles tenha sido muito diferente, havia alguma coisa em estar com alguém dessa idade que me deixava à vontade. Mas minha avó e eu conseguíamos conversar sobre a morte muito facilmente. Ela dizia que era mais fácil comigo do que com alguns de seus filhos.

Ela e seu irmão gêmeo haviam sido os mais velhos de onze filhos. Vovó tinha apenas treze anos quando sua mãe morreu, e criou ela mesma todos os outros irmãos. Seu pai era um "homem duro", como ela dizia. Ela também o chamava de "cão sem dono" em outras ocasiões. Ele dava comida, mas pouco mais que isso, e, principalmente, não dava amor, ela dizia.

Mais ou menos um ano depois que sua mãe morrera, sua irmã mais nova também morreu, uma pequena chamada Charlotte. Então, depois de criar todos os irmãos mais jovens, vovó começou a criar seis filhos seus, incluindo minha mãe. Quando eu nasci com uma massa de cachos escuros e grandes olhos inquiridores, vovó viu a imagem escarrada de Charlotte em mim. Como resultado, compartilhamos uma ligação íntima desde meu primeiro dia de vida.

Nós todos ficávamos muito empolgados quando ela vinha nos visitar. Crianças adoram visitas e nós não éramos diferentes. A vovó não tinha mais que cinco um metro e meio de altura, mas era uma mulher dinâmica, fabulosa. Ela tivera que lidar com sua própria criação. O amor que ela me dava era incondicional e sempre totalmente acolhedor. Um bom exemplo disso, entre muitos, foi quando minha mãe viajou para o exterior com sua irmã gêmea, numas férias bem merecidas. Meu pai trabalhava distante de nós alguns dias por semana, assim vovó vinha cuidar da gente.

Eu tinha doze anos nessa ocasião, perto de chegar aos treze e de meu primeiro ano de ginásio no convento. A escola ficava escondida por trás de muros reforçados de três metros de altura e era administrada por freiras, algumas das quais eram ótimas mulheres. Mas a diretora era um osso duro de roer, conhecida, nada afetuosamente, como Cara de Ferro. Os alunos mais velhos haviam nos advertido quanto a ela desde o primeiro dia. Embora eu agora seja uma mulher, e não influenciável por tais boatos, reconheço que ela devia ter sido uma ótima pessoa por debaixo daquela aparência durona. Quero acreditar nisso, de qualquer modo. Mas ela era responsável por conduzir um enorme fardo e, nos anos em que passei lá, devo dizer que não a vi sorrir uma única vez.

Nesse primeiro ano de ginásio, havia obviamente uma parte de mim que procurava algo diferente, e eu me flagrei tendo relações com duas das mais duronas garotas da classe por um curto período. Eu era uma garota muito boa e mal havia sido notada pela diretora antes disso, o que me convinha muito bem.

Subindo numa árvore e pulando sorrateiramente a cerca em nossa folga para o lanche, corremos para o centro da cidade e entramos numa loja onde cada uma de nós roubou um par de brincos, com nossas iniciais neles. Ganhando confiança depois dessa fácil empreitada, nós nos aventuramos na loja seguinte e furtamos alguns brilhos labiais. Passando pelos meus lábios o sabor doce e rindo do modo como a coisa tinha sido fácil, eu senti uma mão grande sobre meu ombro e ouvi uma voz dizendo:

— Eu vou ficar com isso, obrigado.

Com as pernas quase paralisadas de medo, fui, juntamente com uma das garotas, conduzida ao escritório do gerente da loja. A outra havia fugido. Eles chamaram a diretora da escola, que ficou então à nossa espera no nosso humilhado retorno. Ela deu batidinhas com a régua na mão.

— Entrem em meu escritório — declarou firmemente.

— Sim, irmã — dissemos humildemente em uníssono. Se tivéssemos caudas, elas estariam entre nossas pernas naquele momento.

O acordo que a loja fizera com a escola era de que não seriam feitas acusações. Mas tínhamos que ir para casa e dizer nós mesmas aos nossos pais o que tínhamos feito. Os pais foram convocados a irem até a diretoria confirmar que havíamos contado a eles. Fomos também banidas dos esportes por um período inteiro e, sendo apreciadoras fanáticas de esporte, isso nos deixou arrasadas. Tivemos que suportar também levar doze pancadas de régua nas costas de nossas pernas. A diretora era uma mulher dura.

Com mamãe do outro lado do oceano e papai em casa no fim da semana, eu estava aterrorizada. Pelo fato de ser uma garota sensível, delicada, eu já ficava assustada com qualquer pessoa que tivesse uma voz mais alta. Mas vovó estava lá também, então eu a puxei para o meu lado. Com uma grande tremedeira no lábio inferior, contei a ela o que havia feito. Ela ficou ouvindo, sem interromper, sem reagir. Esperou até que eu tivesse terminado, quando eu já me debulhava de tanto chorar.

— Bem, você vai fazer isso outra vez? — ela perguntou.

— Não, vovó. Eu juro — declarei solenemente.

— Você aprendeu sua lição aqui?

Eu lhe assegurei:

— Sim, vovó, aprendi. Não vou fazer isso outra vez.

— *Ok* — ela disse por fim. — Bem, não vamos contar para seu pai e telefonarei por você para a escola amanhã. — E isso foi tudo. Abençoada seja. Mas o medo que eu experimentara com o incidente por si só fora tão grande e suficiente, que não somente não voltei a cometer furtos em lojas como também nunca mais fui capaz de retornar àquela loja em particular.

Anos depois, quando completei o ginasial, deixei a cidade do interior onde havia crescido. Incapaz de esperar para abrir minhas asas, aceitei o primeiro emprego que me foi oferecido, de bancária, perto da casa de vovó na cidade, a cinco horas de distância. Morar com minha avó e tia foi a opção mais prática.

Aos dezoitos anos, recém-saída da fazenda e fora da escola do convento, não era surpreendente que eu estivesse aberta a novas oportunidades. Quando minha mãe adivinhou, naquele mesmo ano, que eu não era mais virgem, ficou horrorizada e quase disposta a me renegar, incapaz de acreditar que eu, uma boa garota com bom-senso, pudesse ser tão facilmente influenciada. Foi vovó quem consertou as coisas outra vez, dizendo à minha mãe para não levar isso tão a sério, já que os tempos haviam mudado e eu era ainda uma boa garota a meu próprio modo. Minha ligação com essas duas mulheres maravilhosas continuou a se fortalecer daí em diante.

Quando descobri o mundo do álcool e voltei para a casa de vovó embriagada, foi ela quem deixou um balde sob a cama, por precaução. Ela era esperta, acolhedora e exercia um papel enormemente positivo em minha vida. Ficou também aliviada quando proclamei numa idade razoavelmente precoce que o álcool simplesmente não era para mim.

Vovó sobreviveu a todos os seus irmãos e irmãs, o que foi doloroso para ela, já que eles haviam sido como seus próprios filhos. Nós nos correspondíamos onde quer que eu estivesse morando e compartilhávamos nossa vida como um livro aberto. Compartilhei sua tristeza por perder sua última irmã e suas frustrações por envelhecer, perdendo gradualmente a sua independência. Vê-la reduzir sua marcha ano após ano era doloroso para mim também, já que eu tinha que encarar o fato de que ela não ficaria ao meu lado para sempre.

Comecei a achar difícil reprimir as lágrimas sempre que conversávamos. Por isso lhe disse abertamente como eu a amava e quanto eu sentiria perdê-la quando sua hora chegasse. Depois disso, pudemos conversar sobre a morte com franca honestidade. Sou tão feliz por termos feito isso! Sem negar o que nos esperava, saboreávamos cada conversa que tínhamos e ela pôde compartilhar comigo suas ideias sobre o fim. Vovó estava preparada para morrer anos antes de a morte lhe chegar.

Retornando de alguns anos do outro lado do oceano, eu não podia esperar para vê-la. As mudanças eram enormes. Com o cabelo agora totalmente branco, ela caminhava com uma bengala e havia encolhido ainda mais. Minha avó agora era uma senhora muito, muito velha. Estava em seus noventa, mas era ainda a mulher fabulosa que eu conhecera. Sua mente estava clara e nossas conversas continuaram com grande satisfação por mais ou menos um ano.

O telefonema veio numa segunda-feira, quando eu estava no trabalho num de meus últimos empregos bancários, gerenciando a sucursal local. Ela havia falecido na noite anterior, durante o sono. Meu mundo desmoronou e eu fechei a porta do escritório. Com minha cabeça entre meus braços na escrivaninha, eu solucei em adeus à minha adorada, querida avó, e por minha perda.

— Oh, vovó! Oh, vovó!, Oh, vovó — eu gritei entre meus braços.

Deixando o trabalho cedo, com os olhos pregados de remela e triste demais para pensar com clareza, parei diante da caixa postal. Remexendo em meio às cartas e contas um tanto entorpecida, detive-me espantada. Lá entre elas estava um cartão de minha vovozinha. Ela o havia postado na sexta-feira e morrido naturalmente em seu sono na noite de domingo. Uma torrente de lágrimas brotou tanto da dor quanto da alegria quando estreitei o cartão junto ao meu coração, soluçando, mas quase rindo ao mesmo tempo.

Eu estava tão agradecida pela ligação que tínhamos tido e por ter tido a honestidade de conversar sobre a morte com ela! Não houve nada que tenha ficado por dizer. Ela sabia que eu a amava, e ela me amava, mais ainda quando eu li as belas palavras que ela escrevera: — *Eu a amo carinhosamente, minha querida. Você está com tanta frequência nos meus pensamentos! Possa o sol acompanhá-la todos os dias de sua vida, Bron. Amor, de sua vovó.*

A ideia de ela morrer pode ter me levado às lágrimas antes de sua partida. Eu certamente chorei depois do acontecimento. Mas houve paz também, sabendo que nós tínhamos encarado o que inevitavelmente acontece com todos, com honestidade e abertura. Essa paz continua comigo ainda. O rosto dela sorri para mim de uma fotografia emoldurada sobre minha escrivaninha. Embora haja dias em que eu sinta muito a falta dela, não tenho dúvida de que a honestidade nos deu um relacionamento tão especial e positivo, que ele continua a me servir de exemplo das melhores maneiras possíveis.

No entanto, não era tão fácil para meu querido cliente Jozsef. A honestidade era agora dolorosa demais para ele e sua família. Meu coração se condoeu por ele quando senti sua dor e frustração. O que esse querido homem devia ter experimentado em sua vida, eu ainda odiava imaginar. Gizela continuava a vir com enormes refeições, incentivando Jozsef a comer tudo. Ele sorria delicadamente para ela e recusava sempre as refeições. Outras cuidadoras vinham à noite, mas eu era a principal cuidadora diurna. Nós nos conhecíamos e era confortador e fácil para ele, principalmente agora em que ele conseguia se abrir ao menos comigo.

Foi com surpresa e tristeza, portanto, que eu fiquei sabendo que estava sendo substituída. Seu filho havia se queixado dos custos da assistência. Explicando a seu filho que seu pai estava a uma ou duas semanas do falecimento, ele escolheu fazer outros planos de qualquer modo, dizendo que Jozsef poderia continuar a viver por séculos. Encontrar uma trabalhadora ilegal disposta a fazer o serviço por quase nada foi a solução.

Pedir a Gizela para convencer seu filho do contrário não adiantou. Suas decisões estavam tomadas. Havia outro trabalho esperando por mim em outro lugar. Essa não era a questão. Era que Jozsef havia sido finalmente capaz de conversar e ele ficava à vontade comigo. Certamente sua felicidade deveria ter sido a prioridade pelas últimas semanas de sua vida. Eu odiava pensar em como a alternativa poderia ser impessoal, principalmente por ele não ser mais capaz de falar muito devido à fraqueza e às dificuldades respiratórias. Lamentei pela nova cuidadora também, e pelas dificuldades de comunicação que eles teriam que enfrentar juntos.

Mas não estava em minhas mãos, e eu tinha que acreditar que esses acontecimentos eram também uma parte da história de vida de Jozsef. Como podemos qualquer um de nós saber o que o outro está aqui para aprender? Não podemos. Com um abraço, e um sorriso que dizia mais do que as palavras poderiam dizer, dissemos nosso adeus. Parando à porta de seu quarto por uma última vez, eu olhei-o novamente. Nós dois sorrimos do mesmo modo um para o outro, não dizendo nada, mas dizendo tanta coisa! Então, chegou a hora de ir embora. Saindo de carro de sua casa, sabendo que ele estaria olhando pela janela com seus próprios pensamentos nesse momento, minhas lágrimas brotaram. Esse trabalho estava me expondo a pessoas que eu nunca conheceria de outro modo e eu amava o que era compartilhado e aprendido mutuamente, por mais penoso que às vezes pudesse ser.

A filha de Jozsef telefonou-me cerca de uma semana depois para me dizer que ele havia morrido na noite anterior. Fiquei feliz por ele. Sua doença nunca mais lhe teria permitido nenhuma qualidade de vida. Fora melhor assim. Considerando tudo o que transcorrera, eu descobri apenas bênçãos. Aprender com essas queridas pessoas antes que elas morressem era uma dádiva rara, e eu estava grata por isso. Todos nós vamos morrer, mas esse trabalho também me fazia lembrar que todos nós temos uma chance de aprender como viver até que isso ocorra.

Ver a angústia que Jozsef experimentara em não ser capaz de expressar seus sentimentos deixou-me determinada a sempre tentar ter coragem suficiente para compartilhar os meus. Meus muros de privacidade estavam sendo erodidos e comecei a me perguntar por que todos nós temos tanto medo de ser abertos e honestos. Naturalmente, é para evitar a dor que pode sobrevir como consequência de nossa honestidade. Mas, esses muros que nós criamos trazem sua própria dor, impedindo os outros de saber quem nós realmente somos. Ver as lágrimas rolarem pelo belo rosto daquele homem idoso, já que ele ansiava por ser conhecido e compreendido, mudou-me para sempre.

Depois de receber o telefonema sobre o falecimento de Jozsef, sentei-me num parque perto da praia apenas para absorver o mundo ao redor. As crianças estavam brincando por toda parte e observei como elas compartilhavam seus sentimentos naturalmente. Se elas gostavam de alguém, diziam. Se elas estavam tristes, choravam, liberavam a tristeza, e depois ficavam felizes novamente. Elas não sabiam como reprimir seus sentimentos. Era belo observar as expressões honestas. Era também restaurador ver como todas elas brincavam e trabalhavam juntas com as coisas. Criamos uma sociedade em que os adultos são tão isolados e separados! Trabalhar juntas, expressar seus sentimentos e ficar alegres era o estado natural das crianças que eu observava. Embora isso me deixasse triste por nós, como adultos, termos perdido tal habilidade de ser totalmente abertos, também me trouxe esperança. Se um dia já fomos assim também, como devemos ter sido em diferentes graus, então talvez possamos aprender a ser desse modo novamente. Tomei uma clara decisão no parque, ali junto à praia. Eu nunca iria flagrar-me lamentando pelas coisas, como o querido Jozsef fizera. Era hora de ser mais corajosa e começar a expressar mais meus sentimentos. Os muros em torno do meu coração não serviam para mais nada. O processo de desmontá-los estava agora, finalmente, a caminho.

Sem culpas

A campainha tocou, tirando-me de um sono confortável em minha residência mais recente. Deixando deslizar um pouco do cobertor sobre meus pés e envolvendo-me num roupão, subi para o segundo andar para atender a Jude. Palavras que poderiam soar como um grunhido para um ouvido destreinado haviam sido articuladas, indicando que ela precisava de reposicionamento, já que sua perna estava doendo. Assim que Jude ficou à vontade e sorrindo novamente, eu apaguei a luz de seu quarto, desejei-lhe doces sonhos novamente e rumei de volta para o conforto de uma bela cama.

Jude e eu havíamos nos aproximado por indicação. Alguém de seu círculo de compositora sabia que eu trabalhava como cuidadora e vivia tomando conta de lares. Assim chegou até ela o número do meu telefone. A maioria de meus clientes paliativos até aí havia sido idosa ou já passada da meia-idade, e estava morrendo de doenças relacionadas ao câncer, mas não todos. Jude, com apenas quarenta e quatro anos, tinha uma doença nos neurônios motores. Seu marido e sua filha, uma deliciosa garota de nove anos, com cabelos castanhos e um sorriso precioso, eram pessoas carinhosas e adoráveis, tal como ela.

Na época em que me tornei sua cuidadora, a família contratara o serviço de agências que lhe mandavam pessoas diferentes o tempo todo. As necessidades de Jude eram muitas e muito específicas, principalmente no tocante ao seu conforto e à sua fala, que estava em processo de deterioração. Portanto, a necessidade de uma cuidadora principal tornou-se prioridade. Outras cuidadoras foram empregadas para cobrir minhas folgas, e felizmente eu agora tinha experiência suficiente para treiná-las. Sem que Jude pudesse mais suportar seu próprio peso, nós usávamos um levantador hidráulico para movimentá-la até sua cadeira de rodas e sua cama. A cada dia eu via suas habilidades diminuírem e ficava grata por ter chegado enquanto ela ainda podia se comunicar razoavelmente bem, já que isso me capacitara a traduzir os grunhidos que vieram depois.

Jude vinha de uma família muito rica e, quando jovem, sofrera extrema pressão para se casar bem e viver a vida que se esperava dela. Seu primeiro carro fora um modelo de luxo, que custava mais que o salário anual da maioria das pessoas. Ela nunca havia entrado numa loja de departamentos comum até que estivesse com mais de vinte anos. Roupas de estilistas era tudo o que ela conhecia. Sua criação tinha garantido isso.

No entanto, ela havia sido sempre uma pessoa criativa e muito pé no chão. A vida simples era tudo que ela queria, contou-me. Mas seus pais insistiam em que ela fosse para a universidade, dando-lhe a opção de estudar economia ou direito. Não havia escolha, a despeito de sua breve menção de querer estudar arte. Assim, sob pressão e expectativa, Jude escolheu direito. Sua escolha se baseou na ideia de que um dia seus pais morreriam e ela poderia depositar seu conhecimento numa causa melhor, fosse arte, fosse o bem-estar comunitário. Mas as coisas não funcionaram assim. Seu pai morrera, a essa altura, e parecia mais provável que ela fosse morrer antes de sua mãe. Independentemente disso, ela não era mais capaz de trabalhar, de qualquer modo.

Seu amor pelas artes fez com que se apaixonasse por Edward, um artista. Ambos falaram de uma atração imediata que obviamente não havia minguado de modo algum nos anos seguintes. Embora tivessem sido um tanto tímidos no início, a força de sua atração mútua havia proporcionado aos dois a confiança de serem corajosos.

Rapidamente, estavam apaixonados e todo o resto desapareceu quando eles se tornaram o mundo um do outro. A família de Jude ficou horrorizada por sua escolha, já que Edward fora criado numa família de classe mais baixa e se satisfazia com uma vida simples, perseguindo sua arte. Ele era, na verdade, um artista de muito sucesso. Mas não era um trabalhador de colarinho-branco, e isso nunca seria bom o suficiente para os pais de Jude.

Tristemente, ela foi obrigada a escolher entre seus pais e Edward, e ela optou por Edward. Naturalmente, ela dizia, rindo. Não foi uma decisão. Ela amava Edward de todo coração, como ele a amava. Jude foi então colocada em ostracismo completo pela família. Restaram-lhe alguns amigos íntimos de seus primeiros anos. Mas ela estava se movendo em direção a um mundo diferente, mais feliz e acolhedor, e curtia as novas amizades que entravam em sua vida também.

Alguns anos mais tarde, Jude e Edward acolheram sua filhinha, Layla, nesse mundo. Todos os esforços foram feitos novamente no sentido de ela se reconciliar com seus pais, já que ela queria que eles conhecessem sua neta. O pai de Jude finalmente cedeu e veio a manter uma relação de amor com sua querida neta antes de falecer. Seu relacionamento com Jude também melhorou. Embora fosse polido com Edward, o pai de Jude ainda se debatia com a ideia de que um artista havia conquistado o coração de sua filha. Eles não tinham um relacionamento íntimo. Contudo, como resultado de seu relacionamento com Layla, o pai de Jude adquirira essa mansão ao lado do porto para eles todos, para grande desgosto de sua esposa.

As coisas vinham transcorrendo bem, eles me disseram, até que Jude começou a mostrar sinais estranhos, desajeitada a um ponto em que isso não pôde mais ser ignorado. Essas histórias foram contadas em uníssono por Jude e Edward, e eu desconfiava que esse havia sido o caso, mesmo que ela não estivesse lutando com a doença. Eles eram tão unidos como casal! Seu amor era ao mesmo tempo inspirador e doloroso para mim. Eram pessoas de minha própria geração.

Horas de profunda e franca conversa se desdobraram entre nós todos. A aceitação da morte numa idade dessas foi um dos assuntos dos quais falamos. É fácil para nós supormos que vamos viver para sempre. Mas a vida não funciona desse modo. Por meio das tempestades da vida, alguns jovens sempre desaparecerão. Como flores em botão, ainda não amadurecidas para frutificar, serão levados embora antes que possam sequer perceber seu potencial completo. Outros atravessarão a juventude até a plena maturidade e darão o melhor de si. Outros ainda viverão depois de seu apogeu e se degenerarão ao longo dos anos.

Embora seja sempre dito que isso é morrer antes do tempo, não é realmente assim. Todos vamos embora no tempo exato. Milhões de pessoas não estão destinadas a viver uma vida longa. É a suposição de que viveremos para sempre, ou ao menos até uma idade muito avançada, que traz tanto choque e desespero quando alguém jovem morre. Mas isso é, na verdade, uma parte natural da vida em todas as espécies. Alguns jovens morrem, algumas pessoas de meia-idade morrem, e outras não morrem até terem ficado idosas. Naturalmente, é de partir o coração ver jovens irem embora quando parece que tinham a vida inteira pela frente. Alguns de meus próprios amigos haviam perdido filhos jovens, e eu testemunhara a sua dor, um pouco da qual nunca se extinguira. Mas essas crianças ou jovens não estavam aqui para viver uma vida tão longa. Eles vieram, brilharam luminosamente, e são lembrados com pureza por tudo o que proporcionaram durante seu breve tempo de vida.

Muito embora Jude tivesse chegado aos seus quarenta com boa saúde, teria sido fácil pensar como era errado que uma mulher tão boa estivesse morrendo agora com apenas quarenta e quatro anos. Mas ela e Edward aceitaram isso, ambos simplesmente gratos por terem se conhecido e experimentado o amor que experimentaram. Eles haviam sido abençoados também pela chegada de Layla. Nesse sentido, Jude estava de certo modo tranquila, sabendo que ela tivera a honra de guiar essa deliciosa garotinha até seus primeiros nove anos. Contudo, havia uma mágoa natural por ela não poder estar por perto para vê-la tornar-se uma mulher, e pela dor que Layla poderia padecer perdendo sua mãe. Mas ajudava-a muito saber que sua filha tinha um pai amoroso para auxiliá-la mais tarde em seu caminho.

A essa altura Jude havia perdido sua independência e mobilidade completamente, mas sua maior frustração era estar perdendo a fala. A coisa que ela mais temia, contou-me uma noite quando eu a reposicionava na cama, era não poder dizer que estava com dores e ter que ficar ali deitada, suportando isso. Pensei em como a vida pode ser difícil e como são diferentes as lições que recebemos. Que modo terrível de passar nossas semanas e meses derradeiros, ter consciência, mas nenhum poder de comunicação! E, ainda por cima, ficar deitado com dores, mas sem ninguém perceber ou saber o modo exato de aliviá-las! Isso devia acontecer por todo o mundo para padecedores de outras doenças também, como derrame ou ferimentos cerebrais.

Minha nossa, que modo de viver! Isso certamente punha minha própria vida passada em perspectiva.

Todo dia eu ouvia a fala de Jude se deteriorar um pouco mais. Em alguns dias ela soava razoavelmente bem, muito audível. Em outros, era apenas por nos conhecermos mutuamente e eu trabalhar intuitivamente que eu conseguia acompanhar o que ela estava dizendo. Em dias assim, Jude às vezes recorria a usar um programa especial de computador que possuía. Entre as vistas de algumas lentes feitas especialmente para esse uso, havia um *laser* que incidia sobre letras na tela do computador. Jude pausava sobre a letra por tempo suficiente para digitá-la, depois se movia para a seguinte. Então, depois que um par de letras havia sido escrito, as palavras escolhidas apareciam, e assim por diante. Era, com certeza, um processo lento, mas isso a capacitava a ser ouvida. Eu silenciosamente agradeci àqueles que haviam desenvolvido esse programa, criando, assim, essa oportunidade para ela. Mas logo viria uma hora em que Jude não seria mais capaz de mover sequer a cabeça para fazer isso.

Assim, nos bons dias, eu escutava o máximo possível quando Jude falava. Havia muita coisa que ela queria dizer. Segurando um suco junto aos seus lábios eu esperava, enquanto ela tomava um lento golinho de cada vez, fazendo com que ela continuasse conversando. Um ponto principal em particular ela queria destacar e fazia-o repetidas vezes.

— Precisamos ser corajosos o bastante para expressar nossos sentimentos — ela disse. Muito apropriado, eu pensei, refletindo sobre minha jornada até essa altura.

Muito embora tivesse perdido o relacionamento com sua mãe escolhendo ficar com Edward, ela se sentia feliz por saber que ao menos fora corajosa o suficiente para fazer essa escolha, de que ela nunca se arrependera. No entanto, ansiava por compartilhar seus sentimentos com a mãe agora, já que esta nunca a havia conhecido como mãe. Reconhecendo que essa oportunidade poderia não acontecer nunca, Jude já havia escrito à sua mãe algum tempo atrás. A carta se encontrava na gaveta do escritório de Edward. A mãe de Jude sabia da doença. Mas ela ainda estava numa posição de teimosia e incapacidade de perdoar, não conseguindo visitar sua filha, que estava morrendo.

— Nós devemos aprender a expressar nossos sentimentos *agora* — Jude enfatizou —, não quando for tarde demais. Nenhum de nós sequer sabe quando será tarde demais. Dizer às pessoas que você a ama. Dizer a elas que você as aprecia. Se elas não conseguem aceitar sua honestidade ou reagem de um modo diferente do que você esperava, isso não importa. O que importa é que você revelou a elas seus sentimentos.

Jude dizia que isso era muito importante para aqueles que estavam morrendo tanto quanto era para aqueles que lhes fossem sobreviver. Os agonizantes precisam saber que tudo foi dito. Isso lhes dá paz, ela diz. Se aqueles que sobrevivem podem juntar coragem para expressar seus sentimentos honestamente também, eles não carregarão esse remorso para quando também estiverem à beira da morte. Nem terão que viver com a culpa que resulta se alguém que amaram faleceu e as coisas permaneceram não ditas.

O que havia tornado esse ponto ainda mais importante para Jude fora o fato de ela haver inesperadamente perdido uma amiga um ano antes. O fato abalara seu mundo imensamente. Tracey tinha sido uma mulher efervescente, a alma de todas as reuniões. Ela era bem-amada por todos devido ao seu enorme coração, e mantinha uma total ausência de julgamento quanto aos outros.

— É fácil demais ficar envolvido com a vida e não ficar muito tempo com as pessoas que você ama, sejam elas familiares ou amigos. Mas nós realmente devemos voltar aos relacionamentos e à honestidade. As pessoas não percebem como isso é importante, até que elas próprias estejam morrendo ou vivendo com a culpa depois que alguém morreu — Jude me falou.

Ela disse como não há necessidade de culpa alguma se nós realmente empreendemos nossos melhores esforços para expressar nossos sentimentos e passar horas com aqueles que amamos. Mas precisamos parar de pensar que aqueles que nós amamos estarão sempre por perto. As coisas se acabam num relâmpago, ela me recordou. Jude estava grata por ter tido tempo de fazer suas próprias despedidas, mas enfatizou que nem todos recebem a bênção do tempo suficiente para expressar seus sentimentos no fim da vida. Na verdade, milhões não recebem, já que partem repentina e inesperadamente.

Muito embora o fato de ter expressado seus sentimentos sobre o amor que sentia por Edward tivesse arruinado sua relação com sua mãe, Jude estava satisfeita por ter tido a coragem de ser honesta. Isso não apenas lhe permitira conhecer a plenitude do amor que ela e Edward ainda compartilhavam, mas a tranquilizara por saber que ela havia sido fiel ao seu próprio coração. Também lhe mostra quanto ela estivera sob o controle de seus pais até então, principalmente sob o controle de sua mãe. Se um relacionamento se baseia no controle, como pode uma pessoa chegar a ter um relacionamento verdadeiramente sadio com a outra de algum modo? Se esse era o único tipo de relacionamento em oferta, ela concluiu que era melhor passar sem ele.

Mas, tendo tentado se comunicar com sua mãe, Jude disse que ela morreria livre de culpa. Ela tivera a coragem de expressar a si mesma. Felizmente, o mesmo acontecera com ela em relação à sua amiga Tracey. Jude sempre fora muito franca, e, embora o choque de perder Tracey tivesse sido enorme, ela ficou novamente livre de culpa. A poucos dias de perder sua amiga, elas almoçaram juntas. Quando se abraçaram em despedida, Jude dissera a Tracey quanto ela a amava e valorizava sua amizade.

No entanto, não foi esse o caso da maioria da família e de outros amigos de sua amiga. Tracey havia sido uma pessoa tão animada, que era difícil sequer imaginar que ela não mais estaria por perto. Então, sua vida foi subitamente arrebatada numa batida de automóvel. As ondas de choque e culpa continuaram a se propagar fortemente no círculo de amigos de Jude, até um ano depois.

— Ela havia mudado a vida das pessoas, e elas nunca lhe disseram isso. Tracey não era do tipo que precisasse de confirmação, não. Mas as pessoas têm que conviver com sua ausência de esforço depois de algo assim, e eu vi essa culpa se tornar obsessiva nelas desde então, já que lutavam com a ideia de que poderiam ter feito as coisas de modo diferente. — Eu podia entender isso, naturalmente. — Também — Jude disse —, embora Tracey não precisasse da validação, ela teria adorado ouvir esse incentivo das outras pessoas. Ela era tão aberta e bela! E agora não está mais aqui.

Eu naturalmente concordava com ela que compartilhar sentimentos e confissões era importante. A vida já estava me passando essas lições, ainda mais enquanto eu e ela conversávamos nesse momento. Ela era uma bela mulher, ainda naturalmente elegante, a despeito de não poder mais se vestir bem. Babava de vez em quando e sua roupa tinha que ser mais prática do que elegante. Mas seu espírito e vestígios do que ela fora ainda permaneciam com seu próprio brilho. Sorrindo para ela concordando com sua opinião, eu compartilhei meus pensamentos:

— Sim. Muita coisa é reprimida por orgulho, apatia ou medo de represália ou humilhação. Mas isso exige um tanto de coragem, às vezes, Jude, e nós não somos sempre fortes o suficiente para fazê-lo.

— Sim, isso exige coragem, Bronnie — Jude continuou. — É este ponto que estou tentando salientar. Exige coragem expressar seus sentimentos, principalmente se você não está passando bem e precisa de ajuda, ou se você nunca expressou sentimentos sinceros para alguém que você ama e não sabe como isso será recebido. Mas, quanto mais você pratica e partilha seus sentimentos, sejam eles quais forem, melhores as coisas ficam. O orgulho é uma perda de tempo tão grande! Francamente, olhe para mim agora. Eu não consigo nem limpar minha própria bunda. O que importa? Nós todos somos humanos. Isso nos permite ser vulneráveis também. É uma parte do processo.

No tocante à época que passei na casa de Jude e Edward, a vida foi particularmente difícil para mim. Eu decidi confessar um pouco disso a Jude, já que era relacionado a quão difícil pode ser, de vez em quando, compartilhar nossos sentimentos. O trabalho paliativo havia diminuído por uns tempos. Em geral ele vinha em ondas de tudo ou nada. Isso não me incomodava, já que meu trabalho criativo, até pelo contrário, se beneficiava disso. No entanto, depois de quase dois meses sem trabalho algum, as coisas estavam começando a ficar um tanto difíceis e não havia trabalho no horizonte. Qualquer dinheiro que eu ganhasse era geralmente investido de alguma forma no meu trabalho criativo, de modo que não havia muito a que recorrer. Mas, havendo sobrevivido a isso anteriormente, eu nunca ficava perturbada demais pelo fato. Às vezes eu tinha pouquíssima noção de para onde iria a seguir, sabendo apenas quando os proprietários estavam dentro do prazo de retornar. No entanto, geralmente uma casa surgia no último minuto. Durante os tempos de maior incerteza, eu realmente curtia o risco e a excitação, em certo nível. A adrenalina fluía. Acontecia com relativa frequência alguém me ligar em pânico e perguntar se eu podia cuidar de sua casa, começando no dia seguinte mesmo, por exemplo, já que os moradores haviam acabado de ser convocados a viajar de repente. O alívio que vinha desses telefonemas trazia enormes suspiros e sorrisos. Tais ocasiões eram a salvação para os dois lados. Às vezes os clientes combinavam com outros amigos da rede de cuidadores de lares para garantir que não perderiam a ocasião em que eu ficasse disponível. Assim, planejavam sair de férias no mesmo dia em que seus amigos estavam voltando, sabendo que naquela ocasião eu estaria livre. Os meus serviços eram às vezes agendados com meses de antecedência. Naturalmente, eu gostava disso. Tornava a vida muito mais fácil.

No entanto, havia ocasiões em que eu não conseguia encontrar casa alguma para cuidar por alguns dias, uma ou duas semanas, nos intervalos das solicitações agendadas. Então, eu saía da cidade ou visitava alguém no interior, curtindo a folga. Ou, se tivesse um cliente específico que eu não queria deixar, dormia no quarto vago ou no sofá de um amigo temporariamente. Inicialmente, isso foi bastante fácil. Mas, depois de alguns anos nessa vida incerta, eu comecei a ter medo de pedir e senti-me como se estivesse abusando da boa vontade de meus hospedeiros. Meus amigos diziam que eu não abusava. Eles me apoiavam e me entendiam bem o suficiente para saber que eu não ficaria para sempre. Quando vim a fundar minhas bases residenciais, anos depois, minhas casas sempre tinham hóspedes, mas, para mim, aprender a receber era muito mais difícil do que dar.

Ter que perguntar aos amigos repetidamente se eu podia ficar fazia com que eu ficasse absolutamente desamparada. Embora eu tivesse trabalhado bastante minhas feridas passadas, ainda me exigia muito transformar minhas ideias sobre mim. Padrões negativos de décadas estavam sendo desfeitos, e era um processo lento alterar completamente meu modo de pensar. Sementes novas e positivas haviam sido plantadas e, de muitas formas, estavam brotando em minha vida. Mas eu ainda estava por erradicar todas as velhas sementes, de modo que elas ainda vinham à tona de vez em quando.

Nessa ocasião particular, o trabalho parecia haver cessado décadas atrás, o dinheiro se esgotara e eu estava me sentindo desamparada novamente. Liguei para minha melhor amiga e perguntei se podia ficar com ela. Mas ela estava passando por dificuldades também e simplesmente não foi possível. Isso não tinha nada a ver comigo. Era assunto seu e coisa de sua vida. Entretanto, por causa das minhas ideias e do meu estado emocional naquele tempo, tomei como uma rejeição total e me senti ainda pior por tê-la colocado na situação de ter que me dizer não. Relutantemente liguei para outros amigos, mas um estava com a casa cheia de visitantes, outro estava longe e outro estava consumido num projeto de trabalho que exigia concentração total. Eu não tinha dinheiro para sair da cidade e voltar sem ter que emprestar algum, o que faria com que me sentisse mais desamparada. Então, concluí que devia dormir em meu carro.

Isso não fora um problema anos atrás, quando eu tinha o jipe e estava na estrada, viajando. Na verdade, não havia nenhum lugar onde eu preferisse dormir mais que na parte de trás daquele velho carro, na confortável cama que havia ali. Mas não era a mesma coisa no Floco de Arroz, um carro tão pequeno, que eu não podia nem esticar minhas pernas quando tentava me deitar. Eu estava também sem cortinas e privacidade e no meio do inverno. Não conseguia pensar em ninguém a quem eu pudesse telefonar sem me sentir ainda pior por pedir ajuda. E também estava um tanto temerosa de ter que dormir nas ruas da cidade, tão exposta. Mas me sentia um tanto resignada, já que isso era o que uma pessoa desamparada tinha que fazer, de vez em quando.

Dirigindo pela cidade antes que escurecesse, examinei algumas opções de lugares que pareciam relativamente seguros e apropriados. Tinha ainda que pensar que eu poderia precisar ir ao banheiro. Chocar as pessoas fazendo xixi em seu jardim da frente no meio da noite não era o tipo de atenção de que eu precisava, para completar meus problemas de sobrevivência.

Os dias são longos quando você está sem teto e tentando ficar fora de visibilidade. Tem que se levantar e sumir de manhã, e não pode se acomodar até que todos tenham ido para casa e se acomodado. Nesse meio-tempo, naturalmente, você está sem casa, de modo que não pode ir para casa e esperar. Sim, foram dias longos e as noites foram desconfortáveis, dolorosamente frias e solitárias.

Uma noite eu fui a um café, onde ouvi um pouco de música, ficando ali o mais tempo que pude com minha xícara de chá. Eu me sentia como o velho da canção de Ralph McTell, *Ruas de Londres*, que tentava ficar com sua xícara de chá a noite toda para permanecer num ambiente fechado. Que ironia, eu pensei, que esta tivesse sido uma das primeiríssimas canções que eu aprendera na guitarra!

Eu frequentava os banheiros públicos próximos da praia ao nascer do sol. Esperava que eles abrissem para que eu pudesse me lavar, escovar os dentes e usar o toalete, suportando as expressões mal-humoradas do serviçal público que havia aberto a porta. Acho que ele me via como uma praticante de *camping*, uma aproveitadora, ou alguma coisa assim. Mas não havia nada que ele pudesse pensar a meu respeito que fosse um pouco pior do que eu já pensava. De modo que eu realmente não dava bola. E uma das dádivas já estabelecidas do tempo que passei com pessoas que iam morrer era que eu verdadeiramente não me importava mais com o que os outros pensassem de mim. Da forma como as coisas iam, eu já tinha muito com que lidar limitando-me a mim mesma.

Uma noite eu fui ao programa "Alimente os Famintos" dos Hare Krishnas. Sempre que eu tinha dinheiro, era generosa com ele. Entrando na fila agora, achei minha situação ainda mais irônica quando me lembrei que com frequência jogava dez ou vinte dólares em seus pequenos baldes para esse mesmo programa, sempre que os via tentando levantar fundos. Eu gostava dos Hare Krishnas. Eram vegetarianos, tocavam música alegre e davam o que comer aos famintos. Isso era o suficiente para mim. Mas agora eu era objeto de sua boa vontade, e isso era um tanto humilhante.

Então, numa certa manhã, sentei-me numa rocha junto ao porto, rezando para ter força, resistência, e para obter um milagre. Bem nesse momento um cardume de golfinhos surgiu e um deles pulou para fora da água, brincando. Minha vida parecia tão séria até aquele momento, que aquilo me deu um pouco de esperança novamente. Eu pensei então em alguns amigos que moravam longe e resolvi ligar para eles e perguntar se eu poderia ficar na casa deles. Eles eram sempre ótimas pessoas. Mas minha sensação de desvalimento e desamparo não me permitira pedir ajuda a nenhuma outra pessoa, ou nem sequer pensar em mais alguma pessoa a quem eu pudesse recorrer. Não tivera a coragem de expressar meus sentimentos, embora eu pudesse apenas ter dito muito honestamente àquelas boas pessoas: "Olhem, eu estou me sentindo um lixo. Mas posso ir ficar aí por um tempinho?"

Assim, com uma resolução mais animadora, eu dei uma caminhada pelo porto. Antes mesmo que tivesse a chance de ligar para meus amigos, no entanto, meu telefone tocou, e era Edward, perguntando se eu estava livre para ser a cuidadora de Jude e se poderia começar imediatamente. Havia também um belo apartamento na propriedade disponível para mim, caso eu precisasse. Naquela noite eu me deitei com as pernas totalmente esticadas novamente, sem sentir mais dor devido a cãibras e frio. Uma colcha aconchegante me manteve aquecida depois de meu banho revigorador. Fiz uma refeição saudável com pessoas agradáveis e iria ganhar dinheiro de novo. Como a vida pode mudar rapidamente!

Eu poderia olhar para essa época e dizer que isso havia acontecido porque o trabalho acabou, ou porque a demanda para cuidar de casas também. Foi o que aconteceu materialmente, de qualquer modo. Mas foi uma situação que eu mesma criei com minha própria falta de autovalorização e por alimentar velhas sementes que já não me serviam. Obviamente havia novas sementes sendo semeadas também, já que em outras ocasiões eu estava começando a viver um estilo de vida fabulosamente opulento. Mas aprender a me desfazer desses velhos hábitos em minha cabeça tomava meu tempo, e eu tornei isso mais difícil para mim mesma por não ser capaz de pedir ajuda.

Quando outra escassez de serviço de cuidar de casas apareceu, a primeira coisa que fiz foi telefonar para os amigos nos quais eu havia pensado naquela manhã com os golfinhos. Eles me acolheram em seu quarto disponível com alegria, carinho e empolgação. Permitir que eles fossem bondosos comigo era possível para mim outra vez. Eu ainda estava aprendendo como expressar meus sentimentos, mas estava chegando lá.

Contei a Jude como esse desvencilhamento dos meus conceitos antigos fora um aprendizado para mim, já que eu havia sido tão fechada no passado. Gostei de sua opinião e da oportunidade de discutir isso tudo tão honestamente.

— Todos nós precisamos de alguém que nos faça lembrar, Bronnie. Todo mundo guarda coisas que precisam ser ditas, coisas que as pessoas querem ou não ouvir. Devemos expressar nossos sentimentos para podermos crescer. Isso ajuda a todos de um modo ou de outro, mesmo que eles não percebam. A honestidade, acima de tudo, funciona.

Sorrindo, eu olhei para os barcos no porto enquanto a lua cheia brilhava lindamente sobre o mar. Era um cenário magnífico. Jude retornou ao tópico da culpa e de como temos a chance de não criá-la mediante a expressão honesta de nossos sentimentos à medida que eles emergem. Então, nunca é tarde demais, principalmente se alguém que nós amamos morre inesperadamente. Isso também nos capacita a ficarmos livres de repressões, como fomos um dia quando éramos crianças. Nós nunca deveríamos sentir-nos culpados por expressar nossos sentimentos, nem deveríamos incriminar alguém que conseguiu ter coragem de fazê-lo.

Depois de alguns meses com Jude, sua deterioração se tornou tão séria, que ela foi recolhida a um hospital de cuidados paliativos. O trabalho estava fluindo para mim na agência e um pedido para cuidar de casa com duração respeitável havia aparecido. Eu fui ao hospital para ver Jude, satisfeita também por pôr em dia minhas conversas com Edward e Layla.

Sentada do outro lado da cama havia uma senhora que eu não conhecia, mas não demorou para que eu notasse a semelhança entre Jude e sua mãe.

Edward havia tomado a iniciativa de entregar a carta de Jude para a mãe, antes que sua adorada mulher falecesse. Por enquanto ela estava incapacitada de falar, mas tudo fora dito na carta. Jude dissera à sua mãe que a tinha amado, e ainda a amava. Escreveu sobre as lembranças felizes que guardava com carinho e das coisas positivas que aprendera com sua mãe. A carta não continha nada de negativo, já que Jude odiava a culpa e queria que sua mãe soubesse que fora amada, a despeito da tristeza do relacionamento de ambas. A mãe de Jude havia aparecido inesperadamente fazia alguns dias e retornado diariamente desde então, segurando a mão da filha, observando enquanto a vida desta ia chegando ao fim.

Beijando Jude no rosto depois de conversar com ela por alguns momentos, eu disse meu adeus final e lhe agradeci por tudo.

— Verei você quando eu chegar lá, Jude — eu disse em meio às lágrimas e um sorriso. Ela deu uma resposta enrolada e seus olhos sorriram, muito embora sua boca não mais pudesse sorrir.

Edward e Layla caminharam comigo para fora até o Floco de Arroz, cada um deles segurando uma de minhas mãos. Nós três estávamos chorando. Mas o amor fluía tão sinceramente, que as lágrimas não importavam. Ele me disse que a mãe de Jude conversara muito com ela e que lágrimas escorreram pelo rosto de Jude, principalmente quando ela a ouviu dizer que a amava. Sua mãe pedira desculpas por ter sido tão severa. Ela reconheceu que ficara com inveja secreta de sua filha, inveja da coragem que Jude tivera para rejeitar as opiniões da sociedade, uma coisa que a havia privado da felicidade verdadeira.

Depois de abraçar Edward e Layla em despedida, eu desejei a todos eles o melhor possível na vida que tinham pela frente. Pensei na bela Jude deitada ali com sua mãe sentada ao seu lado, e em como a força do amor é realmente poderosa. Meu coração estava doendo, mas também estava cheio de alegria.

Cerca de dois anos depois recebi um *e-mail* de Edward, o que foi uma ótima surpresa. Layla e sua avó haviam desfrutado de alguns meses de conhecimento mútuo animador antes que a segunda falecesse. Ele disse que ela era uma mulher diferente, àquela altura, e que o fazia lembrar-se de Jude de vez em quando. Quando os testamentos foram concluídos, Edward e Layla resolveram deixar a cidade e se mudar para as montanhas, para mais perto de seu pai e para um lugar onde o ar era mais limpo. Ele conhecera uma nova mulher havia cerca de um ano e Layla agora tinha uma pequena irmã a caminho.

Minha resposta incluiu meus melhores votos a todos eles. Eu também estava feliz por compartilhar com ele as coisas das quais eu me lembrava em Jude: seu sorriso, sua paciência com sua enfermidade, sua aceitação e sua determinação em expressar seus pontos de vista. A culpa é tóxica. Expressar nossos sentimentos é uma necessidade para que tenhamos uma vida feliz.

Posso ainda me lembrar de estar sentada ao lado de seu leito, enquanto a lua cheia brilhava sobre o mar, com Jude determinada a ser ouvida enquanto sua voz lhe permitisse.

Ela realizou seu intento, e eu agora conheço a alegria de expressar meus sentimentos, tão sinceramente quanto o golfinho demonstrou sua alegria ao dar um pulo para fora da água do mar.

Bênçãos disfarçadas

Alguns turnos temporários em clínicas de repouso fizeram com que eu trabalhasse com clientes que sofriam de Alzheimer. Mas Nanci foi minha primeira cliente paliativa em domicílio com essa doença. Ela havia sido uma mulher gentil, a mãe de três filhos e dez netos. Seu marido ainda estava em casa, mas raramente ia ao seu quarto. Na verdade, seria mais fácil esquecer totalmente que ele vivia na casa.

As três irmãs e os dois irmãos de Nanci vinham visitá-la em dias alternados, como faziam alguns de seus amigos inicialmente, embora eu realmente notasse que essas visitas viessem diminuindo com o tempo. Cuidar de Nanci era um trabalho difícil e esgotante. Ela era inquieta e muito difícil de monitorar, nunca querendo ficar num lugar por mais que um minuto, e muito aflita na maior parte do tempo. Momentos de paz eram poucos e a longos intervalos para ela, e, em consequência, para mim também.

Por fim, sua angústia ficou tão preocupante para todos, especialmente para sua família, que a dosagem de seus medicamentos foi aumentada. Nanci então passou a dormir algumas horas ao dia. Quando estava desperta, suas palavras e sentenças não faziam sentido nenhum, como é típico com aqueles que padecem de Alzheimer. Partes de uma palavra estavam misturadas com partes de outras. Era possível reconhecê-las às vezes como um dialeto do inglês, mas nada estruturado, formal ou coerente. Ainda assim, eu tratava Nanci como a todos os meus clientes, com amor e delicadeza, conversando com ela enquanto fazia meu trabalho. Às vezes ela percebia que eu estava no quarto, às vezes ela estava a milhas de distância, e eu poderia ter dez cabeças sem que ela me notasse.

Ocasionalmente, eu mesma lhe dava um banho, quando eu chegava às oito da manhã, mas isso geralmente era função da cuidadora noturna. Começava a lavá-la energicamente como se a noite anterior tivesse sido particularmente problemática. Nanci ainda dormia quando eu chegava, o que era bom. Mais frequentemente, porém, o banho acontecia quando eu começava meu turno, perto das 8 horas. Às vezes ela sorria para mim ao sentar-se na cadeira sob o chuveiro, enquanto a cuidadora noturna a lavava. Uma cuidadora em particular, no entanto, tinha métodos significativamente diferentes dos das outras, e insistia que os procedimentos deveriam ser da forma como ela queria.

O primeiro incidente ocorreu numa manhã muito fria de inverno. Chegando ao quarto de Nanci, eu a encontrei deitada nua na cama, tremendo de frio, e totalmente exposta. Ela havia acabado de tomar banho e, enquanto estava lá, tinha evacuado, deixando uma enorme pilha de fezes sob a cadeira do chuveiro. Isso não era nada de novo. Os clientes sempre experimentavam isso quando seus traseiros estavam pendendo através da abertura da cadeira, já que os seus intestinos interpretavam isso como um assento de banheiro. Cadeiras desse tipo eram também usadas para sentar o enfermo no banheiro, se ele precisasse de um assento elevado. Assim, não era surpreendente que às vezes essas coisas acontecessem no banho.

Nanci era uma mulher modesta, de uma família modesta. De modo que ficar lá, nua, sem nada a protegê-la do frio, devia ter sido bastante traumatizante para ela. Ela tremia e parecia uma criancinha frágil. Quando a vi daquele jeito, terminei de enxugá-la e a cobri com um cobertor quente o mais rápido possível. A outra cuidadora foi encontrada no banheiro, limpando a sujeira. Foi-me impossível não fazer um comentário, embora eu o tenha feito diplomaticamente, dizendo que eu poderia ter limpado aquilo mais tarde. A prioridade era o conforto do cliente, não um piso de banheiro limpo. A única resposta que consegui dela foi um dar de ombros enfastiado.

O outro incidente sobreveio quando nossos turnos se cruzaram novamente quatro semanas depois. Geralmente eu não gosto de usar relógio de pulso, e evito ser monitorada por um relógio quando possível. Mas, em vez de me causar certa tensão por ter que correr o tempo todo, se devo trabalhar com um cronômetro estritamente regulado, geralmente tenho a tendência de me reservar o tempo excedente para ir a outros lugares. Isso me permite desfrutar melhor da jornada, seja ela longa, seja breve, e ficar mais presente em meu trabalho. Nessa manhã, em particular, o trânsito estava fluindo muito bem, então cheguei mais cedo do que esperava.

Depois do outro incidente, a cuidadora noturna agora dera para dar banho em Nanci ainda mais cedo. De modo que eu não via nenhum de seus procedimentos. A cuidadora e eu, na verdade, nos dávamos muito bem. Sempre nos déramos, já que havíamos compartilhado alguns clientes e sempre nos encontrávamos na troca de turno nos últimos anos. A falta de empatia com Nanci que eu presenciara e com clientes anteriores, no entanto, fez com que eu ficasse relutante a continuar considerando-a uma profissional cuidadosa. Isso aumentou ainda mais quando eu entrei no banheiro para dar bom-dia e encontrei a querida pequena Nanci sentada na cadeira do chuveiro, trêmula de frio, congelando, com seus dentes batendo.

Perguntei o que estava acontecendo, e a cuidadora explicou que de onde ela vinha era assim que se dava banho nas pessoas. A água congelada explodia por sobre todo o corpo em questão de minutos, seguida por alguns minutos de água agradavelmente quente e mais outros minutos de água fria, depois de água quente, mas sempre terminando com água fria. Isso faz a circulação se ativar, ela explicou, o que podia ser correto. Eu não sabia e não me importava, embora eu aceitasse que nadar em água fria sempre fizera com que eu me sentisse revigorada.

O problema era que estávamos no meio do inverno. Os ventos uivavam lá fora, as janelas trepidavam, e mesmo em ambientes fechados consideráveis camadas de roupas eram necessárias. Essa pequena senhora estava tão doente, à beira da morte. Dificilmente precisaria de vigor suficiente para correr pelo quarteirão. Nanci estava frágil demais, debilitada demais para fazer alguma coisa a essa altura, e só precisava ficar aquecida e confortável. Nosso trabalho era auxiliar no seu bem-estar, o que incluía esse conforto, e não fazê-la sentar-se numa cadeira sob o chuveiro com expressão totalmente aterrorizada, tão gelada que seus dentes quase trincavam. Na minha opinião, a pobre querida criatura só precisava ficar aconchegada e ser tratada com carinho.

Nunca tendo sido muito forte, eu, no entanto, *posso* confiar em minha força quando ela é exigida. O que aciona essa força é a injustiça ou a crueldade. Falei delicada, mas francamente, com a outra cuidadora, e ela concordou que, no caso de Nanci, apenas água quente deveria ser usada em seu banho.

Os dias continuaram a se desdobrar numa série de rotinas. Essa cuidadora noturna estava saindo de férias e não voltaria por um longo período. Ela foi substituída por outra cuidadora que eu sempre encontrara de passagem, Linda. Era sempre restaurador entrar num turno posterior ao seu, já que ela tinha uma conversa agradável e era muito ética em seu trabalho. Aliviada por nossa cliente, eu murmurei uma prece de agradecimento.

Nanci continuava a falar incoerentemente, como sempre. Quando estava fora da cama, ficava ainda inquieta e agitada na maior parte do tempo. Mas, devido ao aumento da dosagem em sua medicação, essas ocasiões não duravam muito. As laterais de sua cama tinham que ficar erguidas o tempo todo. Se as coisas estivessem calmas, eu as abaixava, para remover a barreira entre nós. Às vezes Nanci reagia bem a algum mimo, como quando eu passava creme em suas pernas ou coisas assim. Mas, mesmo durante os momentos mais calmos, se Nanci falava efetivamente, era sempre na linguagem que apenas os doentes de Alzheimer entendiam. Não havia clareza nem estrutura nas suas frases, apenas sílabas que não funcionavam juntas. Sua fala já era assim por vários meses antes da primeira vez que a vi.

Depois de ajudá-la no banheiro um dia, ela foi arrastando os pés em direção à cama, segurando uma de minhas mãos. Um tubo de alguma coisa em minha outra mão escorregou para o chão e eu dei uma risada, abaixando-me para pegá-lo. Eu sempre tratava Nanci do mesmo modo que trataria qualquer cliente, mesmo que ela estivesse a milhas de distância. De modo que me levantei novamente, ainda conversando com ela e rindo. Então, tão claro como o dia, olhando-me diretamente nos olhos, Nanci disse: — Eu acho você um encanto.

Um enorme sorriso irrompeu em meu rosto e nós ficamos sorrindo uma para a outra por um momento. Eu estava olhando para uma mulher totalmente sã e lúcida. Nesse momento, ela sabia o que estava se passando. Eu respondi confiantemente:

— Eu acho que você é também, Nanci. — Seu sorriso se ampliou e nós nos abraçamos, depois sorrimos uma para a outra novamente. Foi lindo.

Mas seu equilíbrio não era grande nesse momento, então continuamos a arrastar os pés ela de volta para a cama, de mãos dadas. Quando me sentei ao seu lado e me curvei para erguer suas pernas, Nanci surgiu com uma frase embaralhada de sua língua de Alzheimer, uma que não tinha chance de ser entendida por ninguém. Ela havia desaparecido novamente, mas havia estado ali comigo brevemente, tão clara como tudo.

Ninguém nunca me convencerá do contrário. Os doentes de Alzheimer podem não saber o que está acontecendo a maior parte do tempo, mas, só porque eles não podem expressar seus pensamentos claramente e estão sempre muito confusos, não significa que eles não absorvam alguma coisa do que ocorre ao redor. Ver isso pela primeira vez mudou toda a minha perspectiva da doença.

Algumas semanas depois mencionei o incidente para Linda, a outra cuidadora, que concordou que era uma coisa especial que havia acontecido. Um curto tempo depois, Linda experimentou então mais clareza da parte de Nanci, embora talvez não com tanto carinho. Era uma parte de seus deveres da noite virar Nanci a cada quatro horas, para evitar escaras. Nanci estava sempre em sono profundo, mas a coisa tinha que ser feita, eram ordens do médico. Mas, nessa noite, quando Linda foi virá-la por volta das quatro da manhã, Nanci disse muito firme e claramente: "Não ouse me mover". "Não precisa se preocupar, Nanci", Linda respondeu sobressaltada. "Doces sonhos." Linda ficou espantada, mas voltou a dormir.

A família vinha me substituir por meia hora todo dia. Eram turnos longos e extenuantes, e eu ficava feliz pela folga. A casa de Nanci era num subúrbio praiano, então eu descia diretamente de um monte e ficava numa plataforma de pedras olhando para o mar. As pedras ficavam parcialmente cobertas por crustáceos e charcos de água do mar, mas havia muitos lugares para pisar, permitindo-me chegar à ponta da plataforma com segurança. Aspirando o ar do oceano, eu me deleitava com a brisa fresca e sua vastidão. De vez em quando aparecia uma pessoa junto às pedras, mais distante, bem lá na ponta. Ele ficava tocando um saxofone. Era mágico observar e ouvir aquelas canções perfeitas flutuando pelo ar ao ritmo do oceano. Eu ficava ali hipnotizada, absorvendo a música por mais tempo possível antes de voltar a subir a colina relutantemente. A música me alimentava pelo resto do turno, todo dia, sem falta.

Naturalmente eu falava a Nanci sobre isso, mesmo que ela estivesse completamente alheia, em outro mundo. Isso não me importava. Minha intenção era tentar manter seu mundo um pouco estimulado se eu pudesse, levando-lhe conversas do mundo exterior. O mundo todo de Nanci nesse momento era apenas seu quarto, seu banheiro e sua sala de estar.

Por uns dois meses o homem do saxofone foi mencionado a ela, sem nenhuma reação ou sinal de interesse em resposta. Então, um dia, quando eu retornei alvoroçada e tentei descrever a canção que ele acabara de tocar (como se fosse possível descrever música com palavras), Nanci olhou-me nos olhos e sorriu.

Quando eu pus um pouco de roupa para lavar alguns minutos depois, ela começou a cantarolar uma canção. Era nessa hora do dia que ela geralmente ficava mais agitada, mas, em vez disso, naquele dia cantarolou interminavelmente. Tão rapidamente quanto começou ela parou, articulando sílabas incompreensíveis.

Esses lampejos de clareza deixavam-me muito satisfeita por ter continuado a conversar com Nanci por todo esse tempo, independentemente de não estar geralmente obtendo as reações que eu poderia ter apreciado. Mas só porque alguém não responde do modo que você deseja não quer dizer que você deva se arrepender da tentativa de se expressar.

A reação dos outros é escolha deles, exatamente como nossas reações não são de responsabilidade de ninguém mais. À medida que meus muros iam sendo erodidos ao ritmo de um tijolo de cada vez, eu sentia que minha necessidade de me expressar estava aumentando. Mesmo assim, por outro lado, isso se tornava menos importante, já que eu estava ficando menos incomodada com os modos como eu era percebida. No fim das contas, acho que tudo era uma questão de como eu mesma me percebia. Eu queria ser corajosa e honesta dali em diante, independentemente de qualquer coisa. Aprender a ser aberta estava também começando a me fazer bem, muito bem de fato. No entanto, eu também sabia que só porque estava mudando em muitos modos positivos não queria dizer que outras pessoas em minha vida iriam adotar o mesmo comportamento. Novos padrões estavam sendo criados, libertando-me lentamente de meu passado, começando a me fortalecer. Isso nem sempre era bem recebido por outras pessoas, mas eu tinha que ser quem eu era agora e não o que as pessoas haviam esperado que eu fosse. Havia uma pessoa nova brotando de dentro de mim, e ela queria vir para fora, para compartilhar sua nova identidade.

Uma amizade em particular em minha vida estava parecendo terrivelmente desequilibrada e vinha sendo assim por alguns anos. Obviamente, isso era uma lição em termos de ligações para mim, e eu a estava aprendendo. Então, com todas as mudanças acontecendo no meu interior, incluindo a satisfação pela expressão honesta, a ligação chegou ao ponto em que eu finalmente precisava dizer como estava me sentindo. De modo que, com honestidade, eu expliquei minhas reflexões na esperança de que seriam bem compreendidas. Não era um ataque à minha amiga, era apenas eu expondo o que eu estava sentindo quanto à expectativa de apenas eu fazer todos os esforços pelas visitas e quanto ao desequilíbrio que eu sentia que estava acontecendo.

Havíamos sido amigas por um longo tempo e eu sentia que a honestidade iria fazer com que continuássemos a sê-lo. O que ela fez, no entanto, foi me mostrar que eram apenas a história e a rotina que estavam nos prendendo ultimamente. Minha amiga me fustigou com uma raiva que eu não imaginava que ela possuísse. O medo e a mágoa detonaram dentro dela. Eu entendi a situação, mas o grau de raiva que me atingiu foi esmagador. Percebi que eu não conhecia realmente aquela pessoa. Havia nela uma maldade que eu nunca vislumbrara, ou de que nunca suspeitara. Então, quando ela rompeu nossa ligação completamente, eu aceitei sua decisão e condescendi pacificamente. Era hora de mudar.

De um modo ou de outro, eu ainda pensava em nossa amizade como uma bela dádiva pelos anos em que existira, e ainda penso. Ao fim, apenas lembranças felizes permanecem, mas deixar a amizade acabar foi relativamente indolor, já que eu não conseguia enxergar nenhum sentido em ter uma amizade na qual não havia lugar para honestidade e equílibro. Nenhum de nós é perfeito, inclusive eu. Contribuí para o rompimento dessa amizade também, conscientemente ou não, mas ficar em qualquer espécie de relacionamento em que você não se expressa, para simplesmente preservar a paz, é uma relação governada por uma só pessoa e nunca será equilibrada ou sadia.

No outro extremo da escala, a honestidade acentuou uma amizade diferente alguns anos depois. A vida estava mudando bastante para mim. De vez em quando telefonava, para tentar obter um retorno, para uma pessoa que me conhecia bem, mas essa amiga raramente estava disponível, até que precisou de mim novamente. Tudo isso chegou a um estágio crítico um dia e, em meio ao meu cansaço, expressei muito honestamente como eu precisava me apoiar nela por uns tempos. Essa sinceridade fez com que nossa intimidade crescesse e abriu as portas para uma bela conversa. Ela dividiu um monte de seus problemas comigo também, e nossa amizade se beneficiou de nosso respeito mútuo e maturidade emocional. Por fim, ela não era o tipo de pessoa que pudesse ser totalmente confiável e nós duas viemos a reconhecer e aceitar esse fato. Em vez de confiar nela, eu vim a me apoiar mais em mim mesma e confiar em amizades mais antigas. Quando isso me libertou um pouquinho da necessidade de amizade, minha amiga também teve que se conformar por eu não estar sempre disponível para ela. Eu não era assim tão forte para estar, nem sentia a necessidade de interpretar esse papel por mais tempo. A aceitação das fragilidades mútuas e a coragem de sermos honestas uma como a outra nos aproximaram ainda mais em muitos outros níveis. Hoje, a amizade que existe entre ambas não sofre pressão de nenhum dos lados. É madura, muito honesta e sempre divertida.

Nós não pomos nossa conversa em dia como costumávamos fazer, e nossa vida não está tão entrelaçada como um dia já esteve. Mas todos os relacionamentos, incluindo as amizades, passam por mudanças. A despeito de tudo o que se desenrolou, somos hoje mais amigas do que nunca. Somos honestas e aceitamos totalmente uma à outra pelo que realmente somos, não pelo que queríamos que a outra fosse. Quando conseguimos nos encontrar, ambas saboreamos a dádiva do tempo e da compreensão com que fomos abençoadas.

Embora expressar sentimentos possa ter um preço, como teve com a primeira amizade, eu sei que quaisquer amizades que tenham sobrevivido em minha vida são agora de uma honestidade madura e uma qualidade verdadeira. Expressar quem eu sou é uma de minhas forças propulsoras essenciais nos dias atuais. Ser honesta e me abrir também fica mais fácil o tempo todo. Levei um longo tempo para chegar até aqui, mas é imensamente libertador. Isso também me capacita a reconhecer a luta que outras pessoas travam tentando se expressar. Quando olho para as recompensas que resultam da expressão honesta, eu apenas posso esperar que elas possam um dia chegar a esse ponto também.

A breve resposta de Nanci para mim, em meio à linguagem embaralhada com a qual ela vivia, foi um dos mais belos momentos de minha vida. Se eu não tivesse me expressado a ela primeiro, independentemente de esperar ou não uma reação, eu nunca teria recebido uma recompensa igual à daquele momento.

Supor que os outros saibam como você se sente ou que estarão sempre por perto é um risco alto a correr quando eles podem estar mortos dentro de uma hora. A gente também pode morrer a qualquer momento. Ter as pessoas como favas contadas é um preço alto a pagar. Nem todo dia será um dia feliz. Todos nós estamos em crescimento e todos nós temos dias difíceis, mas há também belos pensamentos a dividir. Essa é a razão pela qual é imperativo compartilhar seus sentimentos honestamente e ouvir os outros com regularidade. É fácil demais ficarmos enredados em nosso pequeno mundo e esquecer.

Há uma canção de um famoso e amado compositor e cantor australiano, Mick Thomas, que expressa perfeitamente o que é tomar as pessoas por favas contadas. É sobre ficar enredado na vida de tal modo que o homem na canção nem mesmo reparava se sua mulher havia mudado a cor de seu cabelo ou outras qualidades. A mensagem e a frase principal da canção são: “Ele esqueceu que ela era bonita”.

Embora a canção se aplique a um homem que toma sua mulher como favas contadas, ela pode ser aplicada a qualquer um em nossa vida. Mulheres tomam seus homens como favas contadas também, não vendo mais sua beleza interior ou exterior. Mulheres também não reconhecem que um homem demonstra seu amor de modos diferentes, como fazer coisas por sua companheira. Os filhos tomam os pais por fatos consumados. Pais fazem isso com os filhos de vez em quando.

Amigos, primos, irmãos, irmãs, colegas de trabalho, avós e membros da comunidade são todos tidos como favas contadas.

É fácil nos fixarmos naquilo de que não gostamos numa pessoa, que é na verdade apenas um reflexo parcial de nós mesmos, de qualquer modo. Mas mesmo as coisas que apreciamos nos outros não são reconhecidas com frequência. Sim, exige coragem às vezes falar honestamente, e não podemos controlar a reação daqueles com quem compartilhamos essa abertura. Precisamos ser sensíveis às suas necessidades também.

Mas eu descobri que essa honestidade é recompensada, mesmo que possa não ser da maneira que esperamos. A recompensa pode surgir em forma de autorrespeito, ou de ausência de culpa quando alguém falece, em forma de relacionamentos mais ricos, de relacionamentos doentios sendo afastados de nossa vida, ou de formas inimagináveis. O ponto principal é que, tendo a coragem de expressar nossos sentimentos, estamos atraindo bênçãos para nós mesmos e para os outros. Quanto mais retardarmos a expressão, mais carregaremos coisas que precisam ser ditas.

Nenhuma outra palavra clara brotou dos lábios de Nanci novamente, mas isso não importava. A bênção que recebi naquele dia foi mais do que suficiente como recompensa. Seu neto também percebeu outro momento de clareza quando ele, numa tarde, cantou para ela. Nanci não falou, mas olhou seu neto nos olhos e sorriu afetuosamente para ele — não de um modo afetado pelo mal de Alzheimer, mas como uma avó sorrindo orgulhosamente para seu neto, apaziguada pela expressão que ele escolhera para aquele dia, a de cantar para ela.

Nunca poderemos saber que as bênçãos virão a nós até que elas cheguem, mas de uma coisa eu tenho certeza: a coragem e a honestidade *sempre* são recompensadas.

Lamento 4: Desejaria ter ficado em contato com meus amigos

Trocas ocasionais eram feitas em clínicas de repouso, entre clientes regulares e a casa deles. Não eram trocas comuns, pelos quais eu me sentia feliz, já que eu achava esses lugares absolutamente horríveis. Os clientes atendidos nessas situações nem sempre exigiam cuidados paliativos. Eram apenas pessoas com alguma necessidade de ajuda, e às vezes eu era contratada para ser apenas um membro do pessoal numa equipe já existente em vez de tomar conta de qualquer cliente particular.

Se você quer viver em negação quanto ao estado de nossa sociedade, evite clínicas de repouso. Se você se sente forte o suficiente para olhar para a vida honestamente, passe uma temporada numa delas. Há muitas pessoas solitárias nelas — muitas. Qualquer um de nós pode se tornar um paciente a qualquer momento.

Ser exposta à equipe nessas ocasiões era tanto devastador quanto inspirador. Alguns deles, com os quais eu trabalhara brevemente ao longo dos anos, eram pessoas ótimas, de bom coração, que estavam obviamente trabalhando no campo profissional certo. Tinham o espírito animado, um coração bondoso. Agradeço aos céus por essas pessoas. Mas, como a maior parte das clínicas de repouso era desprovida de pessoal especializado, eles eram constantemente desafiados a espalhar seu bom ânimo ao redor.

No outro extremo da escala ficavam aqueles que ou haviam ficado cansados ou desapontados trabalhando, ou nunca haviam tido o entusiasmo desde o início. A empatia é muito útil e fazia uma falta terrível na equipe com a qual eu fora colocada na noite em que conheci Doris.

Os residentes arrastavam seus pés na sala de jantar comunitária com suas bengalas e andadores. Eram pessoas de meios relativamente elevados, já que era ali uma clínica de repouso particular e considerada "luxuosa". A decoração era bonita, os jardins muito bem conservados, as áreas comunitárias limpas. Mas as refeições eram horríveis. Tudo era pré-cozido fora da clínica e requentado no micro-ondas, sem sabor ou aroma atraente. Não havia nada de nutritivo ou fresco em nenhum alimento que vi lá. Os residentes faziam seus pedidos no fim da semana anterior e geralmente obtinham um prato de alguma coisa colocado diante deles, sem nenhuma consideração ou gentileza de parte do pessoal.

Vendo um rosto alegre, eles tocavam minha mão para que eu ficasse junto à mesa conversando com eles. Eram pessoas medianas cuja mente era clara e que gostavam de interação social. Seus corpos estavam envelhecendo e ficando frágeis, mas isso era tudo. Um ou dois anos antes essas mesmas pessoas encantadoras e agradáveis estavam vivendo vidas completamente independentes, por sua própria conta. Quando eu retornava à cozinha para buscar outra bandeja de pratos, carrancas de alguns integrantes do pessoal me esperavam. Eu tinha apenas papeado e rido com alguns dos residentes brevemente, e isso era visto com desaprovação. Eu simplesmente ignorava as carrancas.

Devolvendo um prato de cordeiro, eu disse à chefe de uma maneira amigável:

— Bernie pediu frango, não cordeiro.

Ela quase riu, respondendo:

— Ele comerá muito bem o que lhe mandamos.

— Ora, vamos — eu respondi, não intimidada pelo absurdo. — Com certeza poderemos lhe dar um prato de frango.

— Ou ele come cordeiro ou morre de fome — ela disse amargamente. Eu olhei para ela com compaixão por sua infelicidade óbvia, mas sem respeito por suas maneiras na função que estava exercendo.

Uma integrante simpática da equipe alcançou meu passo quando voltei com o cordeiro para Bernie.

— Não se preocupe com ela, Bronnie. Ela é sempre desse jeito — explicou Rebecca.

Eu sorri, satisfeita por conhecer um coração verdadeiro:

— Não estou preocupada com ela de modo algum. É com os residentes, que têm que conviver com esse tratamento todo santo dia, que eu me preocupo.

Rebecca concordou:

— Isso também me afetava muito quando comecei a trabalhar aqui. Mas agora eu apenas faço o que posso para lhes dar o tratamento mais gentil possível, dentro de minhas limitações.

— É bom que você faça assim — respondi com um sorriso.

Ela esfregou minhas costas ao se dirigir para outro lado.

— Há alguns de nós que ficam preocupados, não em número suficiente, mas há alguns.

Quando as refeições foram servidas e comidas de qualquer modo, e a cozinha ficou limpa, alguns dos membros da equipe foram lá fora para fumar. Uns poucos de nós ficamos no lado de dentro e conversamos com os residentes em estado terminal. Foi uma conversa alegre, já que uma dúzia ou mais de pessoas se juntou em torno de nós para compartilhar uma risada. Seus espíritos ágeis e animados me espantaram quando me maravilhei com a flexibilidade dessas pessoas, que haviam se adaptado tão bem às suas novas condições.

Cada um dos residentes tinha seu próprio quarto e banheiro. Como eu fazia o turno da noite para ajudar pessoas a trocarem de roupa para dormir, cada quarto revelava um pouco da personalidade de seu habitante. Fotos de famílias sorridentes, pinturas, tapetes de crochê e xícaras de chá favoritas salpicavam em todos os quartos. Algumas sacadas tinham plantas de vasos sobre elas.

Doris já estava vestida com sua camisola cor-de-rosa quando eu entrei animadamente, apresentando-me. Mas ela apenas sorriu, sem dizer nada, e depois desviou o olhar. Perguntando se ela estava bem, deparei-me então com um dilúvio de lágrimas. Sentando-me imediatamente ao lado dela na cama, eu a apertei em meus braços. Nenhuma palavra foi dita enquanto ela soluçava, abraçando-me desesperadamente. Eu rezei para ter forças e esperei.

As lágrimas cessaram tão rapidamente quanto haviam começado, e ela pegou seu lenço de mão.

— Oh, como sou boba! — ela disse, enxugando os olhos. — Perdoe-me, doçura. Estou sendo apenas uma velha boba. — O que está acontecendo com você? — perguntei delicadamente.

Doris suspirou e depois falou que ela estava ali fazia quatro meses e raramente vira um rosto animado desde então. Disse que meu sorriso lhe provocara lágrimas, o que quase me fez chorar. Sua única filha vivia agora no Japão e, embora ela estivesse em contato com ela com bastante frequência, elas não eram mais muito íntimas.

— Quando você é uma mãe alimentando sua filhinha, você nunca acha que alguma coisa poderá lhe privar dessa intimidade. Mas coisas assim acontecem. A vida faz dessas. Não é questão de discutir, veja bem. É apenas um fato da vida — ela confessou. — Ela tem sua própria vida e eu aprendi com os anos que você tem apenas que deixar rolar. Eu a trouxe ao mundo, mas nós não somos donos de nossos filhos. Somos apenas agraciados com o papel de guiá-los até que possam voar por conta própria, e é o que ela está fazendo agora.

Eu animei essa querida senhora por um instante e prometi retornar dentro de meia hora para uma conversa mais longa, se ela pudesse ficar acordada por tempo bastante para eu finalizar meu turno. Ela disse que adoraria isso.

Mais tarde, então, Doris se ergueu na cama, falando com desembaraço. Numa cadeira ao seu lado, eu escutei. Ela segurou minha mão o tempo todo, de vez em quando brincando com meus dedos ou com o anel que eu usava, sem perceber que estava fazendo isso.

— Eu tenho morrido de solidão aqui, doçura. Eu ouvi dizer que isso era possível, e é mesmo. A solidão pode matá-la com toda certeza. Eu fico tão faminta pelo toque humano, de vez em quando! — ela disse tristemente. Meu abraço fora o primeiro que ela recebera em quatro meses.

Ela não queria ser um peso para mim, mas eu insisti para que continuasse. Estava verdadeiramente interessada em conhecê-la, de modo que ela prosseguiu:

— Sinto falta de meus amigos, acima de tudo. Alguns morreram. Outros estão em situações como a minha. Com alguns perdi contato. Eu desejaria não ter perdido contato com eles. Você imagina que seus amigos sempre estarão por perto. Mas a vida muda e de repente você se descobre sem ninguém neste mundo que lhe entenda ou saiba qualquer coisa sobre sua história. — Sugeri que tentássemos entrar em contato com alguns deles. Ela balançou a cabeça, dizendo: — Eu não saberia por onde começar.

— Eu posso ajudar — sugeri, explicando-lhe sobre a internet. Tudo era muito estranho para Doris, e ela fez um esforço para entender o que eu dizia até certo ponto. Primeiro ela recusou, preocupada com meu tempo. No entanto, finalmente a convenci que eu adoraria fazer isso por ela. Durante meus anos no ramo bancário, eu havia trabalhado por breve tempo com fraudes e falsificações e adorado o trabalho. Ela sorriu com a comparação.

— Por favor, deixe-me fazer — eu pedi. Então, ela concordou com um sorriso esperançoso e tristonho.

Eu queria ajudar Doris por algumas razões. Havia gostado dela desde o primeiro momento que a vira e podia ajudá-la. Eu tinha as habilidades para tentar encontrar seus amigos, mas também queria ajudar porque eu sabia o que ela sentia. Eu havia também conhecido a dor dilacerante de uma solidão a longo prazo e a ânsia por entendimento.

Em tempos anteriores, a dor do meu passado havia me esgotado a tal ponto que eu me fechara dentro de mim profundamente. Era a crença enganosa que muitas pessoas têm de que, se você mantém as pessoas a distância, também mantém a dor afastada. Você se impede de ser ainda mais magoado. Se ninguém pode chegar perto, então ninguém pode magoá-lo tampouco. Claro que a única maneira de se curar é deixar o amor fluir dentro e fora de você, não bloqueá-lo, mas alcançar esse estágio pode exigir um longo tempo.

Na superfície eu era uma pessoa amigável para aqueles que eu conhecia, mas a dor de meu difícil passado que eu carregava ainda me oprimia. Eu havia decididamente evoluído até um ponto de compaixão por todos que tinham me tratado com negatividade àquela altura. Esse não era o problema. Eram meus pensamentos sobre eu mesma que ainda estavam levando algum tempo para ser transformados. Décadas de pensamento negativo estavam se desfazendo e, às vezes, a dor era insuportável. Embora eu soubesse intelectualmente que valia mais do que fora condicionada a crer, emocionalmente a cura ainda tinha longo caminho a percorrer.

Sunday morning coming down se tornou a canção-tema de minha vida. Tendo sempre amado a música de Kris Kristofferson e sido muito influenciada por ele em minhas próprias composições, achava que essa canção era a melhor expressão de minha solidão. Os domingos eram sempre os piores dias. Lucinda Williams escreveu uma boa canção sobre isso também, cantando *Eu não consigo atravessar os domingos.*

Mas não eram apenas os domingos. A solidão deixa um vazio em seu coração que pode lhe matar fisicamente. A dor é insuportável e, quanto mais ela dura, mais o desespero aumenta. Milhas de ruas da cidade, estradas do interior, e tudo o que havia no meio delas, foram percorridas durante esses anos. A solidão não é uma falta de pessoas. É uma falta de compreensão e aceitação. Enormes quantidades de pessoas no mundo inteiro experimentaram a solidão em aposentos lotados de gente. Na verdade, ficar sozinho em aposentos lotados de gente realça e exacerba a solidão com frequência.

Não importa quantas pessoas possam estar ao seu redor. Se não houver por perto alguém que o entenda, ou o aceite como você é, a solidão pode muito prontamente apresentar sua presença desesperadora. É muito diferente de estar sozinho, já que eu sempre amara isso no passado. Estar sozinho pode significar que você está só *ou* está feliz. A solidão é o anseio pela companhia de alguém que o compreenda. Às vezes estar só e a solidão se relacionam, mas com muita frequência não é assim.

A solidão ficou tão insuportável, a dor no meu coração tão constante, que o suicídio se tornou um pensamento que me acompanhava ocasionalmente. Eu não queria morrer, naturalmente. Queria viver. Mas perceber meu próprio valor, não aquele em que eu fora forçada a acreditar, e ficar livre da dor, às vezes exigia uma força incrível. Permitir que o amor e a felicidade fluíssem de volta à minha vida, e até mesmo aceitar que eu os merecia, era tão insuportavelmente difícil, às vezes, que a opção do suicídio parecia mais atraente.

Quando a dor e a solidão finalmente se tornaram insuportáveis demais, quando eu chegara ao ponto mais extremo da dor, minhas preces foram atendidas por meio de um ato de bondade e compreensão. Um amigo ligou na hora perfeita. Ele sabia que eu estava passando por algum problema difícil, mas não sabia que naquele exato momento eu estava escrevendo minha carta de despedida em meio a lentas e dolorosas lágrimas. Eu estava preparada para partir. Eu simplesmente não conseguia mais viver com a dor constante em meu coração.

Ele insistiu que eu não tinha que falar nada. Eu só tinha que ouvir. Então, por meio de minha exaustão e lágrimas, concordei relutantemente. Pelo telefone eu o ouvi começar a tocar sua guitarra, e então as palavras "*starry, starry night*" da canção *Vincent*, de Don McLean, começaram a penetrar em meus ouvidos enquanto ele cantava para mim, substituindo "*Vincent*" por "*Bronnie*". Minhas lágrimas caíram com mais força quando associei à canção, à sua tragédia e à sua dor a doce melodia que falava do próprio sofrimento de Vincent Van Gogh. Quando ele terminou, eu continuei a soluçar. Não havia outra coisa que *eu pudesse* fazer. Ele ficou pacientemente em silêncio, e então eu lhe agradeci e pus o telefone no gancho ainda chorando. Não fui capaz de dizer mais nada naquele momento.

Caindo no sono naquela noite, eu estava totalmente extenuada e emocionalmente exausta. Mas reconheci que, por meio da compreensão e das boas intenções de meu amigo, uma pequena luz-guia de esperança havia pelo menos sido reacendida. Na noite seguinte, um amigo da Inglaterra ligou inesperadamente. Conversamos longa e honestamente, e minha força lentamente começou a retornar.

No entanto, numa outra ocasião muito difícil, algum tempo depois disso, mas durante aqueles mesmos anos solitários, eu implorava e rezava por socorro, tentando ser forte com muito esforço. Naquele momento, estava indo de carro para a cidade e bati num pássaro. Era um pássaro de tamanho considerável, e o barulho no para-brisa foi suficiente para me acordar. Naturalmente, sendo uma apreciadora de animais, isso fez com que eu me sentisse ainda pior, de certo modo, mas foi um bom chamado de despertar. A vida pode se acabar rapidamente daquele jeito, e eu *queria mesmo* que a minha terminasse assim?

Agradeci ao pássaro pelo papel que ele representou em minha evolução e continuei dirigindo com mais atenção. Bem nesse momento uma música clássica começou a tocar no rádio, elevando-me ao mais belo dos lugares. Os sons incrivelmente delicados me acalmaram, afastando minha dor com delicadeza. Em vez de senti-la, fui abençoada com um belo e inspirador momento quando a música planou nas alturas. Concluí que isso era a vida: belos momentos de pureza. É assim, simples desse jeito. Belos momentos. E eu queria viver, experimentar e conhecer mais momentos assim.

Mas, tendo conhecido esse grau de tristeza e solidão, eu agora compreendia que a dor que Doris estava sentindo era real e tangível para ela. Ela ficava perto das pessoas nas horas das refeições, e aqui e acolá ao longo do dia. Mas ansiava por compreensão e aceitação, sentindo falta de seus amigos porque eram eles que realmente a compreendiam. Se eu podia aliviar aquela dor, então por que não fazê-lo?

Na semana seguinte eu entrei e encontrei uma lista de nomes esperando por mim na bela letra da querida senhora. Doris falou-me o que pôde sobre os quatro amigos e onde eles estavam morando quando ela fizera contato com eles pela última vez. Tomamos chá enquanto ela contava as histórias deles para mim.

Uma das mulheres foi fácil de localizar, mas ela havia sofrido um derrame e não podia mais falar. Tendo recebido essa notícia, Doris ditou uma breve mensagem que o filho de sua amiga leria para ela. Embora estivesse triste pelo estado da amiga, ficou em paz por saber que ao menos uma mensagem poderia ser enviada.

Querida Elsie. Lamento saber que você não está bem. Os anos passaram voando. Allison ainda está morando no Japão. Eu vendi a casa e estou numa clínica de repouso. Uma jovem está escrevendo isto por mim. Eu a amo, Elsie.
Sinceramente sua
Doris

Era simples, mas dizia tudo o que ela queria dizer. Eu telefonei para o filho de Elsie naquela noite e lhe ditei as palavras. Ele me telefonou mais tarde, falando como Elsa sorrira de satisfação. Repassei isso a Doris, o que a deixou então com um sorriso de contentamento.

Nas semanas seguintes, consegui descobrir coisas sobre outras duas amigas suas. Infelizmente, ambas já tinham falecido. Doris fez um sinal de assentimento ao ouvir isso. Soluçando, ela disse:

— Bem, isso era talvez previsível, doçura.

A pressão para descobrir a última amiga me deixou muito determinada. Vasculhando a internet e fazendo numerosas chamadas telefônicas, as coisas não estavam indo bem. As pessoas eram simpáticas e prestativas quando eu ligava, mas "Sinto. Nome certo. Família errada" tornou-se uma resposta familiar.

Nesse ínterim, eu ainda visitava Doris duas vezes por semana. Ela sempre segurava minhas mãos assim que eu me sentava, e ficava segurando-as durante nossas conversas. Às vezes insistindo que eu devia ter coisas melhores a fazer, ela tentava me mandar embora ou me convencer a não ir visitá-la. Quando eu lhe assegurava que estava tendo grande prazer com nossas conversas também, o que era verdade, via o alívio em seu rosto e a ânsia por novas visitas. Há muito a aprender com pessoas mais velhas, tanta história é transmitida por elas! Como eu não poderia gostar de nossas deliciosas conversas? Elas eram fascinantes.

Uma pista finalmente apareceu quando eu estava procurando pela última amiga. Recebi um telefonema de um homem idoso que disse que havia sido vizinho de Lorraine. Contou-me para qual subúrbio a família havia se mudado e fui bem-sucedida em seu rastreio. Na verdade, foi a própria Lorraine quem respondeu à ligação com sua voz envelhecida, mas amigável. Explicando quem eu era e minha intenção, ela deu um grito sufocado de alegria e de todo coração concordou que eu desse seu número para Doris.

Naturalmente, eu levei-o diretamente para ela. Abraçando Doris enquanto sorria, eu lhe estendi então o pedaço de papel com o nome e o número de Lorraine escritos nele. Ela me agarrou novamente e me abraçou, cheia de emoção. Foi maravilhoso. Fazendo um sinal para que eu lhe levasse o telefone, parecia que eu não conseguiria ser rápida o bastante para ela. Mas, antes que o número fosse discado, eu disse que a deixaria a sós com sua ligação para não interferir. Ela protestou suavemente, mas eu pude ver que realmente não se importava. Estava empolgada demais. Quando me pediu para ficar até que a ligação se completasse, eu concordei. Assim, trocamos um cálido e afetuoso abraço de adeus antes que eu discasse o número de Lorraine para ela. Meu coração batia disparado com a empolgação.

Segurando o receptor, o rosto de Doris se iluminou de alegria ao som da voz de sua amiga. Embora a própria voz de Doris fosse de uma idosa e eu soubesse que a de Lorraine era também, o espírito naquela ligação telefônica tornou-se imediatamente o de duas jovens mulheres. Imediatamente as duas estavam rindo e tagarelando sem parar. Eu arrumei um pouco o quarto, perambulando por ali, incapaz de me afastar dessa incrível felicidade. Mas, por fim, eu saí. À porta, eu fiz um sinal de adeusinho discreto para Doris, que estava radiante. Ela parou de falar por um momento, pedindo a Lorraine para esperar, e me disse:

— Obrigada, doçura. Obrigada. — Eu fiz que sim enquanto sorria tanto que meu rosto até doía. Descendo pelo corredor, consegui ouvir Doris rindo ainda, até que a porta se fechou direito. O sorriso não deixou meu rosto durante o trajeto todo que fiz para casa.

Foi um dia glorioso, e um pouco de natação me pareceu convidativo. O alto-astral continuou comigo enquanto eu desfrutei da água que fluía ao meu redor, quando mergulhei e nadei por umas duas horas. Em casa, logo após o pôr do sol, recebi uma ligação de Rebecca, a simpática integrante da equipe que eu havia conhecido na noite em que trabalhara lá e vira Doris pela primeira vez.

A querida Doris havia falecido no fim daquela tarde, enquanto dormia. Lágrimas de tristeza me brotaram imediatamente, mas havia alegria também. Afinal, ela morrera feliz, a querida senhora.

É espantoso como um pouquinho de tempo pode mudar a vida de uma pessoa. Quando penso na mulher solitária que eu conheci naquela primeira noite comparada à pessoa a quem eu dei um abraço de adeus em seu último dia, nenhuma quantia de dinheiro poderia substituir a satisfação que isso me proporcionou.

Há milhares de pessoas belas, mas muito solitárias, em clínicas de repouso pelo mundo inteiro. Há também muitas pessoas jovens cuja vida está agora limitada a clínicas de repouso. Jovens ou velhas, no entanto, umas duas horas por semana de uma nova amizade pode fazer toda a diferença a essas pessoas e ao seu capítulo final. Naturalmente, manter as pessoas fora de clínicas de repouso prioritariamente é preferível, embora, infelizmente, não seja sempre possível. Há muitas pessoas em clínicas que não deveriam estar lá: pessoas apenas depositadas, de certo modo. É horrível presenciar isso. Um pouquinho de tempo concedido, no entanto, tem o potencial de mudar imensamente a vida delas.

Para mim, o ajustamento temporal do falecimento de Doris foi perfeito. Simplesmente era sua hora de ir, e ela fora feliz. Nós tínhamos representado na vida uma da outra os papéis para os quais estávamos predestinadas e, por tudo isso, eu sempre serei grata. Ela era uma mulher querida. Lorraine e eu nos encontramos logo depois. A ligação telefônica entre elas havia durado séculos, ela disse. Ambas haviam se separado com grande felicidade. Nós nos sentamos sob as árvores num café, conversando alegremente sobre Doris e a vida em geral, até que chegou a hora de levar Lorraine para casa. Foi maravilhoso poder conhecer sua amiga. Naturalmente, havia sido bom conhecer Doris também.

Eu tinha esperanças de que nossa querida amiga conseguisse encontrar-se com suas outras amigas ao chegar ao outro lado.

AMIGOS VERDADEIROS

O ritmo agitado de Sydney estava me esgotando um pouco. Nenhum trabalho de tomar conta de casa estava em vista para me manter ali, de modo que me mudei para o sul para experimentar outro capítulo em Melbourne. Fazia vários anos que eu partira, e era maravilhoso voltar a gozar os prazeres de uma cidade tão maravilhosamente criativa e rever velhos amigos. Minha reputação como cuidadora de casa também chegou antes de mim, que, num breve tempo, meu calendário se encheu novamente de agendamentos.

No entanto, o primeiro local em que morei foi a casa de férias de Marie, minha chefe no centro pré-natal lá de Sydney. Ficava a uma hora ao sul de Melbourne, na bela Península Mornington, e tinha a energia da dona por toda parte, fazendo com que eu me sentisse em casa imediatamente. Era outono quando cheguei, e as duas primeiras semanas foram passadas caminhando por rochedos tempestuosos enquanto a água inundava meus pés. Caminhar longas distâncias encapotada num grande casaco e capuz, com frios ventos oceânicos lançando rajadas, fez com que eu me sentisse muito viva. Eu gostava de caminhar assim e fiz isso enquanto pude. Depois, resguardada dentro de casa, sentada junto a uma lareira aberta, passei minhas tardes aconchegantes escrevendo e tocando guitarra.

Por mais que eu pudesse fazer isso para todo o sempre, a renda era necessária também, o que me levou a tomar conta de Elizabeth. De alguns modos, sua situação era dolorosa para mim, mas eu estava aprendendo a aceitar que todos nós temos lições diferentes a aprender. O que pode parecer uma situação trágica para uns pode ser uma grande oportunidade de crescimento e aprendizado para a pessoa envolvida.

Trabalhar com meus próprios problemas me ensinava a encontrar as bênçãos do aprendizado, e eu estava descobrindo um monte de bênçãos em meu passado. Muitas coisas boas foram descobertas, dádivas que não poderiam ter chegado a mim se eu tivesse sido criada numa situação de lar perfeito, se é que uma coisa assim realmente existe. Força, perdão, compaixão, bondade e muitas outras lições me foram oferecidas por meio de minhas circunstâncias, a todas as quais eu não era apenas agradecida, mas também me transformavam numa pessoa melhor a cada dia.

Por isso eu tinha que me distanciar dos clientes e aceitar que eu não sabia o que eles tinham para aprender neste mundo. Quaisquer que fossem as razões que pudessem ter causado a vida que eles tinham, não era tarefa minha salvá-los. Eu estava ali para levar-lhes cuidados carinhosos, amizade, aceitação e bondade em suas semanas finais. Se isso os ajudasse a encontrar a paz, como às vezes acontecia, então meu trabalho se tornava ainda mais satisfatório. Como se diz, é dando que recebemos, e eu estava decididamente recebendo muitas bênçãos nesse campo.

Trabalhar com os agonizantes era uma honra também. Por meio de todas as suas reminiscências e histórias, minha própria vida vinha sendo transformada. Ser exposta numa tal idade às descobertas que eles faziam sobre si mesmos era uma dádiva incrível. Eu já tinha implantado muito do aprendizado dos meus clientes em minha própria vida a essa altura, sem ter que esperar até que estivesse no meu leito de morte e então lamentasse as mesmas coisas. Chegando à casa de um novo cliente, eu entrava num mundo totalmente novo de aprendizado para mim mais uma vez. Cada casa era uma sala de aula diferente, com novas lições a oferecer ou lições similares partindo de perspectivas diferentes. Fosse qual fosse o caso, eu estava absorvendo uma grande quantidade delas.

Elizabeth não era uma mulher idosa, tinha quase cinquenta e cinco anos. Fora uma alcoólatra no passado por quinze anos e estava agora morrendo de uma doença associada ao abuso de álcool. Embora ainda estivesse repousando na manhã em que cheguei, seu filho explicou-me as ruínas de sua casa e de suas condições.

Também explicou como a família havia resolvido não contar a ela que ela estava morrendo. "Oh, cara!", pensei, "lá vou eu outra vez!"

Com meu desejo de autoaperfeiçoamento e paz interior, eu sempre tentei viver o máximo possível no momento presente. No caso de Elizabeth, percebi que esse seria o único caminho. Se ela me perguntasse se estava morrendo, eu lidaria com isso imediatamente, em vez de ficar pensando em como lidar com isso antecipadamente, aceitando que ela nunca poderia perguntar — mas eu não iria mentir para ela.

Confusão e desespero cercavam Elizabeth. A família havia retirado todo o álcool de dentro da casa, trancando-o num armário na garagem, de que se serviam sempre que desejavam. Como ela estava doente e agonizante, decidiram colocá-lo longe de seu acesso. Isso foi uma das coisas que eu achei dolorosas. Ela estava morrendo de qualquer forma, então por que fazê-la passar pela dor de se abster, ainda por cima? Mas, de novo não era minha vida, nem fora decisão minha.

O alcoolismo de outras pessoas era uma coisa a que eu fora exposta também quando era jovem demais. Então, trabalhando mais tarde no ramo hospitalar, na ilha, e em viagens, eu me expus ainda mais ao alcoolismo. O álcool não traz à tona o melhor de cada pessoa, e não apenas arruína o bem-estar do alcoólatra como arruína família, amigos, carreiras e a inocência dos filhos que ficam expostos a isso. O mesmo acontece com os viciados em outras drogas. A única coisa que verdadeiramente traz à tona o melhor de cada pessoa é o amor.

O alcoolismo também é uma doença, no entanto. E, conquanto seja uma doença que pode ser tratada, o enfermo precisa de apoio contínuo e afetuoso para romper com seus padrões e para começar a acreditar em si mesmo e em seu potencial para levar uma vida melhor. Afastar um alcoólatra crônico de seu vício, sem apoio afetuoso ou explicação, me parecia uma coisa bastante terrível.

Tudo o que Elizabeth sabia era que ela estava doente. Sua energia estava exaurida. Ela precisava de ajuda em praticamente tudo e seu apetite vinha desaparecendo. Também estava sentindo falta desesperada do álcool. A família apenas dissera a ela que o médico pedira para afastá-la da bebida "por uns tempos". Não julgá-los exigiu-me algum esforço, principalmente quando os vi enfiando álcool furtivamente em seus próprios corpos regularmente enquanto privavam dele uma mulher que estava morrendo. Mesmo assim, o que é que eu poderia dizer, que lições em vida ela teria que ter?

A fraqueza física generalizada de Elizabeth não permitia que levantasse e saísse mais. A família também havia impedido alguns de seus amigos de visitá-la, já que eram bebedores. Não foi surpresa então ver Elizabeth experimentando desespero e confusão, já que havia ficado privada de todos os seus prazeres.

Ela aceitou o banimento de seus amigos bebedores com silenciosa resignação, embora isso a privasse não apenas da amizade deles. Elizabeth havia estado na diretoria de um par de instituições de caridade antes de se tornar tão doente. Esses amigos eram sua ligação com o mundo exterior e sua vida anterior.

Depois de seis ou sete semanas juntas, sua força estava desaparecendo ainda mais significativamente, enquanto sua necessidade de repouso aumentava. Elizabeth era muito engraçada, de um modo discreto. Um humor muito seco brotava dela nos momentos mais inesperados. Às vezes, alguma de suas observações voltava à minha mente depois de um turno e eu me descobria sorrindo ao pensar nela. Nós tínhamos nos afeiçoado uma à outra e estabelecido rotinas funcionais dentro das restrições de sua enfermidade. Uma delas era nossa xícara de chá toda manhã no solário. Era de longe o mais belo aposento da casa e, nessa época do ano, o sol brilhando sobre ele era glorioso. Foi quando estávamos no solário numa manhã que as coisas avançaram para um novo nível entre nós.

— Bronnie, por que você acha que não estou melhorando? Eu não estou bebendo, mas mesmo assim estou ficando mais fraca dia após dia. O que você acha? — Elizabeth perguntou.

Olhando para ela direta e afetuosamente, eu respondi ternamente com um par de perguntas:

— Qual *você* acha que é o motivo? Será que você não pensou um pouquinho sobre isso antes de me perguntar? — Eu era muito delicada com ela, mas precisava conhecer sua linha de pensamento em primeiro lugar.

— Eu não ouso dizer o que estou achando — ela suspirou. — É grande demais para resumir. No entanto, no fundo de mim, eu sei a resposta, de qualquer modo.

Permanecemos em silêncio por um momento, olhando os pássaros que voavam lá fora, o sol aquecendo nós duas.

— Se eu lhe perguntar, você me dirá? Eu realmente preciso de um pouco de franqueza aqui — ela admitiu. Afetuosamente, eu fiz um sinal de assentimento.

— Isso é o que estou pensando? — ela perguntou, mas com a pergunta quase inacabada. Eu esperei, emitindo-lhe amor, vendo se ela queria continuar. Ela continuou: — Oh, Deus, é sim — ela disse, respondendo a si mesma com um suspiro. — Estou morrendo, não estou? Batendo as botas proverbiais. Voando com os anjos. Passando desta pra melhor, ou seja lá o que isso for. Morrendo! Eu estou morrendo. Estou certa, não estou? — Com o coração enredado na doce amargura de seu reconhecimento atual, eu lentamente fiz que sim.

Silenciosamente nós duas ficamos observando os pássaros, até que Elizabeth estivesse preparada para conversar novamente. Levou um tempo para isso acontecer, mas eu havia me acostumado a silêncios confortáveis com meus clientes. Eles tinham tanto sobre o que pensar e tanto a absorver, que às vezes a conversa poderia apenas atrapalhar. Não havia necessidade de preencher o silêncio em momentos assim. Eles conversariam quando se sentissem à vontade para falar sobre isso. Depois de algum tempo, Elizabeth se sentiu preparada.

Ela falou de como havia suspeitado disso ultimamente e de como estava frustrada pela falta de honestidade de sua família. Afastá-la de seus amigos e de sua vida social fora cruel, ela disse, com o que eu concordava de um algum modo. Elizabeth compreendia que não estava forte o bastante para sair de casa, mas disse que teria gostado de ver seus amigos de quando em quando. Às vezes apareciam conhecidos, pessoas que a família aprovava ou confiava que viessem sem álcool. Eram pessoas agradáveis, ela disse, mas não havia intimidade.

Depois que atingimos esse nível de honestidade, nossas conversas fluíram livremente. Não havia tempo para ficarmos nos contendo. Elizabeth e eu descobrimo-nos desfrutando ainda mais nossa companhia mútua todo dia. Depois de anos em que ficara tão reservada, eu agora me surpreendia com frequência expressando facilmente pensamentos pessoais. Com a morte em seus calcanhares, Elizabeth também gostava da abertura de nossas discussões constantes. Sua reação inicial fora de raiva por sua família não lhe ter contado que ela estava morrendo. Por fim, isso evoluiu para aceitação. Ela disse que o comportamento controlador de sua família era provavelmente baseado no medo. Por isso, ela era capaz de perdoá-los.

Contudo, era incapaz de fingir que não sabia que estava morrendo, e abordara isso com eles num dos meus dias de folga. Isso os aproximou ainda mais, com a família sentindo alívio por ninguém ter que lhe dar a grave notícia. Foi bom para eu saber disso e não ficar sob a ira de ninguém por minha honestidade, mas eles permaneceram irredutíveis. Seus amigos bebedores podiam fazer contato com ela só por telefone.

No entanto, a cada dia Elizabeth aceitava mais e mais a realidade, embora sem resignação. Ela admitia para mim, não para a sua família, que fora provavelmente apenas a bebida que mantivera aquele círculo de amigos unido. Recorrendo às minhas próprias experiências, eu contei a Elizabeth como minhas amizades tinham mudado imensamente quando eu começara a afastar minha vida do mundo da maconha. Eu havia distinguido os que eram verdadeiramente meus amigos dos que eram companheiros simplesmente porque fumávamos juntos. Algumas pessoas que eu julgava serem muito boas amigas não ficavam à vontade comigo de modo algum se eu não estivesse "no barato" com elas. Isso não tornava ninguém uma má pessoa. Mas, quando eu parei de me movimentar naquele mundo, vi que era apenas a maconha que mantinha alguns elos unidos. Sem ela, não existia um denominador comum para manter nossa amizade por mais tempo. Portanto, nós nos dispersamos naturalmente, indo para direções inteiramente diferentes.

— Eu desejaria ter ficado em contato com meus amigos, meus verdadeiros amigos — ela disse, palavras que eu reconheci de pessoas anteriores. — Meu alcoolismo me afastou daqueles círculos e agora, quinze anos depois, há pouco que me ligue a meus velhos amigos. Todos eles se afastaram.

Quando abordamos os conhecidos que estavam autorizados a fazer visitas, Elizabeth disse que ela não os chamaria realmente de "amigos". Falamos como essa palavra de vez em quando é usada levianamente e como há tantos graus diferentes de amizade. Recentemente eu havia começado a pensar em alguns dos meus próprios "amigos" mais como conhecidos calorosos. Não significava menosprezá-los. Eles eram ainda uma bênção em minha vida, mas, tendo estado em alguns lugares bem sombrios dentro de mim, a essa altura eu compreendia o que um amigo verdadeiro era. É fácil ter um monte de conhecidos, e eu realmente apreciava essas pessoas pelo papel agradável que representávamos umas nas vidas das outras. Mas, quando se trata de chegar ao fundo, não são muitas as pessoas que ficam ao lado para enfrentar o pior da dor com outro alguém. Aqueles que o fazem são os verdadeiros amigos.

— A questão é ter os amigos certos para as ocasiões certas, eu suponho — Elizabeth ponderou. — Eu simplesmente não tenho os amigos certos para esta ocasião, para minha partida. Você entende o que eu quero dizer?

Concordando, eu disse a ela que, embora não fosse de todo um cenário tão grave como a sua situação, eu tinha uma lembrança clara de algo parecido pelo qual passara, em que sentira falta dos amigos certos para a ocasião certa. Por causa dessa lembrança, eu conseguira compreender definitivamente que há diferentes graus de amizades e ligações, e às vezes é uma qualidade específica de amizade aquela pela qual ansiamos, em vez de apenas mais uma amizade.

Depois dos anos passados na ilha, eu trabalhei por um curto tempo na companhia impressora na Europa. Meus colaboradores eram pessoas simpáticas e eu apreciei as oportunidades que me foram oferecidas, abrindo ainda mais meu mundo. Mas a comunidade da ilha havia sido como uma família. Toda vez que um de nós partia para férias no continente, por exemplo, dizíamos como era belo voltar para nossa família na ilha.

Novos amigos foram feitos na Europa, embora, num olhar retrospectivo, eu os defina agora como conhecidos agradáveis. Com essas pessoas, eu acabei numa viagem por alguns países, aos Alpes Italianos com três outros que estavam na minha faixa etária. Tínhamos alugado uma cabana no alto dos Alpes, sem eletricidade nem água corrente. Era maravilhoso e diferente de qualquer terreno de minha adorada Austrália, que tem sua própria magnificência. Achei os Alpes irresistivelmente belos.

Tomava-se banho num fluxo de água corrente que descia pela montanha. Mesmo sendo verão, a água estava congelada. Era apenas a neve derretida que formara um riacho que corria pelo monte abaixo. Quando a água caía com toda a força sobre mim, eu me instalava em seu fluxo, abrindo a boca para respirar. Mas o tempo todo ficava admirando os panoramas magníficos, e me sentindo revigorada apesar de a água ser *absolutamente* congelada, cortante ao me atingir, passando com violência.

Toda vez que eu tivera coragem de nadar num rio ou no mar congelado, eu sempre me senti um pouco brincalhona depois, um pouco como um cão após tomar seu banho. Os cães ficam correndo em giros como loucos, totalmente doidos e energizados, independentemente de haver gostado ou não do banho. Era mais ou menos assim o que me banhar nesse riozinho congelado de montanha fazia comigo. Ele fazia com que depois dele eu me sentisse ridiculamente tola.

Assim, eu estava um pouquinho desmiolada de empolgação e diversão depois de me secar, me vestir e retornar à cabana. Continuando com humor bonachão, entretendo-me imensamente e compartilhando anedotas bobas com meus novos amigos, eu percebi que cada uma das minhas brincadeiras era totalmente incompreendida por eles. Os sorrisos preocupados que diziam "*O que* ela está querendo dizer?" revelaram-me isso num segundo. Seus rostos perplexos me fizeram cair na risada ainda mais. Pelo menos *eu* estava curtindo as piadas, de qualquer modo. Eles eram pessoas felizes e adoráveis. Só que o humor de nossas culturas era tão diferente! Num instante, numa dolorosa nostalgia, senti falta de meus velhos amigos.

Eles não apenas se juntariam à brincadeira como teriam caído na risada comigo a essa altura, acrescentando suas próprias piadas, transformando tudo numa gargalhada ainda maior.

Naquela noite, depois de um longo passeio de bicicleta até o topo da montanha, nós todos nos sentamos à luz das lanternas para comer e conversar por um tempinho. Foi ótimo. Mas não muito tempo depois todos se recolheram para dormir, exceto eu. O passeio havia sido fabuloso e eu ainda estava com um ânimo radiante. Realmente, tudo o que eu queria fazer era sentar-me com amigos e apenas dar umas boas risadas em grupo, relatando um dia fantástico. Eu não queria ainda ir para a cama.

Mas tudo agora estava silencioso na cabana, enquanto meus amigos dormiam. Carregando uma lanterna para dentro de meu quartinho, coloquei-a sobre a mesa e passei as duas horas seguintes escrevendo. Ao longe, ouvi sinos tocando enquanto as vacas se movimentavam na noite. Sorri feliz por ali estar eu, numa pequena cabana maravilhosa, escrevendo à luz de lanterna no alto dos Alpes, e ouvindo o som de sinos das vacas ao longe. Eu estava a um mundo distante do meu próprio mundo, e embora estivesse em paz naquele momento, isso me fazia sentir uma falta terrível de meus velhos amigos.

Era uma noite perfeita, mas com as pessoas erradas. Havia montes de razões para gostar de cada um de meus amigos nessa viagem, e eu gostava. Eu estava experimentando um momento muito especial para mim mesma, no entanto, e gostaria de compartilhá-lo com as pessoas certas, com amigos que realmente me conheciam. Naturalmente, isso nunca aconteceria. De modo que saboreei a dádiva do momento só para mim mesma.

Eu sabia sobre o que Elizabeth estava falando agora quando disse que gostaria de contar com os amigos certos ao redor. Às vezes há apenas certas pessoas em particular que nos entendem, não importa o que esteja acontecendo — e essas são os velhos amigos. Foi bem assim para mim naquela noite nos Alpes, e estava sendo assim agora para Elizabeth, quando ela começara a aceitar que sua vida estava se aproximando de um desfecho.

Quando seu médico veio em visita, eu lhe perguntei em particular se iria fazer alguma diferença na condição de Elizabeth se ela ainda estivesse bebendo. Ele balançou a cabeça.

— Não, a situação em que ela se encontra não seria afetada, independentemente disso. Eu disse à sua família que, se ela quisesse um pouquinho de conhaque por uma noite, que eles a deixassem tomar. Eles não estão deixando? — ele me perguntou. Balancei minha cabeça. Ele voltou a declarar que isso faria pouca diferença agora.

Mais tarde, falei sobre isso discretamente com sua família. Mas novamente fora uma decisão que eles haviam tomado e não iriam, definitivamente, dar-lhe nenhuma bebida. Depois, explicaram por quê. Parecia que a Elizabeth com a qual eu estava convivendo e a Elizabeth que eles conheciam quando ela bebia eram duas personalidades inteiramente diferentes. Na verdade, não conseguiam acreditar na pessoa agradável que ela era novamente agora, já que não tinham visto esse lado dela por pelo menos quinze anos.

Pelas duas semanas seguintes, eu perguntei a ela sobre seu hábito de beber, quando ela o abordava. Elizabeth disse que, por mais que estivesse desejando-o ardentemente agora, estava um tanto feliz por ser capaz de lembrar quem ela era antes que o álcool tivesse dominado toda a sua vida. O hábito havia começado com facilidade. Ela sempre tomava um pouco de vinho com a família ao jantar e fizera isso por anos sem nenhum problema. Depois, ela se tornou socialmente ativa, assumindo as diretorias de várias instituições de caridade. Reconheceu que muitas pessoas que conheceu nesses cenários não bebiam excessivamente de modo algum, mas que ela se sentira atraída por aqueles que o faziam. Ela não se sentia mais notada em casa. Mas sentia que sua presença importava para esses novos amigos. Agora que estava mais lúcida, percebia que eles eram apenas tão carentes quanto ela e que todos precisavam de afirmação por meio desse círculo de amigos e de seus porres.

Elizabeth disse que o álcool lhe dava confiança ou que, enquanto estava embriagada, achava que ele lhe dava, mas ela se tornou desbocada, barulhenta e, finalmente, muito ofensiva com os outros. Fora isso que a fizera perder seu círculo original de velhos amigos. Eles haviam tentado se aproximar dela com amor e apoio, tentando ajudá-la a enxergar sua própria destruição, uma coisa que estavam vendo com muita consternação, mas ela fora arrogante com todos, finalmente afastando-os um por um de sua vida.

Quanto mais as capacidades de Elizabeth declinavam devido ao alcoolismo, mais a família tinha que ajudá-la, e pior ela começou a se sentir. Começou com ela gostando de suas atenções. Mas, no fim, era incapaz de ajudar a si mesma, e essa falta de controle deixava-a sentindo-se ainda mais insegura e negativa sobre quem ela era agora. Assim, embora nos dias iniciais visse que estava magoada com sua família por ela não valorizar sua presença ou opinião, no fim, começara a realmente depender deles e odiou a si mesma por isso. Isso apenas perpetuou o ciclo de baixa autoestima.

— Você sabe, nem todo mundo *quer* sempre ficar bem, Bronnie. E por um longo tempo eu não quis. O papel de pessoa doente dava-me uma identidade. Obviamente, eu estava me privando de ser uma pessoa melhor desse modo. Mas estava obtendo atenção, e tentar me enganar desse jeito me deixava mais feliz do que ficar corajosa e boa. — Esse reconhecimento de Elizabeth era a percepção tardia de uma mulher que estava agora num caminho rápido para a sabedoria. Ficar em abstinência por quase três meses e encarar o fato de que ela estava morrendo mudou-a completamente.

Conhecer a história de Elizabeth sobre seu vício também me ajudou a entendê-la e compreender melhor sua família. No fim, suas ações severas haviam-na ajudado a se tornar uma pessoa melhor novamente. Embora eu pudesse não ter agido de um modo tão fechado e sigiloso, vim a compreender que eles estavam realmente tentando ajudá-la e a eles mesmos.

E eles tiveram sucesso agindo assim. Parte desse sucesso também se devia, no entanto, à própria Elizabeth. Encarar a morte a fizera olhar para a vida de forma muito diferente, e ela corajosamente abraçou esse aprendizado. Durante suas últimas duas semanas, observei uma extraordinária cura se desenrolar entre Elizabeth e sua família. Uma das mais belas coisas que eu estava aprendendo com o cuidado paliativo era nunca subestimar a capacidade de aprendizado de alguém. A paz que eu vira Elizabeth encontrar era uma coisa que eu também vira em clientes anteriores. Era algo muito gratificante.

Cerca de uma semana antes de Elizabeth morrer, eu conversei com seu marido e um de seus filhos sobre o remorso que ela tinha por haver perdido seus velhos amigos e perguntei se poderia ser tarde demais para fazer contato com alguns deles, se pudessem apenas conversar por telefone. A essa altura, não havia nenhuma preocupação sobre amigos infiltrarem álcool sorrateiramente na vida de Elizabeth. Era a mínima das preocupações de todos. O conforto dela era tudo o que importava agora e, como a família havia ficado mais unida, eles imediatamente aderiram com entusiasmo à ideia.

Dois dias mais tarde, duas belas, sadias e adoráveis mulheres entraram no quarto de Elizabeth, bem depois que eu a tinha acomodado confortavelmente, oferecendo-lhe um pouco de chá. Uma delas estava morando nas montanhas fora da cidade, a quase uma hora de distância. A outra tinha voado para Melbourne, vindo da Sunshine Coast em Queensland tão logo soubera da notícia. Agora, estavam sentadas em torno da cama de Elizabeth, conversando com ela, apertando as mãos e sorrindo.

Deixando-as com suas conversas particulares e com uma discreta lágrima de alegria, eu saí do quarto. No entanto, ouvi Elizabeth pedir desculpas para as duas, e o perdão de ambas retornou imediatamente. Tudo havia passado. Nada importava, elas disseram. Seu marido Roger e eu ficamos sentados na cozinha, os dois chorosos, mas satisfeitos.

As amigas ficaram ainda por algumas horas. Elizabeth ficou ao mesmo tempo alvoroçada e completamente exausta por causa das visitas. Ela mergulhou num sono profundo imediatamente e eu não tive nenhuma chance de conversar com ela até ir para casa. Quando retornei, dois dias depois, ela estava muito fraca, mas queria conversar.

— Não foi maravilhoso? Oh, ver o rosto delas de novo! — ela sorriu com prazer. Incapaz de levantar sua cabeça dos travesseiros, ela olhava de lado para mim, embora eu estivesse sentada ao lado dela.

— Foi lindo — eu disse a ela.

— Não perca contato com os amigos que você mais valoriza, Bronnie. Aqueles que aceitam você como você é, e que a conhecem muito bem... Eles valem mais do que tudo no fim. Quem diz isso é uma mulher que fala por experiência — ela insistiu ligeiramente, sorrindo-me em meio às suas dores.

— Não deixe a vida ser um obstáculo. Dê um jeito de saber sempre onde eles estão e deixe-os saber que você gosta deles nesse ínterim. Não tenha medo de ser vulnerável, tampouco. Eu perdi muito tempo não sendo capaz de deixá-los saber a ruína que eu era. — Elizabeth havia se perdoado e era capaz de abrir mão de seu próprio julgamento. Ela tinha encontrado sua paz e havia reencontrado seus amigos.

Quando sua última manhã sobreveio, eu estava passando um pouco de sumo sobre seus lábios. Sua boca não estava mais produzindo saliva direito e ela lutava para conseguir falar, embora nem tivesse energia para isso. Quando terminei, Elizabeth olhou para mim sorrindo e depois articulou a palavra "Obrigada" mudamente. Olhando para ela, eu retribuí a mesma gratidão com um sorriso. Depois, beijei-a na testa e segurei sua mão por um momento, ela apertando a minha.

Seu quarto estava cheio de pessoas que a amavam. Toda a sua família se encontrava ali, bem como estavam presentes as duas agradáveis senhoras que eu conhecera havia poucos dias. Dei um passo para trás e permiti que ela fosse cercada por aquelas pessoas que ela mais tinha amado.

No tempo exato, Elizabeth havia deixado o amor voltar à sua vida e apreciado o valor de sua família e dos verdadeiros amigos. Ela partiu desta Terra cercada por amor, sabendo que sua presença havia sido enormemente valorizada e que suas amigas sabiam que ela as amava também.

Permita-se

De todo trabalho como cuidadora que desempenhei até aqui, cuidar de Harry foi a temporada mais fácil que eu passei. Ele não apenas era uma pessoa maravilhosa, mas sua família insistia em fazer tudo. Três das cinco filhas de Harry moravam no mesmo subúrbio e traziam suas refeições principais na maior parte dos dias e um de seus filhos insistia em cuidar ele mesmo de seu pai. Perguntando sobre a necessidade de eu estar ali, afinal de contas, as filhas e outros filhos me asseguraram que eles decididamente me queriam por perto.

Mas isso significava que a maior parte do meu tempo era passada lendo e escrevendo. Há tão poucas tarefas caseiras a fazer numa casa já limpa e arrumada, com seu único ocupante acamado! No entanto, eu realmente criei duas deliciosas receitas de sopa em sua cozinha.

Harry tinha sobrancelhas espessas, orelhas peludas, um rosto vermelho e uma risada franca. Gostamos um do outro de cara. Imediatamente após nosso primeiro encontro, nós dois nos pusemos a rir das piadas que trocamos. Portanto, foi uma ligação fácil e natural desde o início.

Seu filho, Brian, no entanto, era uma história diferente. Ele era altamente tenso. Harry e Brian tinham rompido havia anos e, embora o contato tivesse permanecido entre eles, sua ligação não foi nunca mais a mesma. O resto da família explicava isso como sendo falha de Brian. Eu não estava lá naqueles anos passados, no entanto, nem havia estado no lugar de Harry ou Brian, de modo que não sei. Tampouco me importava saber. Mas era óbvio que Brian estava tentando agora se recuperar do tempo perdido insistindo em ser o primeiro cuidador de seu pai.

Brian interrompia qualquer tentativa que eu fizesse de ajudar Harry. Até aí, eu era muito boa em encontrar a posição certa para o conforto do enfermo. Era uma coisa intuitiva que os clientes comentavam e difundiam. Mas a família com frequência rearrumava travesseiros e apoios devido à bondade, não percebendo quão sensitivo o corpo de uma pessoa é nessas ocasiões e como o menor ajustamento pode desfazer a pequena margem de conforto que ela tem.

No momento em que seu filho relutantemente saía para trabalhar por algumas horas todo dia, a primeira coisa que eu fazia era deixar Harry confortável novamente. Se houvesse um pequenino espaço de tempo durante o dia em que eu pudesse atendê-lo sem ser literalmente perseguida por seu filho, a primeira coisa que Harry pedia era para eu ajustar rapidamente seus travesseiros.

Mas toda tarde nós tínhamos essas poucas horas juntos antes que a família voltasse em massa para o jantar, muito embora Harry, a essa altura, mal estivesse comendo. Essas horas eram maravilhosas e eram o que Harry afetuosamente denominava "as horas de paz". Enquanto eu o auxiliava em suas necessidades físicas, nós papeávamos e ríamos. Isso era geralmente acompanhado por uma xícara de chá e um pouquinho mais de papo.

Harry perdera sua mulher havia vinte anos, mas continuara a viver bem a sua vida. Ele havia amado seu trabalho, embora tivesse se tornado ainda mais ocupado na aposentadoria, associando-se a um par de clubes esportivos e sociais. Embora sua doença fosse terminal, ele havia experimentado uma saúde fabulosa por toda a sua vida.

— Eu respeitei o dom da saúde que me foi dado — Harry me falou — ficando ativo e não acreditando que uma dada quantia de anos ordenasse que eu devia agir desta ou daquela maneira. As pessoas se tornam velhas antes do tempo, você sabe. — Apesar de ser uma pessoa que ia morrer, Harry era o homem de oitenta anos mais saudável que eu já conhecera. A doença estava certamente começando a esgotá-lo, mas a prova de sua forma física anterior ainda era aparente. Massageando suas pernas, por exemplo, o tônus muscular de todas as suas caminhadas ainda era visível.

— Quando você está aposentado e seus filhos estão criando seus próprios filhos, a necessidade de amigos é ainda mais importante — Harry dizia. — De modo que, quando minha mulher morreu, que Deus dê descanso à sua alma, eu entrei para o clube do remo. Depois entrei para um clube de caminhantes. Eu não sei como eu ainda encontrava tempo para trabalhar!

Harry acreditava muito na importância da família extensiva, no fato de os avós serem parte integral da vida dos filhos e dever ter oportunidade de passar horas com eles. Era óbvio em seus relacionamentos com seus netos, que o visitavam diariamente, que ele tinha uma influência muito afetuosa e positiva sobre eles todos.

— Minha família vem em primeiro lugar, mas a gente precisa de pessoas de nossa própria idade também. Se não fosse pelos amigos que fiz nos clubes, eu seria uma pessoa idosa muito solitária. Não teria ficado sozinho em termos de companhia, já que tenho meus filhos e netos, mas ficaria solitário por falta de companhias de minha idade que tivessem afinidade comigo.

O tempo passava em conversas no seu quarto, até que o último sol da tarde nos avisava que as horas de paz estavam quase terminando. A família logo estaria caindo sobre nós novamente, mas Harry sempre conversava por quanto tempo pudesse. Ele disse que não entendia por que as pessoas deixavam para tarde demais a percepção da importância dos amigos. Ademais, conquanto fosse belo que pessoas idosas ainda conseguissem manter uma posição afetuosa e respeitada dentro de sua família, ele ficava mais e mais frustrado por muitas delas ainda não terem tempo para as amizades que tiveram também.

— Elas vão perceber isso tarde demais — ele insistia. — Mas não é apenas minha geração. Eu observo isso nos mais jovens também; eles ficam muito envolvidos e ocupados, não reservando nem um tiquinho de tempo ocasional para si fazer coisas que os tornem felizes. Esquecem quem eles são realmente de maneira completa. Um pouco de tempo com os amigos faz com que se lembrem quem eles são quando não são mamãe, papai, vovó ou vovô. Você entende o que estou dizendo?

Concordando que eu vira um monte de pessoas rolando por essa estrada abaixo, eu disse também que eu vira outras que haviam reservado um pouquinho de tempo para si e eram pessoas muito mais felizes. Eram também melhores companhias para se ter por perto.

— Exatamente! — Ele riu, dando tapas na cama ao concordar. — As boas amizades nos estimulam. A beleza da amizade é que essas pessoas nos aceitam como somos, pelas coisas que temos em comum. Amizade é questão de ser aceito como você é, não como outra pessoa quer que você seja, como um parceiro conjugal ou uma família. Nós devemos manter nossas amizades, minha querida garota.

Pela torrente de visitantes que vinha ver Harry regularmente, era óbvio que esse homem praticava o que pregava. Seus amigos todos eram pessoas felizes, joviais, que traziam grande alegria consigo. Mas, igualmente respeitosos no tocante à sua doença, eles aceitavam que às vezes ele estava repousando e não podia ser perturbado.

Noutra tarde, Harry me perguntou sobre minhas próprias amizades. Eu então enumerei minhas amizades íntimas e lhe expliquei como minhas outras amizades estavam mudando ultimamente, tanto quanto eu.

— Bem, isso é natural também — ele disse. — Os amigos vêm e vão ao longo da vida toda. É por isso que temos que valorizá-los enquanto estão ao nosso lado. Às vezes, simplesmente paramos de aprender ou compartilhar o que estávamos aprendendo e compartilhando com eles. Mas outros vão cobrir a distância, e essa história e a compreensão dela é uma coisa reconfortadora quando você está no fim da linha.

Durante essas conversas, nós dois concordamos que as mulheres abordam a amizade de modo muito diferente dos homens. As mulheres valorizam as amizades de uma forma emocionalmente mais forte, isto é, as amizades crescem mais com um monte de conversas sobre tópicos emocionais. Os homens precisam de amizades para conversar também, ele disse. Mas sentem-se melhores quando estão fazendo coisas juntos, como jogar tênis, praticar ciclismo ou alguma outra atividade. Os homens gostam de amizades com quem possam planejar coisas, resolver problemas, sejam físicos, sejam emocionais, e isso acontece melhor quando eles estão ativos.

— Como erguer juntos uma cerca em torno de um pasto — eu sugeri. Harry rompeu numa gargalhada.

— Meu Deus, meu Deus, você pode tirar uma garota do campo, mas não pode tirar o campo de uma garota! Sim, um exemplo muito rural, Bronnie, mas é exato. Erguer uma cerca ou fazer alguma coisa manual é algo que une os homens.

Ele continuou rindo e disse que se eu quisesse algum dia ter uma ligação com um homem de boa aparência tudo o que eu tinha a fazer era ajudá-lo a erguer uma cerca. Eu disse a ele que guardaria aquilo na memória.

Compartilhando algumas de suas histórias favoritas sobre camaradagem comigo, Harry fortalecia as dádivas das amizades ainda existentes. Todo dia ótimos amigos o visitavam. Mas eles agora estavam fazendo uma lista entre si a fim de não exauri-lo. Desse modo, todos ainda tinham uma oportunidade de passar algumas horas com Harry. Era uma coisa leal e maravilhosa. Nós dois reconhecemos que, nessas horas de paz, estávamos introduzindo uma nova amizade em nossa vida, reciprocamente. Ele dizia ficar frustrado ao saber que eu estava em outra parte da casa pelo resto do dia, só lendo e escrevendo, quando eu poderia estar em seu quarto papeando. Concordando totalmente, eu ria. Mas ele entendia, bem como eu, a necessidade de Brian de se corrigir e seu desejo de ajudar o pai. Harry não queria que Brian carregasse culpa alguma, embora ele tivesse certeza de que ele ainda carregava, infelizmente. Por isso ele ficava feliz em dar prosseguimento àquilo e permitir que seu filho se sentisse necessário durante as últimas semanas que passavam juntos.

— Mesmo que ele não consiga arrumar os travesseiros direito — ele suspirava.

Harry era filosófico quanto à sua doença e quanto ao que estava por vir. Ele havia vivido sua vida ao máximo, dizia, e estava preparado para ver o que havia do outro lado. Embora nós realmente falássemos sobre seu falecimento iminente de vez em quando, ele ainda desviava muitas das conversas para o assunto dos amigos: as lembranças, o valor deles e a necessidade deles para a felicidade e a aceitação. Também me incentivava a compartilhar com ele algumas de minhas lembranças das amizades que eu tivera até aquele momento.

— Comece com uma de sua infância. Vamos saber de onde você vem — ele disse, e depois riu prazerosamente quando minha história começou num cenário rural, um campo de trigo.

Quando eu tinha doze anos, nós nos mudamos de uma fazenda de criação de gado e alfafa para uma fazenda de ovelhas e trigo. Ficava a quilômetros da cidade, sob um grande céu magnífico. Cerca de um ano depois meu primeiro cão desapareceu de repente, quando tinha sete anos. Pensamos que podia ter sido por causa de picada de cobra, e nunca mais o encontramos. Isso não era surpreendente, visto que a fazenda era tão grande. Mas para mim foi devastador. Alguns meses depois minha família comprou-me um novo cão. Era uma pequena cadela branca maltese terrier, que pouca importância dava ao fato de que devia ser uma cadela doméstica. Em vez disso, passava seus dias perseguindo os cães pastores de ovelhas, os cães boiadeiros e os cães d'água pelos pastos próximos e distantes.

Minha amiga mais íntima durante os anos de colégio por um longo tempo foi Fiona. Embora ela morasse na cidade, a maior parte do nosso tempo era passada na fazenda. Eu também ficava na cidade na casa dos seus pais um pouquinho, principalmente quando já éramos um pouco mais adultas e havia garotos para beijar. Uma das principais coisas que nos ligaram por anos afora, no entanto, foi o amor pelas caminhadas. Não consigo nem calcular quantas milhas acabamos por percorrer juntas através das décadas de nossa amizade: praias, florestas tropicais, ruas de cidades, países estrangeiros, trilhas de florestas, o que fosse. Tudo começou caminhando por aquelas campos de trigo.

Como de costume, minha cadela e um par de outros cães iam conosco. Não era lá muito estranho virar-nos e vermos um ou dois gatos também nos seguindo. Enquanto nós, garotas, nos limitávamos à trilha que conduzia aos pastos mais longínquos, os cães corriam através dos trigais. Isso foi bem enquanto o trigo estava baixo, mas, quando ele cresceu, minha cadelinha ficou invisível. Fiona e eu tivemos o mais belo esquete de comédia nesse dia.

Seguindo os cachorros grandes, que nós conseguíamos ver claramente acima das partes mais altas da safra, havia uma trilha de movimento que ia sendo traçada no trigal quando minha cadelinha corria cegamente atrás deles. Então, de vez em quando o movimento parava. Uma pequenina cabeça branca apontava e olhava ao redor como um telescópio de submarino emergindo do mar, até que avistava os outros cães. Depois, ela voltava a se afundar no trigal, abrindo outra trilha de movimento na nova direção. Então o movimento cessava, a pequena cabeça branca apontava, avistava o alvo novamente, desaparecia por debaixo do trigal e seguia correndo. Isso prosseguiu por um tempão e, perto do fim, toda vez que víamos a pequena cabeça branca apontar e olhar ao redor, Fiona e eu rompíamos em risadinhas histéricas de adolescentes novamente. Nossas bochechas doíam de tanto rir e, quando as lágrimas escorriam pelo nosso rosto, nós nos encostávamos uma na outra, segurando-nos mutuamente até que avistávamos a cadela apontando a cabeça mais uma vez, e nos dobrávamos de rir ainda mais. No fim, mal conseguíamos parar em pé.

Compartilhar essa lembrança simples, mas preciosa, levou-me de volta ao valor da amizade num instante. Harry e eu rimos juntos, já que eu sentia falta daquela inocência e das risadas descuidadas e desinibidas que eu costumava compartilhar com Fiona.

— Onde ela está agora? — Harry perguntou. Eu comecei a explicar que ela estava morando em outro país e que nós tínhamos perdido contato. Nossa vida tinha mudado, eu disse, e havia agora em minha vida outros amigos a quem eu era mais chegada. Outros fatores haviam também afetado nossa amizade, outras pessoas, mas também outros gostos e diferenças crescentes em estilos de vida. Harry concordou que não se pode voltar ao passado, mas talvez a vida ainda fizesse com que nós nos cruzássemos. Tendo observado muitos ciclos na vida, concordei que era possível. Mas de qualquer modo isso não importava. Eu valorizava as lembranças e desejava a Fiona tudo de bom; silenciosamente a agradeci pelo aprendizado e pela amizade que um dia compartilháramos.

Muitas das melhores lembranças de amizades eram de caminhadas, conversas e risos. Por uma ou mais semanas seguintes, eu compartilhei com Harry histórias de algumas dessas outras amizades. Ele também fora um entusiasta de caminhadas e compartilhou algumas de suas próprias histórias comigo, de lugares onde caminhara e de amigos com quem dividira as experiências. Eu podia imaginar todos os grupos iluminados pela risada de Harry enquanto caminhavam. Sorri ao pensar nisso e, quando ele me perguntou do que eu estava rindo, fiquei feliz em lhe dizer. Harry concordou que eles sempre tinham compartilhado grandes risadas ao caminhar.

Na verdade, eu mesma estava por deixar Harry na semana seguinte para seguir numa longa caminhada. Por isso, embora eu esperasse com ansiedade a hora de sair da cidade, estava também um pouco triste por deixá-lo, sem estar certa de que ele ainda estaria ali quando eu retornasse. Quando eu disse a Harry o que ia fazer, no entanto, ele concordou de todo coração com entusiasmo e disse que estaria comigo em espírito, estivesse vivo ou não.

A caminhada era numa área remota e acontecia todo ano, sempre terminando no mesmo lago. De cada vez um afluente era seguido. Nesse ano em particular estava começando em algumas fazendas onde a própria embocadura do rio tinha início. Nós seguiríamos esse rio, em sua maior parte leitos secos agora, e iríamos acabar no lago.

A ideia da caminhada era dar aos participantes a oportunidade de se reconciliar com a terra, enquanto caminhávamos por trilhas pisadas por antigas civilizações. Os rios eram como estradas, naquela época, ou pelo menos ruas largas, onde tribos viviam e caminhavam ao longo de suas margens, de um lugar ao outro. Um ancião aborígine nos abençoou quando todos nós tomamos parte de uma cerimônia de purificação pela fumaça, e depois partimos, caminhando por seis dias.

Cada um de nós entrou em seu próprio ritmo. Havia cerca de uma dúzia de caminhantes. Alguns andavam em grupos e conversavam pelo caminho todo. Outros vagueavam, entrando e saindo das conversas. Alguns paravam e tiravam fotos de tudo, e alguns de nós caminhávamos mais sozinhos. A cada noite, um par de voluntários chegava carregando nossos equipamentos e nós erguíamos um acampamento. Depois, em torno de uma pacífica fogueira, um jantar comunitário era preparado, enquanto belas amizades se formavam sob um magnífico cobertor de estrelas.

A cada passo, a ligação com a terra aumentava. Embora eu curtisse as conversas quando parávamos para uma folga, encontrei mais prazer em caminhar sozinha e meu ritmo me assegurava isso, de certo modo. Tendo feito tantas caminhadas no passado, meu ritmo natural me mantinha adiante do grupo principal. Outro caminhante, a sábia e afetuosa alma que originalmente dera início a essas caminhadas, estava sempre à frente de mim, também caminhando em seu próprio ritmo.

O tempo passado sozinha, só caminhando e caminhando, foi ótimo também para encontrar clareza dentro de mim mesma novamente. Durante essas horas eu percebi que não queria ficar tomando conta de casas por muito mais tempo. Alguma coisa em mim estava começando a pensar em ter minha própria cozinha novamente. Todas as mudanças que eu um dia amara estavam começando a me exaurir. Uma nova semente fora plantada, não com grande estardalhaço, somente com uma silenciosa aceitação interior que algumas coisas estavam mudando. Eu continuei a caminhar tranquilamente.

É difícil poder andar por tamanha extensão em tempos modernos, já que a terra está agora separada pelas posses. Felizmente, tudo isso já fora aprovado de antemão, de modo que atravessamos fazenda após fazenda sem nenhum problema. Na moderna correria da vida, é muito fácil não ficar consciente da terra sob nossos pés. Naturalmente, a maioria de nós sente uma ligação com a terra quando paramos e absorvemos a beleza da natureza. Poder caminhar por seis dias sem obstruções, no entanto, me fazia sentir uma ligação que eu não sabia que estava perdendo, a despeito de todo o tempo que passara anteriormente na privilegiada apreciação do planeta.

Ao longo do caminho, descobrimos entalhes de antigos povos e nos maravilhamos com magníficas seringueiras vermelhas, árvores centenárias. Havia intrincados entalhes, bem como cortes de onde canoas tinham sido fabricadas da casca. Essa prova da existência de povos antigos, cujas tribos estavam agora perdidas, era, ao mesmo tempo, comovente e inspiradora. A energia em certos lugares era incrivelmente forte também, e eu entendi por que essa era uma caminhada com a intenção de reconciliação.

Para coroar tudo isso, muitas das terras de fazenda que cruzamos me fizeram lembrar o lugar onde eu fora criada. Até o cheiro de esterco de ovelha trouxe um dilúvio de lembranças imediatamente de volta, e eu adorei estar no clima seco e poeirento outra vez, mesmo que só temporariamente. A cada passo, minha forma melhorava e eu sonhava retornar a um mundo onde caminhar era o principal meio de transporte. Fazia muito mais sentido para mim que toda a correria e a agitação da vida moderna.

Encontrar um poço refrescante foi alívio bem-vindo um dia, quando eu me perdera um pouco do grupo por alguns momentos. Despir-me e nadar nessa água clara e refrescante foi rejuvenescedor, como se a água purificasse meu espírito do mesmo modo como purificava meu corpo. Cada momento dessa semana foi uma bênção espiritual, enquanto a ligação com a natureza era mais e mais ampliada.

A paisagem mudava constantemente conforme íamos caminhando de cerca das oito da manhã até mais ou menos cinco toda tarde, e depois erguíamos acampamento. Outros sinais de vida anterior salpicavam nossa trilha também. Uma velha carroça que um dia ficara atolada no rio era agora uma parte da paisagem seca e possivelmente estava ali havia mais de cem anos. Uma cabana de pedra sem telhado falou-nos de moradores do rio de outros tempos também. Mas o melhor foi quando vimos os entalhes e percebemos com que lição de história nós havíamos sido agraciados, confirmando as vidas daqueles povos antigos cujas pegadas nós agora estávamos seguindo.

Depois de seis dias completos de caminhada e cerca de oitenta quilômetros percorridos, chegamos cansados, mas felizes. Foi com grande tristeza que eu disse adeus aos outros caminhantes, mas com tristeza ainda maior pela caminhada haver terminado. No dia seguinte caminhei por mais cinco horas, em torno do próprio lago seco, como se eu não conseguisse me afastar do costume de caminhar. Um pequeno festival de música se seguiu poucos dias depois, organizado com a mesma reverência com que a caminhada fora. Fiquei mais um pouco para vê-lo e depois rumei de volta para Melbourne.

Felizmente, Harry ainda não havia falecido, e pude passar um pouco mais de tempo com ele. Contudo, durante os dez dias em que estive ausente a doença tomara conta de seu corpo e eu o encontrei com a aparência muito macilenta. Todo o tônus havia sumido de suas pernas um dia musculosas, e seu grande rosto redondo estava agora empalidecido, com pele flácida. Mesmo assim, ele ainda era o Harry, um homem agradável e bonito.

Mas o grau de desespero de Brian por cuidar de seu pai havia aumentado exponencialmente. Ele estava mais controlador do que nunca e saía da casa por no máximo uma hora toda tarde. Eu estava grata por nós termos já desfrutado daquelas horas de paz antes que eu fosse embora, pois agora elas estavam escassas. Em acréscimo ao comportamento obsessivo de Brian, Harry estava dormindo muito mais. Mas a vida quis que Brian fosse convocado para longe inesperadamente uma manhã, e ele teve que ceder os cuidados do pai a mim com relutância. Felizmente, foi quando Harry estava em seu melhor ânimo — não que seu melhor ânimo fosse mais tão animado. Mas ele estava desperto e capaz de conversar um pouco, pelo menos.

A seu pedido, contei-lhe sobre a caminhada e os lampejos de compreensão de mim mesma que tive enquanto estive fora. Ele perguntou dos outros caminhantes também e de alguma mudança positiva que eles tivessem notado em si mesmos ou que eu mesma tivesse notado. Havia muito que conversar.

— E o que você vai fazer esta semana com relação aos seus amigos, Bronnie? — ele perguntou com sua voz enfraquecida. — Que tempo de sua semana você vai reservar para passar com amigos de boa qualidade? É isso o que eu quero saber. — Eu ri de sua persistência no assunto, e disse que haveria muito tempo para pôr minhas conversas em dia com outros amigos no futuro. Nesse exato momento eu queria desfrutar de boas horas ao lado dele, Harry, que também era meu amigo.

— Não basta, minha querida garota. Você está fazendo o que os outros fazem. Certamente você deve ter aprendido a essa altura que deve reservar tempo para você também. Encontre algum equilíbrio e disponha de tempo para seus amigos regularmente. Faça isso mais por você mesma do que por eles. Nós precisamos de nossos amigos. — Harry olhou para mim severamente, com uma expressão de advertência. Mas nós dois sabíamos que havia amor por baixo de sua insistência.

Ele estava certo. Eu precisava reservar algum tempo de folga com meus amigos regularmente, em vez de trabalhar por todos esses turnos de doze horas e deixar nossas conversas para depois. Por mais que amasse esse trabalho e às vezes compartilhasse algumas risadas maravilhosas com os clientes e suas famílias, era um mundo muito sério esse em que eu vivia. Ficar por perto de pessoas agonizantes e da tristeza de suas famílias precisava ser compensado com alguma animação que apenas os amigos poderiam oferecer. A alegria andava fazendo falta em minha vida e somente agora eu fora capaz de reconhecer isso de verdade para mim mesma.

— Você está certo, Harry — eu admiti. Ele sorriu e ergueu seus braços para um abraço. Eu me inclinei para a cama e o abracei, sorrindo.

— Não é apenas questão de ficar em contato com seus amigos, minha querida garota. É também uma questão de dar a você mesma a dádiva da companhia deles. Você entende isso, não entende? — ele perguntou tanto com as palavras quanto com os olhos.

Fazendo que sim com convicção, eu respondi:

— Sim, Harry, eu entendo. — Deixando-o para repousar um pouco depois, eu refleti sobre o ponto que ele havia salientado e a honestidade com que o compartilháramos.

Harry foi abençoado com uma morte suave. Ele morreu em seu sono algumas noites depois. Telefonando para me informar, sua filha me agradeceu sinceramente. Mas, como eu disse a ela, Harry me dera muito também. Havia sido prazer todo meu conhecê-lo.

— Permita-se passar horas com seus amigos — eu ainda o escuto dizer. As palavras desse homem querido, com suas sobrancelhas espessas, rosto vermelho e sorriso largo, continuam a ressoar.

Lamento 5: Desejaria ter-me permitido ser mais feliz

Como uma executiva de uma corporação global, Rosemary era uma mulher à frente de seu tempo. Ela havia subido de posto muito tempo antes que as mulheres sequer fossem vistas em alguma função desse tipo. Antes disso, no entanto, ela havia vivido em conformidade com as expectativas da sociedade naqueles tempos, e se casara jovem. Infelizmente, com seu casamento vieram os maus-tratos físicos e mentais. Quando ela foi deixada quase morta depois de uma determinada surra, era hora de escapar de uma vez por todas.

Apesar de isso ser uma razão muito válida para abandonar um casamento, o divórcio era ainda um escândalo naquela época. Portanto, para preservar a reputação da família numa cidadezinha onde o nome dela era muito conhecido, Rosemary havia se mudado para uma cidade grande e recomeçado a sua vida.

A vida havia endurecido seu coração e seu modo de pensar. A autoafirmação e a aprovação da família agora eram obtidas por meio de seu sucesso num mundo dominado pelos homens. A ideia de outro relacionamento nunca passou por sua mente novamente. Em vez disso, Rosemary subiu na carreira com feroz determinação, um alto QI e muito trabalho duro, até que se tornou a primeira mulher em seu estado a ter o alto nível de direção que ela obtivera.

Habituada a dizer às pessoas o que fazer, Rosemary gostava do poder que seus modos intimidadores lhe davam. Esse comportamento então se estendeu ao tratamento de suas cuidadoras. Ela estava passando por uma após outra, nunca se mostrara feliz com nenhuma delas, até que eu cheguei. Ela gostou de mim porque eu tinha um currículo de bancária, o que aos seus olhos me eximia de ser uma tola. Esse modo de pensar não era certamente com o que eu concordasse, mas eu não tinha que provar nada tampouco, de modo que deduzi que ela poderia me julgar de qualquer maneira que a deixasse feliz. Afinal, ela estava na casa dos oitenta anos e morrendo. Rosemary então insistiu em me manter como sua cuidadora principal.

As manhãs eram particularmente ruins, com seus modos mandões e suas maldades. Tendo um senso muito forte de minha própria identidade agora, eu tolerava tudo até certo ponto, mas sabia que haveria um limite. Quando seus modos se tornaram especialmente malvados e pessoais, um dia eu dei o ultimato a Rosemary. Seja mais amável ou irei embora. Como resposta, ela gritou para eu ir embora, para sair de sua casa, dizendo coisas ainda piores que antes, sentada à cabeceira de sua cama.

Embora ela estivesse gritando comigo, eu só dei uns passos e sentei-me junto a ela.

— Vá embora, então. Saia! — ela continuou gritando, apontando para a porta. Eu só fiquei ali olhando para ela, transmitindo-lhe gentileza afetuosa, esperando que o desabafo cessasse. O silêncio se seguiu. Nós duas ficamos sentadas ali por mais ou menos um minuto, não dizendo nada, mas próximas o bastante para estarmos quase encostando uma na outra.

— Terminou? — eu perguntei, sorrindo gentilmente.

— Por enquanto — ela bufou. Eu fiz que sim, não dizendo nada. O silêncio continuou. Finalmente, eu pus meu braço em torno dela, beijei-a na face e me afastei rumo à cozinha, retornando alguns minutos depois com um bule de chá. Rosemary estava sentada ainda na mesma posição, parecendo-se com uma garotinha perdida.

Ajudando-a a sair da cama, nós nos encaminhamos para o sofá grande em seu quarto. O chá estava esperando sobre a mesa ao lado dele. Rosemary sentou-se, erguendo os olhos para mim, sorridente, quando dispus uma bela manta sobre suas pernas e depois me sentei também.

— Eu estou tão assustada e solitária! Por favor, não me abandone — ela disse. — Eu me sinto segura com você.

— Eu não vou a lugar nenhum. Tudo está *ok*. Contanto que você me trate respeitosamente, ficarei aqui com você — eu lhe disse honestamente.

Rosemary sorriu como uma garotinha carente de amor.

— Fique então, por favor. Eu quero que você fique. — Fazendo que sim, eu beijei-a no rosto novamente, o que a fez dar um grande sorriso.

Desse dia em diante, as coisas se tornaram melhores para nós. Ela me falou de seu passado, o que me ajudou a entendê-la mais, e de como ela sempre repelia as pessoas. Tendo conhecido esse padrão em mim mesma por longo tempo, e os benefícios de livrar-me dele, eu expliquei como não era tarde demais para acolher as pessoas. Rosemary disse que não sabia como, mas que ela queria tentar ser mais agradável.

Sua doença ia tomando conta dela lentamente, mas havia sinais decisivos de que estava se espalhando diariamente, principalmente por sua incrível debilidade. Foi uma mudança lenta, a princípio, e, embora eu pudesse testemunhá-la, Rosemary estava ainda em negação ocasional. Fazendo planos para que eu fizesse seus apontamentos e pusesse todos os seus portfólios de investimento em ordem, ela falava em detalhes sobre isto e aquilo. Eu só ouvia, sabendo que isso nunca aconteceria. Rosemary explicava como ela passaria algumas horas comigo para dar início a isso tudo, quando ela tinha a energia. Eu já vira disso, pessoas continuando a fazer planos para seu futuro, enquanto no ínterim sua força desaparecia mais e mais a cada dia.

Ela também insistia que eu agendasse seus compromissos na cidade, assegurando-se de que eu fazia os telefonemas do aparelho de seu quarto, onde ela podia ouvir todas as palavras, e se intrometendo constantemente, controlando a conversa toda. Eu então tinha que reprogramá-los todos e não cancelá-los, um por um. Não havia como negar que Rosemary tinha uma personalidade controladora. Embora eu ficasse feliz para fazer certas coisas desnecessárias para ela, em outras ocasiões eu me recusava totalmente; como demonstrar má vontade de perder meu tempo e energia procurando coisas que já havíamos procurado em cada polegada da casa.

A cada dia seus muros emocionais se rompiam mais e nossa intimidade ia crescendo. Os parentes de Rosemary viviam longe, embora telefonassem regularmente. Uns poucos amigos, bem como sócios de negócios anteriores, eram visitas frequentes. Na maior parte do tempo, no entanto, era uma casa muito silenciosa com um belo jardim de que desfrutávamos juntas.

Enquanto me observava de sua cadeira de rodas próxima quando eu separava um pouco de roupa branca uma tarde, Rosemary ordenou que eu parasse de cantarolar.

— Eu odeio que você fique feliz o tempo todo e sempre cantarolando. Eu terminei o que estava fazendo, fechei a porta, me virei e olhei para ela com espanto. — Bem, é verdade. Você está sempre cantarolando e sempre feliz. Eu desejaria que você ficasse deprimida de vez em quando.

Era um ponto de vista tão típico de Rosemary, que não fiquei surpresa de modo algum. Eu não estava sempre feliz, mas, quando estava, fornecia-lhe um pretexto para ter de que reclamar. Mas, em vez de responder verbalmente, eu mostrei minha língua para ela, e saí do quarto rindo. Ela me adorou por isso, já que, quando voltei para o quarto, pouco depois, estava sorrindo com malícia e aceitação. Ela nunca mais condenou meus estados de espírito animados daquele modo.

— Por que você é feliz? — ela me perguntou uma manhã dias depois. — Quero dizer, não apenas hoje, mas em geral. Por que você é feliz? — Sorri à pergunta, pensando quanto eu evoluíra em minha vida para que alguém chegasse a me perguntar isso. Considerando aquilo pelo que estava passando em minha própria vida enquanto cuidava de Rosemary, era uma pergunta um tanto ferina.

— Porque a felicidade é uma escolha, Rosemary, uma escolha que eu tento fazer todo dia. Em alguns dias não consigo. Como você, tive uma vida difícil também, de modos diferentes, mas ainda assim duros. Mas, em vez de ficar me detendo no que está errado e com que dificuldade eu a vivi, tento encontrar as dádivas de todo dia e apreciar o momento que estou vivendo o mais que posso — eu lhe disse francamente. — Nós temos a liberdade de escolher onde focalizar nossos pensamentos. Eu tento escolher as coisas positivas, como ter conhecido você, fazer o trabalho que eu amo, não ficar sob pressão para alcançar metas comerciais e apreciar a minha saúde e todo dia em que estou viva. — Rosemary sorriu, olhando para mim intensamente enquanto absorvia minhas palavras.

Mas o que ela não sabia era que, enquanto eu estava cuidando dela, vinha lidando também com uma doença minha. Havia algum tempo, eu fizera uma pequena operação. Quando o especialista me ligou com os resultados, disse que estavam abertos a dúvidas e que uma operação maior tinha de ser feita imediatamente. Eu disse a ele que pensaria no assunto.

— Não há nada sobre o que pensar — ele declarou rigidamente. — Você *deve* fazer essa operação ou poderá estar morta dentro de um ano. — Novamente eu disse a ele que pensaria nisso. Eu já aprendera algumas coisas grandes com meu corpo, o que não é surpreendente, visto que o corpo é o lugar onde nosso passado fica guardado. Todas as nossas dores e alegrias se manifestam dentro do corpo de um modo ou de outro. Tendo conseguido me aliviar de algumas indisposições anteriormente, ao curar várias emoções dolorosas, eu concluí que uma enorme dádiva de cura me estava sendo oferecida agora. De modo que eu abordaria minha doença dessa perspectiva.

Já tendo o bastante com meu próprio medo a lidar, no entanto, eu fui capaz de confessar a situação somente a uma ou duas pessoas. Iria exigir todas as minhas forças passar por isso e ficar focalizada no que eu queria, que era a saúde.

De modo que eu não podia me arriscar a ouvir as opiniões e os temores de outras pessoas. Eles poderiam ser dados com amor, mas não havia mais uma polegada de espaço para o temor de outra pessoa nessa jornada de cura. Ter a coragem de me expressar emocionalmente, de liberar coisas de alguns níveis muito profundos, se tornou ainda mais importante, e as coisas naturalmente passaram a ser mais sombrias por uns tempos. Um monte de material do passado emergiu das profundezas.

No estágio inicial, foi tão difícil e doloroso do ponto de vista emocional, que eu acabei achando positiva a ideia de morrer, e pedi à doença para que me levasse embora. Quando tive que considerar seriamente minha vida e aceitar que, a despeito dos meus esforços, eu *poderia r*ealmente morrer dessa doença e não viver até uma idade avançada, cheguei a um ponto em que uma paz fabulosa foi encontrada. Perceber que eu já havia vivido uma vida incrível e tivera a coragem de seguir meu próprio coração e minha própria vocação permitiu-me olhar para a minha morte cara a cara e aceitar qualquer coisa que viesse. A paz que se seguiu a essa aceitação foi linda.

Embora continuasse com minha prática de meditação habitual, eu também trabalhei com vários livros de cura e técnicas de visualização, além de liberar as emoções que precisavam emergir. Várias mudanças começaram a ocorrer comigo. Finalmente, atingi um estágio em que senti que havia deixado o pior para trás, e que estava a caminho do bem-estar.

Foi-me oferecido um ótimo trabalho de cuidar de casa num pequeno bangalô em terreno irregular, coberto por trepadeiras e escondido por cercas altas. Ficava num subúrbio bem rico, mas era quase invisível e eu o amei. Mergulhar numa banheira sempre fora um salva-vidas para mim também, e essa casa tinha uma enorme. Estando num ambiente tão propício, eu resolvi fazer um jejum de sucos, como eu já fizera inúmeras vezes, e passar alguns dias em silêncio e meditação.

Meu corpo sempre fora um grande indicador das coisas pelas quais minhas emoções haviam passado. Se uma pequena indisposição aparecesse, eu conseguia reconhecer onde meus pensamentos ou atividades haviam estado nos dias ou semanas que haviam conduzido até ali. O resultado foi que, com o tempo, eu vim a gozar de um canal de comunicação muito claro e honesto em meu corpo, sempre ouvindo o que ele estava dizendo e fazendo o melhor possível para aderir a métodos de melhora. Com frequência os clientes admitiam saber que havia alguma coisa de errado com seu corpo, muito antes de fazer qualquer coisa quanto a isso. Mas, tendo visto a falta de qualidade que a vida oferece quando a saúde se acaba, eu aprendera a agir a qualquer sinal de meu corpo assim que ele aparecesse e da melhor maneira possível. A saúde oferece uma liberdade fabulosa que, uma vez que se vai, em geral se vai para todo sempre.

Uma das meditações que eu fiz quando estava no bangalô era sob orientação de um livro que eu comprara recentemente. No entanto, houvera muitos estágios conduzindo a esse ponto, e muito trabalho já havia sido feito. Esse livro em particular se detinha na inteligência de nossas células, em como elas trabalham juntas, e oferecia orientação na questão de como erradicar a doença do corpo. Era uma cura ao nível das células. Assim, no meio da manhã, eu me sentei em minha almofada de meditação e mergulhei num profundo e pacífico lugar interior. Seguindo com as visualizações e exigências, pedi às minhas células para me livrarem do resto da doença, se a essa altura alguma coisa dela ainda tivesse ficado comigo.

A coisa em que pensei a seguir foi que estava correndo para o banheiro e projetando vômito. Ele vinha das partes mais profundas do meu corpo e eu continuei a vomitar por um tempão, até que senti que não havia restado mais nada dentro de mim. Sentando-me no piso totalmente exaurida, encostada à banheira, esperei confusa, para o caso de voltar a vomitar. E o vômito veio, e veio ainda mais, até que finalmente tudo cessou. Eu me levantei usando a banheira como apoio, devido ao esgotamento causado por meus esforços. Meu estômago também estava doendo devido aos espasmos repetidos. Caminhando lentamente de volta à sala de meditação, sentindo-me muito mudada, eu me deitei no tapete macio, puxei um grande cobertor sobre mim, encolhi-me numa posição fetal e dormi por seis horas diretas.

A luz do fim da tarde brilhou sobre a sala e os princípios do frio noturno despertaram-me delicadamente. Deitada ali, ainda aconchegada sob o cobertor, olhando para a bela luz que brilhava, me senti como se estivesse em uma nova vida. Fazendo uma prece de gratidão pela orientação e a coragem que havia me levado a esse ponto de cura, sorri para mim mesma. Meu corpo ainda estava um pouco fraco devido aos acontecimentos do dia. Mas, quando eu comecei a me movimentar, levantando-me e pondo-me em sintonia com a noite, a euforia me percorreu. Preparando uma grata refeição depois do meu jejum, meu rosto doía de felicidade. Tudo estava acabado.

Meu corpo estava curado e nenhum sintoma da doença ressurgiu desde então. Embora eu respeite muito que cada um faça sua escolha de seu próprio método de cura, seja por meio de operações cirúrgicas, terapias naturais, tradições orientais, seja medicamentos ocidentais, eu havia escolhido o melhor método para mim. Ele exigira tudo o que eu aprendera a fazer para me curar dessa vez, mas eu conseguira.

Mas nunca me pareceu apropriado compartilhar essa história com meus clientes, já que os métodos que eu usara haviam me tomado quase quatro décadas de preparação por meio das experiências de minha própria vida, e muitos meses de terapia. Não teria sido bom oferecer falsas esperanças a eles. Quando eu conheci todas essas pessoas, elas estavam já perto demais do próprio fim da doença e da vida.

Por meio dessa experiência, eu apreciei a dádiva de minha vida ainda mais e descobri que escolher a felicidade era uma coisa diária, um novo hábito a integrar aos meus pensamentos. Havia dias em que eu não conseguia ficar feliz, mas acho que aceitar isso conduz a uma existência mais pacífica, de qualquer modo. Permite a aceitação dos dias mais difíceis saber que eles trazem dádivas próprias e que também passarão, com a felicidade esperando outra vez do outro lado. No entanto, escolher conscientemente me focalizar na felicidade e nas dádivas quando era possível estava certamente criando mudanças positivas dentro de mim.

Assim, quando Rosemary me perguntou por que eu estava sempre cantarolando e feliz, foi porque eu havia acabado de experimentar um milagre realizado por mim e estava me sentindo muito fortalecida e abençoada.

Rosemary queria ser feliz, ela me disse depois naquele dia, mas não sabia como.

— Bem, só finja ser, por uma meia hora. Talvez você vá gostar da coisa o suficiente para ficar realmente feliz. O ato físico de sorrir muda suas emoções de certo modo, Rosemary. Por isso eu a desafio a não fazer carranca, se queixar ou dizer qualquer coisa negativa por meia hora. Em vez disso, diga coisas agradáveis, concentre-se no jardim se quiser, mas lembre-se de sorrir — eu a orientei. Lembrando a Rosemary que eu não a conhecera no passado, permiti que ela fosse quem ela quisesse ser nesse momento. Às vezes a felicidade exige um esforço consciente.

— Eu acho que nunca senti que merecia a felicidade, você sabe. O rompimento do meu casamento manchou o nome e a reputação da família. Como eu poderia *ficar* feliz? — ela me perguntou com uma sinceridade que partiu meu coração.

— Você vai se permitir ser feliz. Você é uma bela mulher e merece conhecer a felicidade. Permita-se e escolha ser. — Os bloqueios de Rosemary eram daqueles que eu mesma havia conhecido bem demais no passado. Portanto, lembrando-lhe que a opinião e a reputação de sua família puderam privá-la de sua felicidade apenas porque ela o permitira, eu animei seu estado de espírito com algum humor, ajudando a sua felicidade a fluir.

Embora um pouco hesitante a princípio, Rosemary começou a se conceder permissão para ser feliz, deixando sua guarda baixar mais e mais a cada dia, compartilhando sempre um sorriso, que por fim se transformava em alguma risada ocasional. Sempre que alguns de seus velhos estados de espírito atacavam, quando ela grosseiramente me ordenava a fazer alguma coisa, eu só dava uma risada e dizia: "Eu acho que não vou fazer!". Em vez de ficar ainda mais grosseira, ela ria e depois pedia, de maneira mais gentil, ao que eu obedecia alegremente e sem reclamar.

Mas dia após dia sua saúde se debilitava, e estava agora no ponto em que ela percebia também. Embora continuasse a me falar como iria me mostrar o que fazer com seus agendamentos, ela não parecia mais tão intrigada quando eu não aderia, encorajando a conversa sobre o assunto. O tempo que Rosemary passava fora da cama estava ficando cada vez menor. Ela tinha que aceitar ser lavada na cama agora, já que era um risco grande demais para a sua saúde e para as minhas costas tentar movimentá-la até o chuveiro.

Se eu passasse tempo demais no resto da casa fazendo coisas, ela me chamava de volta para lhe fazer companhia. Como estava agora num leito de hospital em seu quarto, sua própria cama ficava vazia ao lado dela. O leito de hospital era necessário, já que ela não era mais capaz de ajudar com nenhuma transferência para fora da cama. Os equipamentos hidráulicos do leito do hospital também lhe permitiam se sentar sem quebrar minhas costas, ou as costas da cuidadora noturna. Quando não havia outros deveres além de fazer-lhe companhia, eu me habituei a deitar-me em sua velha cama enquanto conversávamos. Rosemary ficava mais à vontade repousando de lado, e isso lhe permitia menos esforço e era um tanto cômodo para mim também.

Não demorou muito para que ambas adquiríssemos o hábito de tirar uma soneca à tarde. Sua rua era tranquila àquela hora do dia, e eu estava bem ali se ela precisasse de alguma coisa. De modo que eu dormia bem também, ficando toda aconchegada sob os cobertores. Nós despertávamos e compartilhávamos quaisquer sonhos que tivéramos e continuávamos deitadas ali, conversando uma com a outra, até que eu tivesse que me levantar e tomar providência com as coisas. Eram horas especiais e ternas para as duas.

Numa tarde, quando estávamos deitadas conversando, Rosemary perguntou-me o que era a morte, a real parte de morrer. Outros clientes haviam me perguntado isso também. Acho que é como quando as pessoas se perguntam mutuamente de suas experiências em várias coisas, tais como mulheres grávidas perguntam a outras mulheres o que é parir. Ou pessoas que viajaram perguntam a outros viajantes como é um dado país em particular. Mas, nesse caso, uma pessoa que vai morrer não pode perguntar a alguém que morreu como a coisa é, já que os mortos raramente estarão por perto para relatar. Então sempre me pediam opiniões sobre o que eu vivenciara. Com franqueza, eu sempre lhes falava sobre Stella indo embora com um sorriso. Eu também relatava como todas as transições que eu havia presenciado haviam se acabado num tempo breve. A história de Stella sempre lhes trazia paz, como trouxera a mim quando eu estava lá.

Na sociedade moderna, muito pouca ênfase é posta no bem-estar espiritual e emocional das pessoas que vão morrer, ou no tratamento de alguém que está doente. A menos que as pessoas agonizantes sejam abençoadas por estarem num centro que leve em consideração esses aspectos da vida, elas geralmente são deixadas sozinhas para refletir sobre essas coisas. Isso é muito assustador, além de isolador, para elas. Há um enorme fosso entre tratar a saúde física e até mesmo *reconhecer* o *elo* entre saúde espiritual e emocional na sociedade moderna. Juntando essas necessidades e tratando todos os aspectos da jornada de uma pessoa, o agonizante seria capaz de se reconciliar muito mais com ele mesmo antes de suas últimas semanas ou seus últimos dias.

Essa área é um dos óbvios fracassos que temos ao esconder a morte dos olhos da sociedade. As pessoas que vão morrer têm muitas perguntas, coisas que poderiam ter sido perguntadas muito antes em sua vida se elas tivessem pensado que um dia iriam morrer, como todos iremos. Se formuladas anteriormente, essas perguntas sobre questões mais profundas iriam permitir às pessoas encontrar suas respostas e sua própria paz mais cedo. Elas não seriam então deixadas para viver em negação de sua morte iminente por puro medo ou terror, como frequentemente ocorria.

No entanto, chegou uma hora em que Rosemary não pôde mais negar sua morte iminente. Havia momentos em que ela queria ficar sozinha, "mais para refletir", ela dizia.

Quando eu voltei para dentro de seu quarto numa noite, ela declarou:

— Eu gostaria de ter-me deixado ser mais feliz. Que pessoa miserável eu fui! Eu simplesmente não achava que merecia ser. Mas eu mereço. Eu sei disso agora. Rindo com você nesta manhã, percebi que não havia necessidade nenhuma de me sentir culpada por estar feliz. — Sentando-me à cabeceira de sua cama, eu fiquei ouvindo-a continuar a falar.

— É realmente uma questão de escolha nossa, não é? Podemos nos impedir de ser felizes porque achamos que não o merecemos, ou porque permitimos que as opiniões alheias se tornem uma parte de quem somos. Mas elas não são, não é mesmo? Podemos ser quem quer que nos permitamos ser. Meu Deus, por que eu não percebi isso mais cedo? Que desperdício!

Sorri afetuosamente para ela.

— Bem, eu estive nessa posição também, Rosemary. Mas ser gentil e compassiva é um modo mais sadio de tratar você mesma. De qualquer modo, você percebeu isso agora, pelo fato de ter permitido ao menos um pouco de felicidade em sua vida recentemente. Tivemos algumas horas ótimas. — Recordando as coisas das quais déramos risadas, Rosemary então concordou rindo à vontade, e se descobriu num estado de espírito feliz novamente.

— Eu estou começando a gostar de quem sou nestes dias, Bronnie, deste lado mais leve da minha pessoa. — Sorrindo, eu disse que gostava desse lado dela também. — Oh, eu não fui uma tirana? — ela riu, retornando à lembrança de nossas primeiras semanas juntas. Nem tudo eram risadas entre nós, entretanto. Compartilhamos momentos que foram tristes e ternos também, quando seguramos nossas mãos e choramos juntas, sabendo o que a esperava. Mas pelo menos Rosemary havia experimentado um pouco de felicidade em seus meses finais. Ela tinha um sorriso tão bonito, que eu ainda posso revê-lo!

Em sua última tarde, a pneumonia havia tomado conta e sua garganta estava muito engrossada com muco. Alguns parentes, bem como um par de boas amigas, haviam chegado a essa altura também. Embora sua partida não tenha sido a mais suave que eu vira, foi incrivelmente breve. A querida mulher havia se mudado para outro lugar.

O serviço naquela tarde era da enfermeira comunitária, que chegou quase dez minutos atrasada. Enquanto os parentes e amigos de Rosemary estavam conversando na cozinha, a enfermeira e eu a limpamos, e depois a vestimos com uma camisola nova. Era uma enfermeira que não havia conhecido Rosemary e, quando estávamos cuidando de seu corpo, ela me perguntou como ela era.

Olhando para o corpo de minha ótima amiga e para o rosto pacífico que agora dormia para sempre, eu sorri. Lembranças de nossas tardes deitadas em camas conjugadas retornaram em ondas. Imagens de Rosemary rindo, dando-me ânimo, também surgiram em lampejos.

— Ela foi feliz — eu respondi com sinceridade. — Sim. Ela foi uma mulher feliz.

A FELICIDADE É AGORA

De todas as minhas clientes, Cath foi a mais filósofa. Ela tinha uma opinião sobre tudo. Mas não era opinião cega, e sim muito bem embasada. Como amante do conhecimento e da filosofia, ela havia absorvido uma grande quantidade de saber em seus cinquenta e um anos. Cath ainda morava na casa onde nascera.

— Minha mãe nasceu e morreu aqui, e eu vou fazer o mesmo — ela declarava com determinação.

Era também uma apreciadora de banhos, então as melhores conversas nos primeiros dois meses que passamos juntas eram geralmente com ela na banheira e eu sentada num banquinho ao lado. Com meu próprio amor e propensão por um bom mergulho, eu estava determinada a ajudar Cath a usar sua banheira pelo maior tempo possível. Mas, depois de algum tempo, ela ficou mais fraca e não tinha força suficiente para entrar e sair da banheira, mesmo com minha ajuda. O risco de uma queda era alto demais.

Quando ela soube que esse seria seu derradeiro mergulho na banheira, Cath começou a chorar, suas lágrimas caindo dentro da água que a cercava.

— Tudo está acabando. Agora é o banho — ela chorou. — Depois será a vez das minhas caminhadas. Em seguida, eu não serei capaz nem de ficar em pé, depois acabarei eu, eu mesma. Tudo está acabando. Minha vida está se esvaindo. — Seu pranto logo se transformou em soluço, cru e desinibido. Por mais que meu coração lamentasse por ela, e minhas próprias lágrimas chegassem muito próximas à superfície, era bom também ver alguém capaz de liberar suas emoções com franqueza.

Das profundezas de sua alma, Cath chorou um rio de lágrimas. Quando parecia que não havia mais nada restando para sair, ela sentou-se na banheira silenciosamente, exausta de tanto soluçar, olhando fixo para a água ou desenhando traços na superfície. Depois, recomeçou a chorar, cada soluço vindo de um lugar ainda mais profundo e primal do que antes. Ela chorou por cada lembrança triste guardada dentro de si, por todas as pessoas que havia perdido, por todos aqueles que ela perderia ao ir-se embora. Mas, principalmente, Cath chorou por si mesma. Toda vez que eu tentei sair, para lhe dar um pouco de privacidade, ela balançou sua cabeça e me pediu para ficar. Assim, sentei-me no banquinho, emitindo-lhe vibrações de amor, nada dizendo, só ficando ali perto enquanto ela soluçava. Era doloroso, mas sadio ao mesmo tempo, saber que ela estava liberando algo de um lugar tão profundo.

Quando quase outra metade da hora havia passado e a água estava perdendo calor, eu lhe ofereci encher a banheira um pouco mais. Cath balançou a cabeça.

— Não, está *ok*. Está na hora — falou, e, com isso, puxou a tomada e olhou para mim para que eu a ajudasse a sair. Depois, quando a levei em sua cadeira de rodas para o sol lá fora, envolta em sua camisola azul-clara e com chinelos vivamente vermelhos, ela pareceu tranquila.

— Escute o pássaro — ela sorriu. Nós duas ficamos silenciosas, deleitando-nos com a canção dele, sorrindo ainda mais quando ouvimos sua companheira responder de uma árvore de mais longe, no alto da rua. — Todo dia é uma dádiva agora, você sabe. Todo dia sempre foi uma dádiva, mas só agora, quando estou reduzindo minha marcha, é que estou vendo a enorme quantidade de beleza que cada dia nos oferece. Nós podemos ser tão indiferentes! Escute... — Canções diferentes soaram, vindo de algumas árvores na proximidade.

Cath disse como ela tinha vindo a notar que força poderosa a gratidão se constitui. É fácil demais querer sempre mais da vida, ela disse, e isso é bom até certo ponto, já que expandir quem somos é uma parte de sonhar e crescer. Mas, já que nós nunca teremos tudo o que queremos, nem estaremos sempre crescendo, apreciar o que já conquistamos ao longo do caminho é a coisa mais importante. A vida passa tão depressa, ela declarou, quer você viva até seus vinte, quarenta, quer até os oitenta. Ela estava certa. Todo dia é por si só uma dádiva e uma bênção. O momento que estamos vivendo é tudo que nós temos, de qualquer modo.

Nos últimos vinte anos eu vinha mantendo um diário de gratidão, no qual eu anotava algumas coisas pelas quais era grata ao fim do dia. Com frequência havia montes de coisas pelas quais eu podia ser grata. Mas, de vez em quando, nos tempos mais sombrios, eu lutava para encontrar alguma. A exaustão emocional havia me esgotado a tal ponto que até encontrar bênçãos se constituía um esforço. No entanto, eu sempre persistia. Mesmo nessa época eu conseguia encontrar coisas pelas quais era grata, como a água limpa, um lugar para dormir, comida em meu estômago, um sorriso vindo de um desconhecido ou um pássaro cantando. Mas, como expliquei para Cath, embora estivesse apreciando as coisas no fim da noite ao anotá-las, ainda exigia certo treinamento adquirir o hábito de sempre apreciar as coisas enquanto elas estavam acontecendo também, principalmente as mais complexas. No mínimo, era um novo hábito a criar murmurar uma prece silenciosa de gratidão ao mesmo tempo em que cada uma das dádivas era oferecida.

A natureza sempre recebia agradecimentos agora, decididamente. Um exemplo que eu dava era que, se uma brisa suave beijava meu rosto, eu ficava agradecida por ter saúde suficiente para estar ao ar livre sentindo-a. Mas eu queria ser mais agradecida por mais coisas ao longo do caminho também. Embora anotar no diário tivesse certamente me aberto para um nível de gratidão muito melhor, fora o sucesso em viver mais no presente que trouxera finalmente gratidão por minhas situações cotidianas de vida. Há sempre alguma coisa a que agradecer em cada hora, eu concluí, e foi assim que meu hábito se formou.

— Então, posso ter certeza de que a gente recebe muitas bênçãos se é grato ao longo do caminho? — Cath perguntou.

— Quando a gente se permite, Cath, quando a gente se lembra de seu próprio valor e o deixa fluir, sim. Eu decididamente recebi algumas grandes bênçãos em minha vida. Às vezes eu só tenho que sair do meu próprio caminho primeiro. Como para todo mundo, as bênçãos vêm a mim mais quando estou num estado de gratidão, e aí elas fluem.

Cath sorriu da minha teoria e concordou.

— Sim, elas querem fluir para nós. Mas, sem gratidão e permissão para que entrem, nós as bloqueamos, eu acho. A maioria das pessoas simplesmente não percebe quantas coisas boas tem. Eu também não percebi por longo tempo. Mas, felizmente, eu havia começado a trabalhar antes que a doença me atacasse, de modo que fui capaz de viver num lugar melhor dentro de mim mesma depois.

Após algumas horas agradáveis ao sol, Cath precisava almoçar e repousar. O almoço era sorvete e frutas cozidas. Era tudo o que ela suportava comer agora. Tudo o mais parecia penoso mastigar, ela me falou, e não tinha sabor algum. Depois disso, eu levantei suas pernas para pô-la na cama e a dispus numa posição confortável. A seguir, fechei as cortinas. As dosagens de seus analgésicos haviam recentemente sido aumentadas, o que a deixava mais à vontade, mas exausta. Sem mais demora, ela caiu num sono profundo.

À noitinha, a ex-namorada de Cath passou para lhe dizer alô. Não havia ressentimentos entre elas. Haviam continuado boas amigas depois de seu rompimento, fazia mais de uma década. Era uma boa e respeitosa amizade. Outras visitas eram regulares também. O irmão mais velho de Cath e sua mulher e filhos, e seu irmão mais novo. Alguns vizinhos vinham diariamente, e amigos e colegas de trabalho também vinham a cada oportunidade que surgia. Ela era uma mulher bem-amada.

Das várias histórias que compartilhei com seus visitantes, soube que Cath havia sido muito exigente em seu trabalho, mas geralmente com energias positivas para todo mundo. Agora, como ocorria com qualquer pessoa que iria morrer, ela gostava que seus visitantes a atualizassem sobre a vida de cada um deles e sobre o que estava acontecendo no mundo além de seus muros. Quando pessoas agonizantes não podem mais viver nesse mundo por si, parecem saborear cada bocadinho do mundo externo. Com frequência amigos e parentes não sabem o que dizer. Saber sobre a vida no mundo exterior mantém uma pessoa no ritmo das coisas, e isso é positivo para ela, não negativo.

Tal era definitivamente o caso com Cath. Ela queria saber sobre coisas felizes o mais que podia. Mas era difícil para os visitantes, já que eles com frequência estavam acabrunhados com a perda iminente de alguém que eles amavam. Por causa de nossa ligação sem obstáculos, eu era capaz de falar abertamente com Cath sobre qualquer coisa. Assim, a pedido de sua amiga, Sue, eu abordei as emoções de seus visitantes um dia.

Sue estava lutando todo dia para se manter otimista diante de sua amiga, quando tudo que queria era chorar desesperadamente toda vez que a visitava. Ela me contou que se sentava no seu carro lá fora, preparando-se mentalmente para ficar forte e feliz antes de qualquer visita. Depois, voltava a sentar-se lá novamente, debulhando o coração de chorar.

— Eu meio que entendo isso — Cath reconheceu mais tarde. — Eu simplesmente não sei se posso lidar com a tristeza de Sue, além da minha. Não posso carregar isso também.

— Mas você não tem que carregar isso — eu disse. — Só permita a ela que se expresse honestamente não mudando de assunto quando ela expuser seus sentimentos. Ela precisa desabafar, e tudo o que você tem a fazer é permitir que ela o faça. Ela só precisa lhe dizer quanto a ama, e não pode fazê-lo sem chorar ou sem que você permita.

Cath entendeu o que eu queria dizer e respondeu que se sentia sem jeito por criar tanta tristeza para todo mundo. Isso quase a embaraçava.

— Minha nossa, Cath, a essa altura de sua vida o orgulho realmente importa? — Eu lhe perguntei direta, mas delicadamente. Ela riu em resposta. — Basta trazer isso à tona e permitir aos outros lhe dizerem quanto a amam — eu disse.

Cath sorriu para mim e ficou em silêncio por um momento antes de responder:

— Há algum tempo, quando eu comecei a perceber a gravidade da minha doença, aprendi a aceitar meus sentimentos e não rejeitá-los. Eles vêm à tona, e eu permito que eles venham agora. Foi por isso que eu fiquei tão livre soluçando em frente a você aquele dia no banho. Aprendi a aceitar meus sentimentos tal como são no momento, sem rejeitá-los tentando bloqueá-los. Eles são realmente apenas um produto colateral de meus pensamentos e de minha mente, de qualquer modo. Eu sei que é possível criar novos sentimentos concentrando-se em coisas melhores. Mas esses que estão dentro de mim já são uma parte do meu eu atual, e são melhores quando liberados, não carregados adiante. Contudo, eis-me não respeitando os sentimentos de outros e rejeitando e bloqueando sua franca expressão.

Cath balançou a cabeça para si mesma e suspirou. Então, depois de um pensamento momentâneo, ela olhou para mim sorrindo e disse:

— Acho que chegou a hora de eu ser corajosa e deixar suas lágrimas fluírem também.

Concordando com um sinal de cabeça, eu sugeri que as coisas poderiam estar possivelmente aliviadas nas ocasiões seguintes. Mas a atual estocagem de emoções de seus amigos e parentes precisava ser desabafada. Eles a amavam e precisavam ser capazes de dizê-lo e demonstrá-lo, mesmo que fosse às vezes com lágrimas.

Logo depois disso, houve muitas conversas chorosas entre Cath e seus visitantes, mas o amor que fluiu foi inspirador. Os corações se abriram e, embora eles estivessem partidos em alguns aspectos, estavam se curando também, por meio da expressão de amor que fluía agora.

Num dia particularmente choroso, a última amiga havia acabado de sair. Ela estava rindo com lágrimas tanto de tristeza quanto de alegria, já que ela e Cath haviam trocado piadas uma com a outra até sua saída. Quando ela se foi, Cath olhou para mim com amor.

— Sim, é importante deixar os sentimentos brotarem para aceitá-los. E isso é saudável para meus amigos também — ela disse. — Estas serão também lembranças melhores para eles. Não ficarão bloqueados por carregarem coisas que não precisam carregar.

Apreciando sua análise, eu fiz que sim, compreendendo. Em meus dias mais sombrios, eu finalmente fora capaz de me separar de meus sentimentos, percebendo que eles eram apenas uma expressão emocional da minha dor, ou da minha alegria, e não quem eu realmente era. Como todo mundo, eu carregava a sabedoria de minha alma dentro de mim. Mas, para conhecer meu eu verdadeiro, essa divina sabedoria que reside em meu interior, eu tinha que deixar meus sentimentos saírem. Se não, eles sempre me impediriam de atingir o potencial de quem eu era para realmente ser neste mundo. De modo que adorei saber que Cath estava chegando às mesmas conclusões, mas expressando o que sentia em suas próprias palavras.

Já tendo uma constituição frágil, levou pouco tempo para que ela começasse a parecer doente conforme o peso foi diminuindo.

— Meu tempo está se esvaindo. Eu não posso ignorar os sinais, com toda certeza — ela declarou uma manhã, quando estava sentada no aparelho sanitário. Muitas conversas com clientes aconteciam quando eles estavam fazendo suas necessidades matinais num toalete portátil, enquanto eu me sentava ao lado. O fato de que estavam movimentando seus intestinos nunca realmente atrapalhava. Era apenas uma parte da rotina, e não fazia sentido deixar uma coisa assim atrapalhar um bom bocejo. Quando eu ajudei Cath a voltar para a cama, depois, concordei que de fato os sinais apontavam para o esvaimento de seu tempo.

Assim que foi instalada em sua cama, ela disse:

— Eu não lamento o modo como eu vivi, porque aprendi com a maior parte das coisas que fiz. Mas, se eu pudesse ter feito as coisas de modo diferente, se de novo me fosse dada a chance, eu teria permitido que a felicidade entrasse mais na minha vida. — Fiquei um pouco intrigada ao ouvir essas palavras de sua boca. A essa altura, eu já as ouvira de outros clientes, naturalmente, mas Cath parecia uma pessoa feliz. Bem, tão feliz quanto pode ser uma pessoa que esteja morrendo e se sentindo absolutamente mal com seu corpo durante o processo. Questionei-a sobre o assunto.

Explicando que tinha amado o seu trabalho, ela então me contou como havia posto ênfase demasiada nos resultados. Cath trabalhara em projetos para jovens problemáticos e acreditara que dar uma contribuição era vital para uma vida satisfatória.

— Todos nós temos talentos a compartilhar, indivíduo por indivíduo. Não importa qual seja seu trabalho. O que importa é que você está tentando dar uma contribuição consciente, com a esperança de criar um mundo melhor. — Cath acrescentou: — A única maneira de as coisas melhorarem é nós todos percebermos a interconexão de que compartilhamos. Nada de bom pode ser feito sozinho. Se apenas conseguíssemos trabalhar juntos pelo bem de todos, em vez de um contra o outro com competição e medo!

A despeito de estar exausta e de passar a maior parte de seu tempo agora confinada à cama, Cath ainda tinha muito a dizer. A filósofa seria a última parte dela a partir deste mundo, eu desconfiei (o que me era muito conveniente). Esfreguei creme em seus braços e mãos enquanto ela prosseguia:

— Todos nós temos uma contribuição positiva a dar. Eu dei a minha. Mas, enquanto estive procurando meu propósito na vida, eu me esqueci de me fazer feliz ao longo do caminho. Tudo era uma questão de encontrar o resultado para aquilo que eu procurava. Então, quando encontrei realmente o trabalho que eu amava, o trabalho que eu podia fazer com a intenção profundamente sentida de contribuir, eu ainda estava me baseando em resultados.

Isso era uma coisa que eu vira com frequência. Eram também palavras familiares de outros clientes. Enquanto se trabalha em direção a metas, o momento presente é muito frequentemente negligenciado ao longo do caminho. Era disso que Cath estava falando. Seu trabalho estava baseado no resultado final, e não era gozado durante o processo de chegar lá. Comentei que nenhum de nós estava imune a fazer isso de vez em quando, incluindo eu mesma.

Ela prosseguiu:

— Sim, mas, desse modo, eu me privei de felicidade potencial. Foi isso que eu quis dizer quando lhe contei que faria tudo de modo diferente. É importante, claro, trabalhar na direção de encontrar seu propósito e contribuir para o mundo, em qualquer capacidade. Mas depender do resultado final para sua felicidade não é o meio de fazê-lo. A gratidão por todos os dias ao longo do caminho é a chave para reconhecer e curtir a felicidade agora. Não quando os resultados surgem ou quando você se aposenta, ou quando acontece isto ou aquilo. — Cath suspirou, exausta de seu ardente desabafo, mas com uma necessidade de ser ouvida, como era frequentemente o caso.

Depois de ouvi-la e compartilhar com ela meu entendimento de suas ideias, eu arrumei seus cobertores e rumei para a cozinha para fazer um pouco de chá para nós. Colhendo um pouco de capim-limão na horta, eu pensei nas palavras de Cath. Palavras muito parecidas com as de outras pessoas agonizantes me ocorreram à lembrança também. Enquanto um pássaro cantava e o cheiro de capim-limão, agora no bule de chá, ondulava pela cozinha, era muito fácil sentir-se completamente presente e grata.

Querendo relaxar e ouvir agora, Cath me perguntou onde eu morava. Rindo um pouco, eu lhe expliquei como esta era a primeira pergunta que qualquer um de meus amigos me fazia toda vez que telefonavam. "Onde você está atualmente?" eram palavras que meus ouvidos conheciam bem. Contei-lhe sobre meus primeiros anos à deriva, seguidos pelos anos recentes de cuidadora de casa, e como recentemente minha energia para uma existência tão em trânsito estava começando a minguar. Cuidar de casas não era uma função tão disponível ou consistente para mim em Melbourne como havia sido em Sydney. Não saber onde eu estaria morando a seguir estava começando a me deixar cansada, bem como me deixava cansada todo o processo de mudança. Uma coisa que me enriquecera e que eu amara agora estava começando a me exaurir.

Depois de ficar com alguns amigos no intervalo entre tomar conta de casas, recentemente eu havia alugado o quarto vago de uma casa que pertencia a uma mulher que eu conhecia um pouco. Embora eu estivesse imensamente grata por sua amabilidade e por não ter que me mudar a cada tanto de semanas, a casa ainda assim estava muito sob seu domínio. Assim, eu nunca me sentia verdadeiramente à vontade, e a situação não era ideal a longo prazo.

Em verdade, tudo parecia significar que a situação servia era para intensificar o anseio por meu próprio espaço novamente. Transcorrera quase uma década desde que eu tivera minha própria cozinha e espaço caseiro. O desejo dessas coisas continuou a aumentar diariamente. Cath disse como ela não podia sequer imaginar uma vida dessas, já que morara na mesma casa por cinquenta e um anos. Eu retruquei afirmando que eu não poderia imaginar a vida dela tampouco e que, muito embora eu estivesse começando a ansiar por meu próprio espaço novamente, uma parte de mim sempre gostaria de ter uma vida um pouco errante. Mas agora eu estava pensando em termos de ter uma base estabelecida e usá-la como ponto de partida, em vez de me mudar com minha base doméstica toda vez que meus pés comichassem por partir.

Os anos de errância, que haviam sido uma parte de mim por toda a minha vida adulta, eram uma grande parte do que eu fora. Mas as mudanças estavam acontecendo, e eu não tinha mais o desejo ou a energia para manter a vida que eu vivera anteriormente. Tudo o que eu realmente queria era minha própria cozinha novamente e a privacidade para ficar no meu espaço.

Concordando que a mudança é uma parte garantida da vida, Cath riu e disse que eu colaborara para as leis das proporções mudando minha vida com tanta frequência. Respondendo que pessoas como eu eram necessárias para equilibrar pessoas como ela, que haviam residido na mesma casa por meio século, nós duas caímos na risada. Nossas vidas eram tão diferentes e, contudo, nós tínhamos uma ligação muito forte. Ela vinha de nosso amor em comum pela filosofia.

Querendo saber como eu acabara nesse campo de cuidado paliativo, Cath ficou espantada quando eu falei de todos os meus anos no serviço bancário.

— Oh, não consigo imaginar de jeito nenhum — ela disse, surpresa.

— Eu tampouco — falei rindo. Espantava-me pensar nesse passado, ver como tanta coisa pode caber numa única existência, e como era difícil até imaginar-me naquele mundo, quanto mais por tanto tempo. — Meias, salto alto e uniformes corporativos nunca me serviram bem, Cath, assim como nunca me serviu uma vida organizada.

— Não fico surpresa, levando em conta a vida que você escolheu desde então — ela riu, antes de ficar mais séria e perguntar por quanto tempo eu iria fazer esse trabalho e se eu tinha outras aspirações profissionais. Não havia sentido em esconder. Eu havia aprendido a importância de ser honesta, e era maravilhoso poder falar tão livremente sobre esse assunto. Muitos desses questionamentos vinham ocupando meus pensamentos ultimamente, e falar livremente deles com Cath dava-me alguma clareza.

Em algum ponto do caminho nos últimos doze meses, mais ou menos, a ideia de ensinar composição numa cadeia havia surgido em minha mente. Eu não sabia nada sobre o sistema prisional, e, no entanto, a ideia não saía de minha cabeça. Por todo esse tempo a semente havia continuado a crescer lentamente. Eu havia recentemente feito alguns contatos com uma grande mulher que tinha me tomado sob sua proteção, guiando-me através das possibilidades de encontrar fundos.

— Sim, volte a viver, Bronnie. É um belo trabalho o que você faz aqui e obviamente é uma parte de seu propósito neste momento. Mas ele deve esgotá-la de vez em quando — Cath insistiu. Contando-lhe como chegava a quase oito anos desde que eu começara a trabalhar nessa atividade, senti alguma coisa se agitar dentro de mim, um reconhecimento de que eu estava de fato perto de bater a cabeça na parede se continuasse. Eu estava começando a me queimar.

Ver as pessoas encontrar sua paz e testemunhar seu crescimento, no crepúsculo da vida delas, era um incrível privilégio. Isso me trouxe muitas, muitas recompensas em satisfação e plenitude. Não havia como negar que eu amara esse trabalho, e ainda amava. Mas eu também queria trabalhar onde houvesse talvez um pouquinho de esperança, com pessoas que tivessem uma oportunidade de crescer e mudar de vida consideravelmente antes de morrer. O desejo de trabalhar num campo criativo vinha também se formando, assim como se formara a esperança de trabalhar na minha casa, assim que eu encontrasse realmente meu próprio espaço para morar novamente.

Ouvir a mim mesma expressando todos esses pensamentos em voz alta para Cath deu-me energia tangível para o processo. Antes que eu me desse conta, ideias sobre ensinar numa cadeia estavam ocupando meus pensamentos cada vez mais. Meu tempo no trabalho de cuidadora estava chegando ao fim. Ele precisava terminar. Eu dera a ele quase tudo o que eu podia. Não muito antes de falecer, Cath teve um segundo fôlego e pareceu ficar melhor por alguns dias. Eu já vira isso e telefonei a todos os visitantes regulares para virem passar algumas curtas horas com ela, já que ela estava prestes a tomar o declive final. Alguns deles me questionaram depois da visita, já que ela parecia tão bem e sua energia havia melhorado. Isso parece ser uma bênção que ocasionalmente recebemos depois que alguém esteve doente por tanto tempo. Ela ajuda-nos a lembrar deles com um pouco de seu velho brilho, antes que a doença os tivesse dominado. Risos ecoaram do quarto de Cath por dois dias quando ela trocou piadas espirituosas e desfrutou de excelente clareza com os amigos e a família.

Mas, quando cheguei no dia seguinte, estava olhando para uma mulher que morria, incapaz de me responder verbalmente. Cath estava prostrada, sem força alguma, e permaneceu assim por mais três dias. Na maior parte do tempo ela dormiu, mas, quando despertou, sorriu para mim, enquanto eu trocava suas almofadas e a lavava. Até o luxo de urinar num aparelho sanitário era agora coisa do passado.

Os amigos retornaram e partiram solenemente, sabendo que eles haviam acabado de dar seu adeus derradeiro à sua querida Cath. No fim do terceiro dia, ficou óbvio que ela não iria atravessar a noite. Assim, quando meu turno terminou, eu permaneci lá com o irmão e a cunhada de Cath. A cuidadora noturna nunca vira um defunto e ficou imensamente aliviada por eu ter ficado. Voltando minha memória para quando eu mesma estivera na posição dela em todos esses anos, vi quanto eu havia evoluído. Pouco eu de fato sabia sobre quantas belas pessoas eu conheceria, de um modo tão pessoal, nem as imprevisíveis bênçãos de aprendizado que surgiriam para mim.

Os analgésicos de Cath lhe foram dados intravenosamente nos últimos dias, já que ela não podia mais engolir pastilhas sólidas. A enfermeira de cuidados paliativos chegou à noite para aplicar mais alguns. Cath não estava mais desperta ou coerente.

— Este será o último — ela disse para o irmão de Cath e para mim. — Ela não passa desta noite de modo algum. — Nós a agradecemos gentilmente e eu a conduzi até a saída. — Ela vai partir dentro de uma hora — a enfermeira me falou quando me despedi no portão. Havia muita alegria e tristeza nesse papel: tristeza em dizer adeus e deixar a pessoa partir. Felicidade pelo fim de seu sofrimento e pelo amor que ela compartilhou conosco. Era um doce-amargo e algumas lágrimas rolaram em meu rosto lentamente.

Cath não esperou por mais uma hora. Ela morreu quando eu estava caminhando de volta para o seu quarto. Sua respiração simplesmente diminuiu e depois cessou. Olhando-a deitada ali, aquele belo espírito agora em alguma outra parte, eu sorri em meio às minhas lágrimas, ainda ouvindo sua voz na minha cabeça.

— Não lide com pessoas agonizantes a vida toda, deixe um pouco de alegria voltar — ela me dissera num sussurro débil na manhã anterior.

Minhas lágrimas romperam e eu as deixei escorrer, enquanto fiquei ali, ao lado de sua cama.

— Felizes viagens, minha amiga — eu disse silenciosamente do meu coração. Seu irmão e sua cunhada vieram até a cabeceira da cama, cada um deles me dando um abraço afetuoso em meio às suas próprias lágrimas. As formalidades, depois, tiveram que ser cumpridas, o que sua família queria executar. Assim, olhei de volta para o corpo de Cath por uma última vez, um corpo que eu havia banhado e massageado tantas vezes. Mas Cath não estava mais nele. Seu espírito debandara. Ela ainda estava no meu coração e, sorrindo suavemente, eu dei meu adeus final para ela e sua família. A cuidadora noturna também disse boa-noite, antes de descer para a rua. Depois, saindo da casa de Cath pela última vez, as luzes brilhando luminosamente na silenciosa rua suburbana, fechei o portão atrás de mim.

O mundo sempre me pareceu surreal depois de eu experimentar um falecimento. Meus sentidos ficavam intensificados e eu sentia que estava observando o mundo de outra parte. Quando subi as escadas do bonde, mal estava consciente da presença de outras pessoas ao meu redor. O mundo passava lá fora enquanto eu estava sentada pensando em Cath e na bela temporada que passáramos juntas.

Quando o bonde parou em um sinal vermelho, eu vi pessoas sorridentes entrando num restaurante. Era uma noite balsâmica, e todos que vi indo e vindo estavam joviais. Meus olhos cansados e abatidos sorriram, vendo sinais de tanta felicidade. Sons vindos do interior do bonde chegaram então aos meus ouvidos, depois de eu ter estado fora do mundo por algum tempo. Tudo o que ouvi foram conversas felizes. Era bem uma dessas noites em que a felicidade está no ar. Embora tenha havido com certeza tristeza na minha noite, houvera felicidade também, por ter conhecido Cath. Os sons das risadas dos outros dançaram comigo, trazendo-me felicidade própria. Quando o bonde se pôs em movimento novamente, eu olhei pela janela e pensei na boa disposição das pessoas por toda parte e naquelas que estavam sob meus olhos. A gratidão aqueceu meu próprio coração, e eu não consegui deixar de sorrir.

Eu não estava pensando no passado nem no futuro. A felicidade é agora. E era nela que eu estava.

Uma questão de perspectiva

Um de meus últimos clientes, que me deixou uma bela e duradoura impressão, foi um homem querido que estava numa clínica de repouso. Era com relutância que eu assumia um desses turnos. Eles sempre me deixavam deprimida a partir do momento que eu atravessava a porta, ficando consternada ao ver a situação em que se encontravam essas pessoas. Portanto, era apenas quando não havia absolutamente trabalho algum em casas de clientes particulares que eu aceitava esse trabalho. Nesse caso, fiquei muito feliz por ter ido cuidar de Lenny. Ele já estava próximo da morte quando nos conhecemos. Sua filha havia me contratado como um extra, sabendo que os membros regulares da equipe na clínica de repouso estavam todos ocupados demais para lhe dar o cuidado que ela queria que ele tivesse. Ele dormia a maior parte do dia, aceitando xícaras de chá, mas recusando todos os alimentos. Quando despertava, dava um tapinha no lado da cama para que eu sentasse perto dele, já que não tinha energia para falar alto.

— Foi uma boa vida — ele dizia constantemente. — Sim, uma boa vida.

Isso era, com certeza, uma questão de perspectiva e reforçava como a felicidade é baseada numa escolha muito mais que em circunstâncias. A vida de Lenny não tinha sido fácil de modo algum. Seus pais morreram antes de seus catorze anos, seus irmãos haviam morrido ou se dispersado pelos anos seguintes, até que ele perdeu contato com todos. Então conheceu Rita, o amor de sua vida, quando estava com vinte e dois anos e casou-se com ela num furacão, como dizia. Quatro filhos nasceram do casamento. Seu filho mais velho morreu na Guerra do Vietnã, uma coisa para a qual ele ainda não aceitava. Lenny falava ferozmente sobre a guerra e sua insanidade. Dizia que nunca entenderia como alguém poderia sequer pensar que a guerra traria paz duradoura. Suas ideias acerca da loucura e da tristeza da situação do mundo atual eram compartilhadas. Eu logo valorizei a inteligência e as filosofias desse homem adorável.

Membros da equipe apareciam de vez em quando oferecendo comida, o que ele sempre recusava com um sorriso e um balançar de cabeça, repousando sobre o travesseiro. A atividade agitada nos corredores parecia desaparecer depois de algum tempo, como se estivéssemos em nossa própria dimensão, totalmente inafetados pelos ruídos próximos.

A filha mais velha de Lenny e Rita havia se casado com um canadense e se mudado para o país dele. Ela morreu seis meses depois, após perder o controle de seu carro numa tempestade de neve.

— Uma estrela brilhante — ele disse sobre ela. — Ela sempre foi uma estrela brilhante e agora ela é uma para sempre.

Com esse trabalho, há muito tempo eu havia desistido do esforço de tentar reprimir minhas lágrimas. Quanto mais eu evoluía, mais naturalmente minhas emoções se expressavam, de qualquer modo, sem pensar. Muito esforço é empenhado na finalidade de manter as aparências, na sociedade, mas tudo tem um preço alto demais.

A franqueza de minhas próprias emoções também ajudava as famílias, às vezes, já que lhes dava permissão para deixar suas próprias lágrimas correrem. Algumas pessoas não haviam se permitido chorar por toda a sua vida adulta. Mais e mais eu me tornara uma defensora da franqueza. De modo que uma lágrima ocasional caía quando Lenny compartilhava suas histórias comigo. Havia alguma coisa na beleza desse homem e no modo como ele contava sua história que a provocava, eu acho.

O filho mais jovem de Lenny fora sensível demais para o mundo e mergulhara numa espiral de doença mental. Naqueles dias, os sistemas de apoio não estavam disponíveis para isso e, se a família não podia lidar com os doentes, eles eram recolhidos a hospícios. Lenny e Rita quiseram manter Alistair em casa num ambiente amoroso, mas não foram autorizados a isso pelos médicos. Alistair passou o resto de seus anos numa névoa dopada e Lenny nunca mais o viu sorrir.

A filha que lhes restava agora morava em Dubai, onde seu marido tinha um contrato para construções. Ela telefonou para a clínica de repouso enquanto eu estava trabalhando e falou comigo. Era uma pessoa simpática com quem conversar, mas não podia voltar para casa para ver seu pai.

O amor de Lenny, Rita, havia morrido ao fim dos quarenta anos, pouco tempo depois de eles terem perdido Alistair para o sistema de saúde mental. Do diagnóstico de Rita até sua partida, foi apenas uma questão de semanas. Em meio a lágrimas, eu perguntei como ele via as coisas daquela maneira.

— Eu conheci o amor, e foi um amor que não diminuiu nem um só dia em todos esses anos — ele me falou.

Eu me flagrei não querendo ir para casa no fim do turno, mas Lenny precisava de seu repouso, de qualquer forma. Ao retornar todo dia, rezava para que ele ainda estivesse lá. Era uma coisa difícil, principalmente sob um aspecto. Eu sabia que ele queria ir embora, para ficar com Rita novamente, e com os filhos que tinha perdido. Nesse sentido, eu lhe desejava uma rápida partida. Mas, por meu próprio crescimento e minha ligação com ele, eu queria retê-lo por mais tempo que pudesse.

Ele havia trabalhado duro, duro demais, dizia. Isso entorpecia sua dor a princípio, e ele não conhecia nenhum outro meio de lidar com suas perdas. Nos últimos anos, sob a recomendação de Rose, sua filha em Dubai, ele tinha procurado aconselhamento e aprendido a falar de tudo isso. Falar de suas perdas o havia curado bem e agora ele era capaz de falar livremente sobre a sua vida. Eu disse a ele que estava agradecida por ele poder fazê-lo.

Lenny me perguntou sobre a minha vida e achou fascinante uma mulher jovem vender todos os seus pertences, encher o carro e partir para uma nova vida, sem nenhuma ideia de onde ela iria acabar. E que ela houvesse feito isso com muita frequência.

Eu expliquei quanto meu primeiro relacionamento sério havia afetado minha vida. Havia partes de mim reprimidas demais, naquela época, ainda por serem descobertas (como sempre haverá). A repressão vivida na época, no entanto, parecia criar um convite atormentador da vida desconhecida. Quando o relacionamento finalmente terminou, tive uma sensação de liberdade que nunca havia experimentado. Eu o conhecera quando era muito jovem, por isso nunca verdadeiramente conhecera a liberdade da vida adulta. No fim do relacionamento, eu tinha vinte e três anos e começara a fazer o que todas as pessoas com trinta anos deviam estar fazendo — procurar diversão.

Dirigindo seis horas para chegar ao casamento de uma amiga alguns meses depois, descobri uma parte de mim mesma que era como voltar para casa. Simplesmente, uma parte de mim pertencia à estrada e sempre pertenceria. Para mim, era a coisa mais natural do mundo dirigir por longas distâncias. Desde então, minha liberdade se tornou uma das maiores forças propulsoras de quem eu era. A maior parte das minhas decisões era baseada em como elas afetariam minha liberdade, e eu modelei a minha vida por esse padrão. Claro que a liberdade pode ser obtida numa vida normal também. É um estado de espírito, mais que qualquer coisa. A liberdade de ser você mesmo é a maior de todas as liberdades, independentemente da cidadezinha ou do subúrbio em que você vive.

Lenny disse que muitos companheiros pensam que possuem um ao outro. Embora haja definitivamente uma necessidade de transigência e compromisso em qualquer relacionamento, principalmente se os filhos estão envolvidos, é responsabilidade de cada indivíduo manter um senso de sua própria identidade. Ele me perguntou mais sobre minha vida com curiosidade autêntica, e também ouviu quando eu lhe disse que estava pensando em deixar esse trabalho.

— Sim — ele disse. — Há uma boa vida esperando por você, Bronnie, sem ter que passar todas as suas horas lidando com a morte. Volte para ficar entre os vivos. — Ele era um homem querido, e eu sorri para a sua bênção.

A clínica de repouso era administrada por uma religião cristã. Lenny havia deixado de ir à igreja depois que Rita morrera. Não porque ele não acreditava mais, mas porque era muito doloroso para ele estar lá sem ouvir a bela voz de sua mulher cantando no banco ao seu lado. Lenny disse que não se importava que a clínica de repouso fosse cristã, ou que fosse administrada por qualquer outra religião, ou que não fosse administrada por religião alguma. Ele teria se dado bem em qualquer situação. De qualquer modo, ele estaria indo logo para casa, ao encontro de Rita, e isso era tudo com que se importava. Mas a clínica era cristã, e havia ali muitos voluntários, além da equipe.

Um desses voluntários era um homem chamado Roy, que fazia os turnos lendo a *Bíblia* para os residentes todos os dias. Ele tinha oferecido seus serviços a Lenny meses atrás, os quais Lenny tinha polidamente recusado. Roy persistira e os oferecera novamente em numerosas ocasiões desde então, e a cada vez Lenny novamente recusara com polidez.

Agora que Lenny estava em seus últimos dias, sem força para resistir, Roy decidira por si mesmo vir toda tarde e ler passagens da *Bíblia* para ele. Ele lia por um longo tempo. Mesmo uma pessoa com saúde, e que fosse totalmente devotada ao estudo da *Bíblia*, teria ficado um pouco cansada ao fim de seu pronunciamento todo dia. Devido à polidez, eu também fazia o máximo para ficar atenta enquanto Roy continuava a ler. Mas às vezes eu cabeceava de sono sem querer. Como eu disse, ele lia por um *longo* tempo sem expressão alguma.

Pior ainda era que Roy queria discutir depois com Lenny a passagem que havia lido. Como cuidadora de Lenny, minha prioridade era o bem-estar do cliente. Assim, expliquei delicadamente que Lenny só era capaz de falar quando tinha energia para isso, o que era verdade, e que não deveria ser forçado.

— Eu sei que você é uma senhora fina, Bronnie — Lenny me disse baixinho um dia, depois que Roy havia se afastado para outro quarto. — E sei que você gosta de pensar bem das pessoas. Mas, se aquele sujeito voltar aqui outra vez, vou dar um pontapé na bunda dele que vai mandá-lo daqui para Timbuktu. — Nós dois rimos alto, sabendo muito bem que Roy voltaria no mesmo horário no dia seguinte.

— Se eu não estou indo para o céu por enquanto, então para que toda essa conversa religiosa? — ele riu. — Não posso me concentrar no que ele está dizendo, além disso. Não tenho energia para tanto.

— A intenção dele é boa, Lenny. Esta é a coisa principal, com certeza — eu respondi. Nós dois rimos suavemente da situação. Roy era um homem gentil e, embora fosse evidente que suas intenções eram boas, a coisa estava se tornando um pouco um esquete de comédia. Toda tarde, quando ele chegava, nós dois sabíamos o que tínhamos a esperar. Ele não estava fazendo nenhuma justiça às sábias palavras da *Bíblia* com seu pronunciamento monótono e sem vida. — Você pode dormir durante a fala, pelo menos — eu ri. Lenny fez que sim para mim, sorrindo.

Os dias estavam se acabando e outro trabalho me fora oferecido, mas eu recusei. Eu queria ver esse belo homem partir, se a coisa terminasse assim. Estava sentindo uma lealdade à sua filha Rose também. Devia ser terrível pensar que seu pai morria em outro país e tivesse uma pessoa diferente para cuidar dele a cada dia. Eu também sabia que bem logo sentiria falta de nossas conversas discretas e não queria desistir delas antes que fosse necessário fazê-lo. Acabou acontecendo que a hora chegou muito rápido.

Foi numa tarde agitada de quinta-feira, no subúrbio agitado. Tudo estava movimentado, as ruas, as lojas e também a clínica de repouso quando eu cheguei. Os membros da equipe com carrinhos de comida estavam se agitando pelos corredores. Os médicos cumpriam seus turnos. As enfermeiras corriam com mais trabalho do que aquele que podiam controlar. Pacientes eram transportados em suas grandes cadeiras de rodas, alguns babando, com os olhos vazios fixados no espaço. As clínicas de repouso continham dessas cenas tragicamente tristes e naquela tarde não era diferente.

Quando eu passei, as garotas do escritório estavam se queixando uma para a outra de outra garota do escritório. Eu fiquei pensando em como podiam estar tão cercadas pela morte e ainda assim desperdiçar energia em queixas sobre coisas triviais. Mas, àquela altura, eu já tivera as bênçãos de aprender com muitos belos clientes e com minha vida. Muitas coisas para as quais as pessoas devotam sua energia são tão irrelevantes a longo prazo!

Como de hábito, no momento em que eu entrava no quarto de Lenny, era como estar num mundo diferente. A paz nesse quarto ligeiramente escuro era sentida no instante que se entrava nele. Fora assim desde o início, e eu comentara isso bem no primeiro dia com Lenny. Ele havia sorrido.

— Ah, sim, é um lugar pacífico. Mas é preciso certo tipo de pessoa para que isso seja reconhecido. Tantos membros da equipe entram com todas as suas preocupações e perdem o senso do quarto completamente! — Observei isso depois. Alguns de seus visitantes eram pessoas pacíficas, no entanto, e elas sentiram isso imediatamente, o que foi ótimo.

Puxando a cadeira para mais perto de Lenny enquanto ele estava dormindo, eu li um livro por algum tempo. Mas minha mente estava voltada para ele. Ele se mexeu depois de alguns momentos e viu que eu estava ali. Batendo sua mão na cama para que eu lhe desse a mão, eu a estendi para ele. Sorrindo, ele voltou a dormir e as horas se passaram. De vez em quando, ele se mexia e eu lhe dava um gole de bebida ou apenas beijava a sua mão.

— Foi uma boa vida — ele disse baixinho no silêncio, ao acordar. — Foi uma boa vida. — Ele caiu no sono novamente enquanto eu o olhava afetuosamente. Meu coração estava doendo e algumas lágrimas começaram a rolar em meu rosto. Eu me pus a pensar por que eu não podia ter lutado por um emprego mais fácil, sem apego emocional. Era doloroso demais, de vez em quando! Sim, eu sabia que outros empregos não ofereceriam as dádivas que eu também recebia por conhecer meus clientes.

— Hum... Uma boa vida — ele repetiu, abrindo seus olhos cansados novamente e sorrindo para mim. Vendo minhas lágrimas, ele apertou minha mão. — Não se preocupe, garota, eu estou preparado. — Sua voz era quase um sussurro. — Prometa-me uma coisa.

Eu queria soluçar, mas apenas sorri em meio às minhas lágrimas. Era um daqueles sorrisos que não são realmente sorrisos, mas apenas um sinal de alguém tentando ser corajoso, sem consegui-lo.

— Claro, Len.

— Não se preocupe com as coisas da vida. Nada disso importa. Só o amor importa. Se você se lembrar disso, que o amor está sempre presente, será uma boa vida. — Sua respiração estava mudando e estava ficando mais difícil para ele falar.

— Obrigada por tudo, Len — eu consegui dizer em meio às lágrimas. — Estou tão feliz por termos nos conhecido! — Pareciam palavras muito infantis, de certo modo, já que havia muito mais que eu poderia ter dito e queria dizer. Mas, no fim, elas expressavam meus sentimentos. Inclinando-me e beijando sua testa, vi que ele estava perdendo a consciência outra vez.

Fiquei ali, permitindo que minhas lágrimas escorressem livremente. Às vezes basta afrouxar a torneira das lágrimas para descobrir que há uma coleção inteira delas esperando para se derramar. Você nem sabe por que motivo elas existem. Eu havia aberto a torneira e chorava e chorava. Mas Lenny continuou a dormir pelas horas seguintes. Era possível que nunca mais voltasse a despertar. Quando minhas lágrimas secaram, fiquei em silêncio, olhando para ele com ternura. Então, naturalmente, Roy entrou.

Eu quis dar risada, sabendo que Lenny veria o humor da situação se estivesse acordado. Mas ele não estava, e meu sorriso gentil para Roy, em meio a olhos injetados e cansados de despejarem baldes de lágrimas, revelou a ele o quadro todo. Lenny podia não despertar outra vez.

Algumas lágrimas vagarosas caíram novamente. Mas não era mais uma torrente de dor, e elas pararam daí a pouco. Eu acho que foi ver o rosto doce de Roy e suas boas intenções o que me afastou, mesmo que uma parte de mim soubesse que Lenny não o queria particularmente por ali.

Roy sentou-se do outro lado da cama. Abriu sua *Bíblia* para começar a ler, mas olhou para mim para ver se eu aprovava. Eu só fiz uma expressão que dizia: "Bem, isso é responsabilidade sua, mas eu acho que ele preferiria a paz". Ele fez que sim. A *Bíblia* ficou aberta em suas mãos, mas ele não leu. Eu gostei dele por respeitar a reverência do momento. Não que o fato de ele ler a *Bíblia* não tivesse uma intenção reverente. Mas isso não era necessário na já existente sacralidade do momento.

Lenny estendeu a mão para pegar na minha com seus olhos ainda fechados. Eu me levantei e a dei para ele. Sua respiração era arfante e irregular. Eu pude sentir o cheiro que havia agora se tornado familiar para mim, mas era impossível de descrever. Era o cheiro da morte.

Depois, abrindo seus olhos, Lenny olhou diretamente para mim e sorriu. Mas não era meu companheiro Lenny que eu conhecera. Era Lenny na plena glória de sua alma. Não havia doença em seu sorriso. Era um sorriso de uma alma agora livre de ego e personalidade.

Era puro amor, completamente livre de tudo o mais, radiante, luminoso e exultante.

Retribuí o sorriso com honestidade, quando meu coração se abriu. Nós dois sorrimos alegremente, sabendo que há apenas amor no fim. Eu nunca tinha visto um sorriso tão absolutamente desinibido, fosse ele dado, fosse ele recebido. Não havia *nada* o obstruindo. Era somente alegria pura. Quando nós dois sorrimos radiantes um para o outro, o tempo parou.

Depois de um momento, Lenny fechou seus olhos e um sorriso pacífico permaneceu em seus lábios. Meu próprio sorriso permaneceu, já que meu coração estava aberto demais para parar de sorrir.

Poucos minutos depois, Lenny faleceu.

Observando do outro lado da cama, a vida de Roy se transformou. Fechando sua *Bíblia*, ele disse baixinho que agora entendera como era o amor de Deus e sentira que experimentara um milagre ao ver a paz de Lenny diante da morte. Eu concordei com que Deus atuava de modos misteriosos.

Roy e eu permanecemos em silêncio por mais algum tempo. Eu sabia que o momento cessaria tão logo eu notificasse a equipe, o que precisava fazer sem demora. Quando nós nos dissemos adeus, Roy segurou minha mão por um longo tempo, tentando encontrar as palavras certas, inseguro quanto ao que dizer ou como articular o que havia acontecido. Pareceu hesitante ao me deixar sair, como se eu fosse estourar seu balão se ele não me tivesse lá para compartilhar a história.

— Fomos abençoados, Roy. É tudo que precisamos saber — eu disse a ele delicadamente. Ele me abraçou com força, como uma criança assustada que não queria ficar sozinha com o que sentia. — Você vai ficar bem, Roy.

— Como explicarei isso a alguém? — ele me rogou.

— Talvez você não consiga — eu sorri. — Ou talvez consiga. Em ambos os casos, a força que acabou de nos dar esse milagre estará lá para você novamente para ajudá-lo a dizer as palavras certas se você precisar compartilhá-las.

Balançando a cabeça, mas com um sorriso de alegria, ele disse:

— Minha vida nunca mais será a mesma. — Eu sorri afetuosamente para ele e nós nos abraçamos novamente.

Quando toda a papelada foi concluída, eu deixei a clínica de repouso. Havia agora muita agitação em torno do corpo de Lenny e nosso tempo acabara. A hora de pico do tráfego havia passado e a luz da tarde que morria brilhava espetacularmente sobre a avenida enfileirada de árvores pela qual eu caminhava. Meu coração estava aberto e sorridente. Eu estava apaixonada por tudo e por todos.

Sim, o trabalho tivera seus altos e baixos. Mas nenhuma quantidade de planejamentos e qualificações poderia ter me dado as dádivas que esse papel me concedeu hora após hora.

Ainda eufórica com a dádiva de amor que havia recebido, lágrimas de alegria e gratidão começaram a rolar em meu rosto enquanto eu caminhava com um imenso sorriso.

Sim. É uma boa vida, Lenny. É realmente uma boa vida.

Tempos de mudança

Cuidar de tantas pessoas agonizantes deixou-me ao mesmo tempo envaidecida e esgotada. Inúmeras mudanças positivas haviam se desenrolado em minha vida como resultado disso, mas eu estava definitivamente preparada para uma mudança e perseguia a ideia de ensinar composição de canções no sistema prisional feminino.

Havia muita burocracia e muito a aprender sobre o setor filantrópico privado — cujas fundações possuíam regras de investimento de fundos públicos disponíveis nas quais meu projeto iria se inserir, e regras para como fazer as aplicações. Um pouco de minha orientação veio de um grupo de mulheres que faziam oficinas de teatro em cadeias havia vários anos. Como acabei descobrindo, eu havia sido vizinha delas durante minha primeira estada em Melbourne, quase uma década antes. Até aquela época, no entanto, eu não tinha ainda escrito minha primeira canção. Dificilmente estaria em condições de propor um programa de composição, mas foi estranhamente prazeroso descer aquela rua novamente para ir à residência delas, avaliando as mudanças transcorridas em minha vida e minha identidade desde que lá morara por todo o trajeto.

Meus esforços iniciais não tiveram sucesso em nenhuma das cadeias de Victoria. Decidi tentar New South Wales. Eu não achei que o relacionamento fosse funcionar, mas havia uma chance maior se estivéssemos perto do que estando separados por mil quilômetros. Uma prima simpática também vivia na área escolhida e se ofereceu para me hospedar enquanto eu procurasse outro lugar para morar.

Liz, que havia me mantido sob suas asas meses atrás, foi minha maior ajuda durante todo o processo de estabelecimento do programa de cadeias. Sua insistência de que qualquer coisa pode ser feita usando-se redes de pessoas e estabelecendo elos com as pessoas certas me manteve encorajada. Isso me fez lembrar também de palavras de muitos clientes quanto à noção de que nada se pode fazer sozinho. Precisamos trabalhar juntos. Liz também me orientou quanto a necessidade de encontrar um patrocínio para o fundo de investimento público. A maior parte das fundações filantrópicas requeria uma prova de beneficência para receber os fundos em meu nome, capacitando a fundação a desfrutar das concessões tributárias que advinham da doação a grupos de caridade. Eu teria então que fazer um orçamento para a quantia toda e descontar de meu próprio salário, como uma pessoa autônoma. Encontrar uma organização que quisesse canalizar esses fundos foi um tanto desafiador, inicialmente. Mas, como assim é a vida, isso me fez lembrar novamente dos ciclos da vida e com que frequência nós completamos um círculo.

Antes de se mudar para a cidade do interior onde eu fora criada, minha família havia morado na periferia de Sydney. Naqueles dias, nos anos setenta, era uma área rural. Meu primeiro ano de escola foi feito ali. Agora, depois de numerosas ligações telefônicas e *e-mails*, a porta do patrocínio finalmente se abriu para mim, por intermédio da igreja associada à minha primeira escola. Trinta e cinco anos haviam se passado, e lá estava eu sentada num escritório que dava para o *playground* que eu conhecera como garotinha no jardim de infância. Isso adicionou uma bela nota sentimental ao projeto da cadeia para mim.

O entusiasmo da oficial decana de educação na cadeia de mulheres que escolhi também me manteve firme no lugar quando as aplicações no fundo público se tornaram desafiadoras. Ela era uma mulher progressista e entusiástica e negociou minha proposta com a sua gerência regional acreditando completamente em minha visão. Eu havia contatado duas cadeias de mulheres inicialmente, mas as diferenças de apoio oferecidas foram enormes. Uma disse que eles não iriam fornecer sequer canetas nem cadernos. Eu teria que fazer isso do meu próprio bolso. A outra ofereceu não apenas essas coisas, como também guitarras e tudo o mais com que pudesse ajudar. Conforme fui ficando mais envolvida no processo, tornou-se óbvio que lidar com uma cadeia e com uma classe seria mais do que suficiente, de qualquer modo. Escolher para qual dessas cadeias eu devia ir foi muito claro. Por um tempão as coisas pareceram não se mover, mas, quando tudo entrou nos eixos, elas se moveram como relâmpago e eu me pus a caminho do norte em dois dias. Por mais ou menos um mês morei com minha prima e sua família. Foi estranho, mas maravilhoso estar com tantas pessoas novamente, depois do silêncio do meu trabalho e da minha situação doméstica anterior. A casa era bem louca, com três gerações vivendo ali, bem como sete gatos e três cães, mas o anseio por minha própria cozinha não podia ser ignorado e, apesar de saber que os aluguéis eram muito altos, descobri um bangalô no dia seguinte após decidir que havia chegado a hora. Ele ficava no alto nas Montanhas Azuis mais baixas, com um riacho e um matagal do outro lado da estrada, e era tão mimosinho quanto um botão.

Sem nenhum pertence a levar para minha casa, eu não estava abalada. Parecia certo, e o bangalô havia surgido em meu caminho tão facilmente que minha fé era forte. Tudo de que eu precisava viria, como de fato veio. Derramou-se numa torrente. Os proprietários de um negócio de armazenagem em galpões me ofereceram algumas coisas das quais lhes fora pedido para se livrar, um sofá de um galpão, suprimentos de roupa branca de outro. Minha prima havia morado na área por décadas e tinha uma comunidade de amigos estabelecida. Por meio dela, uma máquina de lavar me surgiu dos fundos da casa de alguém. Depois veio uma geladeira, bem como estantes de livros, coisas de cozinha, cortinas e uma antiga escrivaninha.

Uma enorme rede de amigos se atirou ao trabalho com empolgação, dando-me o que eles podiam, fascinados pela minha situação, e sendo apenas pessoas de bom coração. Foi lindo.

Comprei uma van assim que cheguei a New South Wales. Embora quisesse de algum modo dar uma assentada, também queria ir a alguns festivais de música *folk*, e sentia falta de possuir uma cama de rodas. Era mais do meu feitio do que erguer uma tenda nos festivais, e me ajudava a manter um senso de liberdade saber que eu poderia ir embora quando e para onde eu quisesse. Meu senso de tempo para a compra da van e a mudança para o bangalô foi também o mais perfeito. Eu me mudei no mesmo mês, já a limpeza geral anual do município estava por acontecer.

Mobília que as pessoas não queriam mais era deixada ao ar livre nas calçadas, para ser jogada fora ou recolhida por quem quer que dela gostasse, antes que o caminhão de lixo municipal chegasse. As pessoas faziam sinal para mim de suas varandas enquanto eu recolhia pequenas coisas de suas pilhas, sorrindo e me incentivando a levar o que eu quisesse — uma cesta de lavar de palhinha, um armário estreito para a minha despensa, uma mesa para o ar livre. Também recolhi algumas peças de mobília clássica. Proprietários anteriores até me ajudaram eles mesmos a transportar algumas das coisas para minha van, incluindo um velho, mas grande sofá para a minha varanda.

Também compareci a um monte de vendas de garagem repletas de pechinchas e me diverti imensamente no processo. A única coisa com que me preocupei em adquirir como nova foi um colchão. Eu queria um que fosse bom para as minhas costas e outro em que ninguém houvesse dormido, só com minha energia nele. Uma mulher simpática que eu conhecia um pouco me deu um aquecedor de presente, porque estava empolgada por eu estar me assentando depois de muitos anos. O presente teve o preço exato do colchão. De modo que, dentro de três semanas, eu fui de possuidora de seis caixas que cabiam num pequeno carro a possuidora de um bangalô de dois quartos totalmente mobiliado que parecia que eu morava nele havia anos. Foi uma ocasião fantástica.

Na primeira noite ali, eu me deitei no meio do piso da sala de estar com meus braços esticados e dei um enorme sorriso. Meu próprio espaço! Por fim, tinha meu próprio espaço novamente. O alívio, a gratidão e a alegria foram tão esmagadores, que ninguém quase nem me viu por um mês. Eu simplesmente não conseguia suportar sair de casa, a não ser para trabalhar. Quando retornava, olhava para minha casa e sorria novamente.

Embora eu não tenha sido bem-sucedida em obter a quantia total dos fundos que eu havia solicitado, pude começar o programa de prisão com o que recebi, pensando que procuraria solicitar fundos posteriores à medida que o tempo passasse, por meio de outras fundações. Até receber os fundos, no entanto, foi uma conquista empolgante, por ter visto essa ideia transformar-se numa realidade. Como o fundo foi fornecido pelo setor filantrópico privado e o sistema da prisão não teve que me pagar, eu era uma voluntária aos olhos deles. Meu projeto de curso havia sido aprovado. Eu demonstrei o que eu esperava ensinar e conquistar. Porque meu programa não era autorizado, não se exigia que eu tivesse qualificações pedagógicas. O pessoal do Departamento de Educação simplesmente acreditou em minhas ideias e habilidades, como eu, e foram capazes de obter aprovação baseados nisso, o que, num olhar retrospectivo, é um tanto fantástico, realmente!

No entanto, naquele momento eu não vi isso como coisa particularmente incomum, já que eu estava apenas seguindo cada passo conforme ele se desdobrava até que finalmente me descobri em frente a um salão cheio de criminosas condenadas, ensinando-as a compor canções!

Não ter nunca ensinado num ambiente de classe em minha vida e estar agora em pé com dúzias de olhos postos sobre mim, muitos deles hostis, foi bem interessante. Podia ter sido intimidante, se eu parasse para pensar nisso, mas não parei. Até que comecei a estabelecer ligação com o departamento, eu nunca havia estado dentro de uma cadeia. Assim, com a primeira lição preparada e muita coragem, eu comecei a aula. Exigiu um tanto de humor bem seco extrair alguma reação a princípio, já que todas ficaram ali, com cara de pedra, me avaliando, e precisando ficar frias umas diante das outras. Mas, depois de um tempinho, as mulheres perceberam que eu era bacana.

Nós estávamos fazendo exercícios de rima e, em vez de usar alguns dos exemplos do meu plano de aula que eu pretendera usar, comecei a improvisar e a tornar as rimas mais engraçadas e relevantes para a situação, rindo de mim mesma ao fazê-las.

Estou sentada, de uniforme, querendo fazer música,
Será que rimando a tarde inteira ela fica?
Desejo tocar guitarra e como a Emmylou quero ser
Então vou aturá-la por um tempo, o que mais posso fazer?

Algumas das mulheres começaram a dar risadinhas e contribuir com a aula, acrescentando mais brincadeiras, o que propiciou ao resto das internas relaxarem e darem sua contribuição também.

Ande logo com isso, dona, diga-nos o que fazer
Danem-se as rimas, delas não queremos saber.

As risadas quebraram o gelo definitivamente. Além disso, ao descobrirmos um tema em comum, neste caso a música de Emmylou Harris, nós saímos em verdadeira disparada.

Está certo, meninas, mas não mostrem as garras
Se fizerem as rimas vocês ganharão guitarras
Para nelas tocar canções com o coração
Mas se continuarem enrolando, não ganham nada não.

Como resposta, recebi:

Tudo bem, dona, rimas bobas vamos fazer
Mas não enrole a gente, minha guitarra vou querer.

A caçoada continuou com rimas, e, ao fim da primeira aula, as risadas estavam brotando livremente. A maioria das mulheres estava dando bem sua contribuição. Tudo se transformou num grande divertimento.

Todas as pessoas do Departamento de Educação eram bem-intencionadas e era bom estar trabalhando num ambiente de equipe novamente, depois de tanto trabalho individualizado com os clientes em seus lares. Contudo, elas me advertiram para não chegar perto demais das internas, e eu entendi que era por motivos de segurança e privacidade. Mas eu só conseguia ser eu mesma e via as alunas não como internas, mas como mulheres aprendendo a tocar guitarra e compor canções. Eu era experiente o bastante para lembrar-me que estava numa cadeia, mas eu também vivia da honestidade, por isso eu só conseguia ser eu mesma.

Como resultado de minha sinceridade e fé em cada uma delas, as barreiras foram caindo com o passar do tempo, conforme a confiança foi estabelecida e reforçada. Conversávamos como mulheres, e meu incentivo para que elas mostrassem seus lados mais delicados por meio da composição de canções permitiu que elas gradativamente removessem os muros emocionais que haviam construído para proteger a si mesmas. A classe tornou-se um espaço muito pessoal e terapêutico para as alunas. Foi dessa perspectiva curativa que eu continuei a elaborar o currículo. Usando vários exercícios de escrita, as mulheres aprenderam a liberar suas emoções e, por fim, a escrever com esperança. Canções de raiva e mágoa foram compostas naturalmente. Mas surgiram também canções de sonhos e aspirações. Quando foram perguntadas sobre o que fariam caso pudessem fazer alguma coisa se não houvesse nenhum limite para elas, nenhum limite financeiro, geográfico, nenhum limite de habilidades, elas começaram a sonhar e a ouvir o coração pela primeira vez em muitos anos. Uma queria a liberdade para viver com seus filhos sem prestar contas a departamentos governamentais, outra disse que queria aparecer num vídeo musical, uma queria uma abdominoplastia, outra queria conhecer a vida sem violência doméstica (o que ela *nunca* conhecera), outra desejava ainda se livrar do vício das drogas para sempre, e outra queria visitar o céu e dizer à sua mãe que a amava.

Conforme a honestidade continuou a fluir, transcorreram-se muito poucas aulas em que as lágrimas não fossem derramadas. Mas nós fizemos um pacto de ser um ambiente de apoio, não importando o que acontecesse. De modo que mulheres que não eram de conviver se tornaram tolerantes e por fim deram apoio umas às outras na aula. Uma mulher não quis nem se juntar à classe devido à presença de outra. Mas ela acabou se juntando e, dentro de quatro aulas, as duas inimigas estavam se dando autêntico incentivo mútuo para suas canções e convivendo bem no pátio externo também. Essa era a natureza da classe. A coragem necessária para elas se expressarem tão honestamente ganhava o respeito das outras, conforme elas se sintonizavam e ouviam com genuíno interesse a evolução de cada uma de suas canções.

Foi também imensamente desafiador para elas aprender a se apresentar diante da classe. Mas elas se incentivaram umas às outras, sentindo a dor da mensagem de suas canções. Uma aluna, Sandy, escreveu sobre como fora difícil ser metade aborígine, metade mulher branca, que não se ajustava a parte alguma da cidade onde morava. Outras na classe conheciam o mesmo sentimento e mantiveram-na encorajada, reforçando a necessidade de essas coisas serem demonstradas.

Outra mulher, Daisy, estivera dentro e fora da cadeia tantas vezes, na maior parte delas devido à violência, que nem sabia por quanto tempo estava presa dessa vez. Ela disse que ficava entorpecida e fora de si toda vez que entrava num tribunal, já que isso decididamente a esmagava. (Ela iria descobrir o prazo de sua sentença logo depois.) Portanto, escreveu sobre esses sentimentos e como ela odiava que sua vida fosse para uma parte do sistema e nunca mais se parecesse como uma vida sua. Outra aluna, Lisa, escreveu uma canção para seu filho dizendo como estava orgulhosa dele. Ela se sufocava de emoção toda vez que a tocava, mas estava muito orgulhosa de si mesma também. Apresentar essas canções em aula era catártico para elas, já que permitia expressão plena, não apenas escrita, apesar de isso desafiar seus nervos também. Mas, tendo estado eu mesma nessa posição, emocionalmente, anos atrás, tão assustada e nervosa quanto elas, eu as encorajava delicadamente e os muros emocionais do medo lentamente caíam. Alguns meses depois, quando uma de minhas alunas, que havia sido inicialmente muito tímida, tocou uma de suas novas canções-solo originais na frente de cerca de cem internas e visitantes, fui eu que chorei, de alegria.

O número de alunas nas aulas não era grande, mas isso era bom para todos. As primeiras aulas foram transbordantes, grandes demais para terem eficiência, mas depois disso havia geralmente cerca de dez alunas assíduas. Umas vinham e iam, mas, quando percebiam que não aprenderiam a tocar a guitarra como Eric Clapton numa aula só, e mais ainda, que a aula exigia trabalho verdadeiro, nem todas permaneciam. Era melhor que as classes fossem pequenas. Eram mulheres que precisavam de muita atenção e, desse modo, eu podia atender cada uma delas individualmente. As canções e histórias que brotavam eram inspiradoras, terapêuticas e belas. O amor que fluía entre nós todas era acalentador, para dizer o mínimo. Sob os exteriores endurecidos havia pessoas como você ou eu — pessoas que amavam seus filhos, que ansiavam por amor e respeito, que queriam se sentir úteis e viver vidas dignas para si.

Muito poucas das mulheres não tinham culpa do que haviam feito. A maioria delas queria ser uma pessoa melhor. Quando vim a conhecer a história pessoal de todas, no entanto, tudo que pude ver foram histórias trágicas, autoestima muito baixa e um ciclo que elas não conseguiam romper. Estavam presas por vários crimes, algumas por trabalharem ilegalmente como prostitutas. A este respeito, algumas mulheres realmente aproveitavam o sistema para vantagem própria. Elas conheciam a extensão da sentença por muitos crimes pequenos, de modo que cometiam um a cada ano, o que lhes propiciava saírem das ruas frias por três meses durante o inverno, ocasião em que teriam pelo menos uma cama quente e refeições regulares na cadeia. Outras estavam ali por crimes que iam do uso ou posse de drogas, violência, fraude, furto em lojas (um hábito que adquiriam para alimentar a família e no qual depois ficavam viciadas) e a dirigir sob a influência do álcool vezes demais.

Mas, independentemente de qual fosse o crime real, o sistema prisional tratava do crime, de seus efeitos, não das suas dores, que eram as causas subterrâneas de suas ações. Embora fosse chamada de instituição correcional, havia apenas ajuda limitada à disposição de alguém que quisesse mudar seus padrões de pensamento e seu passado. Esse era o nível em que a cura era mais necessária, para romper os ciclos de baixa autoestima, o uso das drogas, a violência doméstica e a vida criminosa que disso brotara. Talvez algumas criminosas ainda fossem cometer crimes se recebessem ajuda. Mas aquelas as quais conheci certamente teriam mudado seus hábitos se recebessem apoio contínuo na cadeia e quando saíssem dali.

Havia também algumas ótimas pessoas trabalhando no próprio sistema, mas elas se rebelavam contra ele. Eram igualmente voluntários de grupos religiosos que conseguiam chegar a poucos indivíduos, ajudando-os a dar uma virada em sua existência. A verdade era que muito mais dinheiro era gasto em segurança e burocracia do que em métodos de cura e apoio. Numa cadeia de quase trezentas internas, havia apenas dois psicólogos, e eles com frequência estavam indisponíveis devido à falta de tempo ou ao excesso de compromissos. Se você já não se sentiu muito mal com você mesmo antes de viver numa cadeia, certamente se sentirá assim durante e depois.

Tendo visto um documentário informativo sobre o sucesso da meditação nas cadeias e em dar uma virada na vida das pessoas, mencionei-o para alguns membros da equipe e disse como eu poderia colocar as pessoas certas em contato com eles. A escola de meditação que eu seguira tinha tido sucesso ao ensinar meditação a internos em outros países, mas me disseram "Boa sorte", com uma risada e total descrédito. Nada conseguindo, portanto, trabalhei dentro da capacidade que me era possível e foi com as alunas de minha classe, ajudando-as a começarem a crer em sua própria beleza e bondade. Fiz isso ao ensiná-las a compor canções, a se expressar elas mesmas por meio de canções próprias, canções que eram delas e que elas poderiam apresentar e compartilhar com outras pessoas. Muitas nunca tinham obtido um cumprimento em sua vida e eram como uma esponja com a resposta positiva que eu lhes dava, que era sempre totalmente autêntica. Qualquer sugestão de melhora de suas canções era sempre feita com delicada apreciação.

Houve horas divertidas também, quando elas ficaram mais confiantes comigo, educando-me sobre a vida fora dos pátios. Um dia, uma das mulheres estava falando alto com outra sobre como ela conseguira roubar um par extra de tênis. Quando percebeu que eu a tinha ouvido, ela se calou de imediato. Com encorajamento meu e de outras alunas, explicou o esquema para mim. Comentei que era uma ideia inteligente, apenas para ouvir "Bem, somos criminosas, senhora. Lembre-se de onde está", ao que eu caí na risada. Àquela altura eu havia ganho confiança e não estava intimidada de forma alguma, de modo que achei essa declaração um tanto cômica.

Outra aluna veio à aula uma semana parecendo muito agitada, embora estivesse exausta ao mesmo tempo. Quando lhe perguntei se estava *ok*, ela respondeu:

— Sim, estou bem agora, senhora. Eu acabo de ter uma manhã terrível. Uma garota vem me xingando faz um tempão, então eu acabei de enfiar sua cabeça num secador de roupas. Está tudo bem agora. — Com ligeiro espanto eu concordei, como se dissesse "Entendo". — De qualquer jeito, senhora, tudo está bem. Estou aqui e está na hora da música. Nada disso importa quando estou aqui. Se eu não tivesse esta aula para vir, teria matado ela. Mas eles me expulsariam desta classe e isso *me mataria*. — Dito isso, ela se sentou e continuou trabalhando em sua canção da semana anterior. Ela era realmente uma compositora brilhante, com uma das mais belas vozes que eu já ouvira. Desejei que houvéssemos nos conhecido em outras circunstâncias, já que teria amado compartilhar canções em torno de uma fogueira de acampamento com ela. Mas isso nunca iria acontecer.

Uma semana após outra, mais e mais transformações positivas estavam se desenrolando. Era compensador e bonito ver. Os membros da equipe do Departamento de Educação estavam também satisfeitos com o sucesso e as mudanças positivas em muitas das alunas que aderiram ao programa. A aula também se tornou o ponto alto da semana delas e da minha.

A essa altura, eu havia terminado a relação de longa distância em que estivera, a despeito de agora vivermos perto um do outro. Eu nunca seria capaz de me mover na direção que meu coração pedia, se ficasse com aquele homem. Nossos valores eram tão decididamente diferentes! Embora lágrimas tenham sido derramadas e tenha havido inevitável crescimento pelo triste processo de separação, eu tinha ido longe demais dentro de mim mesma para começar agora a viver num estilo de vida infiel aos meus próprios valores. A vida em casa era bela, e eu me deliciava em bancar anfitriã para amigos que me visitavam de vez em quando, em vez de fazer todas as visitas eu mesma, como nas décadas recentes. Depois de tanto vagar à deriva, não era totalmente surpresa eu me descobrir me tornando uma pessoa muito caseira. Era raro eu sentir qualquer propensão a sair para algum lugar e resolvi que, a longo prazo, eu decididamente queria trabalhar mais na minha casa.

Assim, durante meu tempo disponível, desenvolvi um curso de composição *on-line*, baseado no que eu estava ensinando para as mulheres na cadeia. Minha escrita também vinha ganhando impulso, com artigos sendo publicados em várias revistas, e eu escrevia um *blog*. Ele começou a ganhar uma porção de seguidores, o que reforçou quanto eu gostava de me ligar a pessoas com as mesmas afinidades por meio de meu trabalho. Isso também fazia com que me questionasse se queria manter a vida difícil no palco. Enquanto ensinava na cadeia, minha música havia parado um pouco, embora eu ainda estivesse fazendo algumas apresentações de qualidade de vez em quando. Quando eu estava em contato com o público certo e totalmente envolvida com a música, eu a amava, mas escrever e trabalhar em casa começou a me trazer mais alegria.

Embora o bangalô e o trabalho na cadeia fossem maravilhosos, não havia muito mais a me prender na área. Os amigos tinham se mudado e a vida havia se transformado desde que eu anteriormente vivera perto de Sydney. Havia também uma parte de mim que sabia que eu acabaria por viver no interior algum dia. Em mais de duas décadas de errância, eu nunca havia perdido o anseio de espaço que a vida de fazenda dá. Não fiz amigos na nova área, já que estava me tornando mais reclusa e adorando ficar em meu próprio lar depois de anos de errância.

De modo que, sem nenhuma verdadeira percepção consciente de minha parte, as alunas se tornaram minhas maiores amigas locais. Com o tempo, os muros entre professora e aluna, ou empregadas e internas, desapareceram consideravelmente. A classe se tornou simplesmente um lugar onde um grupo de mulheres tocava música. Parecia não haver muita coisa me separando das internas de vez em quando, já que eu poderia facilmente ter sido uma delas. Ao menos era assim que parecia, de vez em quando. Naturalmente, havia outros momentos em que eu não me sentia muito desse modo. Eu não havia cometido um crime para justificar estar lá, mas havia sempre intimidade entre nós, como mulheres que estavam ligadas pela honestidade que tínhamos experimentado. Minha própria fragilidade e meu passado doloroso estavam ainda me influenciando de muitos modos, embora de forma alguma com tanta força como antigamente. Assim, isso possivelmente fortalecia a ligação com as alunas, já que o próprio passado delas era cheio de dor, de vários tipos de violência, e uma falta de autoestima que era consequência de tudo isso.

Quando cheguei pela primeira vez à cadeia, fui orientada a evitar perguntas sobre minha vida pessoal. Embora eu nunca tivesse contado a elas onde morava, quando me perguntavam eu simplesmente dizia que não podia contar-lhes, em vez de apontar para alguma direção abstrata ou mentir. As mulheres respeitavam isso, já que a confiança agora existia, mas eu respondia às perguntas que podia. Por meio de todas as conversas honestas com os clientes agonizantes no passado, eu também vim a gostar de ser mais aberta. Os muros emocionais da privacidade simplesmente impedem a bondade de sair. A verdade aproxima as pessoas. Elas me faziam perguntas sobre meu passado, e eu lhes respondia honestamente, explicando o que eu havia estupidamente tolerado dos outros e no que acreditara por tempo longo demais.

A bondade daquelas mulheres em grupo e individualmente despertou em mim uma coisa que havia estado adormecida por tempo muito longo.

Simplesmente, eu não sabia como receber bondade. Eu sabia como dá-la, mas não como recebê-la. Quando senti o amor delas por mim, e sua autêntica compreensão de minha dor, foi esmagador. Elas eram realmente as mais bondosas e boas mulheres que eu já havia conhecido. Todas haviam sofrido e muitas delas sentiam uma falta sem tamanho de seus filhos e da família com enorme saudade. No entanto, o coração de cada uma delas era incrivelmente bondoso. Claro, elas haviam se atrapalhado e cometido erros, acabando numa cadeia, mas poucas não tinham remorso e nenhuma era desprovida de um coração bom e afetuoso.

Os fundos estavam se esgotando e, depois de quase um ano na cadeia, eu percebi que não estava apenas me queimando por ter cuidado de pessoas agonizantes. Eu estava me queimando com a vida. Havia tristeza demais em torno de mim. Quando uma tragédia aconteceu a dois amigos íntimos e eu tentei estar lá, a vida ficou ainda mais difícil. Sabendo como havia sido difícil conseguir a primeira rodada do investimento, eu me perguntei se teria energia para repetir a coisa. Caindo no sono aquela noite, ouvindo meus novos vizinhos tendo uma discussão aos gritos, minha decisão foi tomada. Era hora de voltar à vida no campo. Eu havia feito tudo o que era capaz de fazer até ali.

A maioria de minhas alunas já havia saído da cadeia a essa altura ou estava prestes a sair, de modo que isso me deu uma certa liberdade. Ter a clareza e a energia para ensinar novas alunas não seria possível. Era hora de aprender a cuidar de mim. Assim comuniquei minha decisão à cadeia e ao proprietário da casa, e comecei a fazer planos.

Meus pais estavam ficando mais velhos. Mamãe e eu éramos tão maravilhosamente íntimas como sempre em nossa amizade, e eu estava gozando de uma ótima relação com meu pai. Eu queria ficar mais perto e mais acessível a eles, pelo menos a poucas horas de carro. Isso não é longe na percepção australiana de distância. Eu também queria viver em algum lugar mais próximo ao litoral.

A área apropriada foi escolhida e comecei a vasculhar na internet à procura de casas para alugar. Resolvera entre quais duas cidades eu queria morar e qual seria meu limite de pagamento. Quando nada apropriado se apresentou dentro de duas semanas, pus um anúncio no jornal local, declarando com clareza o que eu procurava. Duas propostas foram oferecidas, embora nenhuma delas tivesse parecido boa, mas fiz novos contatos e a disponibilidade de um ótimo pequeno bangalô chamou a minha atenção logo em seguida. Ficava exatamente onde eu queria, pela exata quantia de aluguel que eu poderia pagar e, antes que eu me desse conta, estava morando numa fazenda de 2 mil acres.

Escuridão e aurora

Um riacho fluente passava em frente ao bangalô, o que trouxe um cenário sempre mutável de vida natural e beleza. Árvores magníficas enormes salpicavam a paisagem. Pássaros cantavam para mim o dia inteiro, enquanto as rãs cantavam à noite toda. Milhões de estrelas, sem nenhuma luz de rua, brilhavam intensamente lá no alto assim que a noite chegava. Era a felicidade absoluta, principalmente quando eu tocava minha guitarra olhando para o pôr do sol de uma varanda perfeita, ou quando a chuva caía com força sobre o telhado de lata. Eu estava no céu e murmurava muitas, muitas preces de agradecimento.

A vida no campo tem obviamente um monte de sacrifícios em se tratando de entretenimento vivo de fácil acesso e de artes, mas havia ao meu redor coisas que me serviam suficientemente. Meu estilo de vida sempre me levaria a viajar para alguma parte distante de vez em quando, de qualquer modo. Isso não importa. Eu estava me movimentando ao ritmo da natureza novamente e finalmente vivendo a vida que fazia o maior sentido para mim. Cinco casas, incluindo a do fazendeiro, pontilhavam as colinas e os vales nesses vastos acres. Como uma inquilina, eu simplesmente tinha que desfrutar do espaço.

As coisas pareceram mais fáceis e mais leves imediatamente. Era um tamanho reencontro estar vivendo no campo novamente! Minha energia estava muito baixa após cuidar de tantas pessoas agonizantes e depois de trabalhar na cadeia, então eu estava feliz por ter uma folga e viver de minhas economias por algum tempo. No intervalo, eu faria alguma pesquisa em minha nova área e resolveria qual direção tomar quando eu estivesse pronta, seguindo cada passo assim que ele se apresentasse. A cada dia que se passava eu me sentia melhor, rejuvenescendo lentamente. A energia e os pensamentos positivos estavam fluindo novamente. Vagando por montes e pastos, deleitando-me com a simplicidade e a complexidade da natureza, minha cura e restauração estavam a caminho.

Os anos anteriores de crescimento, sentada ao lado das camas de tantas pessoas maravilhosas e sábias, haviam decididamente criado uma porção de mudanças positivas. Eu sorria com as lembranças, com frequência recordando momentos ternos e belas conversas. Embora essa vida parecesse muito distante de mim agora, especialmente quando eu caminhava pelos montes e vales, ela havia me modelado substancialmente e eu continuava a me sentir extraordinariamente agradecida.

Mais do que precisar passar algum tempo em casa e continuar minha jornada criativa, eu estava novamente num ato de fé, confiando nos próximos passos que iriam certamente revelar-se no tempo certo. Afinal, era isso que habitualmente acontecera anteriormente. Com tanta beleza natural ao meu redor, a escrita e a música começaram a fluir maravilhosamente. A abundância de vida natural ao redor do bangalô e o riacho ajudaram-me a me adaptar a um estilo de vida muito simples rapidamente.

Mas pouco abaixo de minha própria consciência padrões de minha baixa autoestima ainda permaneciam. Num nível consciente, meu pensamento havia mudado muito ao longo da última década e a vida parecia mais fácil do que fora em anos. Nesse sentido, eu estava num ponto de paz e gratidão, restaurando a mim mesma a cada novo dia. Emocionalmente, tudo estava fluindo bem. Ou eu que assim achava.

Então, como um raio em céu azul, as coisas tiveram uma reviravolta numa direção imprevista. Eu vinha me saindo bem, de modo que me paralisou completamente quando, de súbito, eu fui lançada nas mais escuras profundezas de meu processo de cura. Tudo emergiu de lugares mais profundos do que nunca. Minha energia restante (e que eu achava restauradora) desapareceu *completamente*, quase da noite para o dia, como se alguém me desligasse da tomada de força e eu desabasse numa pilha sobre o piso. Pareceu acontecer tão repentinamente! Cada grama de energia sumiu *absolutamente*.

Ideias de encontrar algum trabalho casual para fazer alguns contatos locais voaram pela janela. O pensamento de encarar qualquer pessoa parecia impossível. Ideias de trabalhar em qualquer emprego, mesmo por um curto período, ficaram fora de questão. Eu simplesmente não era capaz. Fui forçada a penetrar no âmago de meu ser para encarar essas mudanças e foi uma viagem infernalmente dura. Mas eu não tinha nenhuma escolha. A coisa estava emergindo, eu gostasse ou não, e, assim que as lágrimas começaram a brotar, não houve como estancá-las. Eu precisava me curar para poder me tornar a pessoa real que eu nascera para ser, para me livrar completamente do meu passado. Esses meses se tornaram os mais difíceis de minha vida, já que eu inesperadamente mergulhara de ponta-cabeça num poço profundo de depressão suicida.

Os que me conheciam melhor não podiam acreditar que aquela era eu. Se eu não estivesse lá, também duvidaria. Eu vira a depressão de primeira mão em outras pessoas anteriormente e nunca poderia ter me imaginado em tal situação. Mas é assim que ocorre com a depressão, e é isso que a torna tão difícil inicialmente para muitos sofredores — o choque de que ela está acontecendo com eles. Alguns amigos se recusaram totalmente a acreditar. Como esta poderia ser Bronnie, aquela que sempre erguera os ânimos dos outros, e que estava agora totalmente desmoronada? Alguns simplesmente não sabiam como lidar com o fato de me verem numa situação tão vulnerável. Mas o que as pessoas com depressão mais precisam é aceitação. A depressão é uma doença que pode ser a dádiva mais catalisadora para a transformação positiva, se a pessoa consegue se mover através dela em seu próprio passo. Depressão é o nome dado a ela na moderna sociedade. Mas, na verdade, é uma enorme oportunidade para transformação espiritual e despertar. Pode ser um colapso. Mas pode ser um abre-caminho, se abordada com determinação, boa vontade para se resignar e fé. Claro, isso não a torna realmente divertida.

Acordando aos soluços antes mesmo de ter meu primeiro pensamento para o dia, eu precisava de compaixão e paciência de parte daqueles que me conheciam. Às vezes meus pensamentos ao despertar nem sequer haviam ficado conscientes, e as lágrimas se derramavam no momento em que eu mal acordava. Em outras vezes, era o desgosto por mim e por minha situação — desgosto que a vida viesse parecendo tão absurdamente difícil nesses dias e, realmente, nesses anos. Reconhecia que eu não tivera a energia para recomeçar, embora saber que eu tinha de recomeçar também me oprimisse, já que eu não podia sequer *imaginar* ter energia para fazê-lo, quanto mais *achá-la*. Mas ninguém iria bater à minha porta da frente e me oferecer o emprego perfeito, principalmente por eu mal conhecer uma pessoa que fosse da área.

Ninguém do meu círculo mais íntimo realmente sabia como lidar com meu abismo de tristeza e minha falta de força, de modo que continuaram a ligar com sugestões para que eu saísse novamente, para me ver ativa. No entanto, isso só aumentava a pressão, já que eu decididamente não estava preparada para aquilo ainda. Se eu conseguisse passar aspirador de pó em minha casa, o que exigia muita energia, isso se tornava uma realização monumental, o que eu reconheceria para mim mesma:

— "Você foi bem hoje, Bronnie, você realizou alguma coisa". Em tempos anteriores, eu poderia ter passado o aspirador em cinco casas, saído para almoçar, caminhado algumas milhas e nadado por uma hora. Mas é assim que a depressão é quando o atinge pela primeira vez. Ela assume o comando logo de cara.

A melhor coisa que os amigos e os entes queridos podem fazer é aceitar que é nessa posição em que a pessoa se encontra. Ela pode ou não sair dela. Há uma boa chance de que venha a sair, especialmente se quiser. A aceitação das pessoas que ela ama sustenta esse potencial. Mas a pressão só o atrapalha. A pessoa que sofre também precisa aceitar que é nesse ponto que sua vida se encontra, a fim de não exercer pressão sobre si mesma, o que só por sua vez exacerba os sintomas. No entanto, levou algum tempo para que eu chegasse a esse ponto só por mim, já que eu me debatia com minha inutilidade para funcionar na vida normal.

Voltar a viver na terra tocou-me em algum ponto tão profundo dentro de mim, que atingiu alguma dor já enterrada de minha juventude e dos dias de adolescência, quando eu vivera num cenário semelhante. Parecia que, ao diminuir meu ritmo de vida e retornar às minhas raízes daquela maneira, bem como ao não colocar toda a minha energia em cuidar de outras pessoas, a tampa de uma lata de dor, que fora fechada com segurança e um tanto forçadamente havia décadas, se abrira abruptamente. Ela vinha se escoando gradativamente ao longo da década passada, quando eu embarcara no processo de cara e liberando aquilo de que eu estava consciente. Mas, agora, a tristeza total que emergira tão crua e dolorosa vinha de lugares não apenas conscientes, mas inconscientes também. Era dor que procedia de anos de críticas sofridas em minha juventude, por eu não ser aceita como eu era desde então, por todas as gritarias e gozações a que eu estivera exposta — toda a dor que fora guardada sem eu sequer perceber emergira. Eu chorei e chorei.

Para extrair benefícios da cura verdadeira não há outra escolha senão encarar o que está diante de você — a dor, o reconhecimento de seu sofrimento, a oportunidade de crescimento, a necessidade da cura e a necessidade de encontrar forças tornando-se por fim mais forte do que a dor. Mas ninguém pode nos poupar desse aprendizado. Ninguém mais pode fazer isso por nós. O amor dos outros ajuda, naturalmente, e este, brotando de minha querida mãe e um par de velhos amigos, foi de grande apoio. Mas não havia meio de fugir de minha própria cura. Era a hora de me encarar. Também era hora de liberar coisas dos níveis mais profundos.

A libertação veio de várias maneiras. Naturalmente, houve pranto. Houve também desabafos escritos. Pela primeira vez em minha vida eu gritei também, não apenas dando gritinhos, mas gritando verdadeiramente. (Na verdade, eu havia uma vez guinchado, involuntariamente, quando pulara de um avião.) Mas dessa vez era gritar, gritar de um modo primal. Era tão bom morar tão longe de outras casas e ter a privacidade para passar por esse tumulto do modo peculiar que cada dia exigia! Eu gritei todas as coisas que eu desejara ter dito quando era mais jovem e estava em crescimento às pessoas que haviam me magoado. Também gritei sons de dor, desligados de palavras. Gritei minha total frustração por estar na situação em que me encontrava, pelo grau de dor que estava experimentando. Solucei incontrolavelmente. Deitei-me exausta, e, pouco a pouco, fui me curando também.

Em épocas mais sentimentais, eu sempre gostara de comparar o aprendizado a uma rosa. Despetalamos camada após camada de nossos belos e delicados eus até finalmente chegar ao centro, ao botão de quem somos. Mas nesse estado de total tristeza e desamparo, eu joguei essa teoria bem de verdade pela janela e concluí que o crescimento é mais como descascar uma grande cebola. À medida que removemos cada nova camada, fica mais doloroso, e cada camada só faz com que choremos ainda mais. Era o que estava acontecendo comigo. Eu estava descascando uma cebola por inteiro, e era uma enorme de uma cebola dessa feita. Toda lágrima derramada, toda frase escrita, todo pensamento compartilhado, ajudava a descascar uma nova camada.

Não era a felicidade que eu estava buscando todo dia, era apenas a força para aceitar o que eu era. Havia pouca energia para qualquer coisa, inicialmente, exceto para chorar e observar, dali da varanda, o mundo da natureza se desenrolando diante de mim. Exaurida pelas ondas de libertação que prosseguiam num ritmo diário, cada dia era um dia de viver no presente. Era simplesmente duro demais, de vez em quando, pensar para além do momento que eu vivia. Só sobreviver à intensidade das emoções era suficiente para a vida do dia a dia. Eu estava entorpecida, esgotada emocionalmente, e muito, muito cansada da vida. Enquanto isso, eu lembrava que a felicidade é uma escolha — escolher desafiar a mim mesma e sair da cama ou ver um momento de alguma coisa bela por entre as lágrimas teriam que ser escolhas conscientes nessa direção. Escolhas e sucessos que pareciam insignificantes para outras pessoas eram agora enormes realizações para mim. Coisas que um dia haviam sido simples, como escolher sair da cama, responder a ligações telefônicas, desfazer os emaranhados do meu cabelo, usar boas roupas e preparar comida sadia quando tudo o que eu queria era comer feijão cozido retirado diretamente da lata, eram todas agora realizações monumentais.

Eu não era mais quem eu costumara ser e, se eu fosse me tornar aquilo que estava predestinada a ser nesta terra, tinha que aceitar meus sentimentos e não rejeitá-los, permitindo que eles emergissem a fim de serem liberados para sempre. Todos nós temos que nos curar ao nosso próprio modo. Já que eu sabia que engolir pílulas de felicidade não era o caminho para mim, embora eu não julgue ninguém por escolher essa opção, eu tinha que atravessar a depressão ao meu próprio modo. Cada dia era diferente. Alguns dias eram repletos de escuridão, lágrimas e dor desconsolada. Em alguns dias eu funcionava docilmente, numa névoa de exaustão, mas com determinação para preparar uma refeição sadia e congelar um pouco dela, garantindo que eu estivesse comendo bem em dias ainda mais sombrios. Em outros dias, quando encontrava energia, eu caminhava sobre os montes e os pastos distantes, longe da vista de seres humanos, e apenas absorvia os sons e as visões daquele *habitat*.

A meditação continuava sendo uma parte da vida diária. Odeio imaginar o que eu teria feito sem essa habilidade. Ela me ensinara anteriormente que o sofrimento é uma consequência da mente. Os anos precedentes de prática já haviam me ajudado a liberar uma enorme quantidade de pensamentos negativos, de modo que a meditação tinha que permanecer como uma parte integral de minha cura agora. Eu ficava pensando como alguém realmente lida com essa doença sem meditação. Ela ensina as habilidades para observar seus pensamentos e perceber que eles não são você mesmo. Eles são apenas sua mente e, embora sua mente seja uma parte sua, não é a totalidade de você, nem todos os seus pensamentos são seus. Muitos se originaram dos pensamentos de outras pessoas que se projetaram em seu interior.

Essa consciência ajudou-me enormemente quando eu me sentava para meditar pelo menos duas vezes ao dia, com a intenção de tomar real posse de meus próprios pensamentos e de minha mente. Exigia enorme determinação concentrar-me em minha prática quando tanta dor queria emergir e tentar me distrair. Mas, na maior parte dessas horas em meditação, eu tomava posse de mim mesma. Pela observação de meus pensamentos enquanto meditava, sem me prender a eles, eu retornava a um lugar de tranquilidade, um lugar de amor e certeza, sabendo que esse tumulto na certa passaria um dia, percebendo que a parte pacífica de mim ainda existia em meu interior. Eu tinha apenas que me esforçar ainda mais para alcançar isso nesse momento, muito mais. A disciplina da meditação era também muito boa para mim. Significava que, a despeito de meus estados de espírito flutuantes, eu tinha um compromisso a honrar diariamente, significando que tinha que desafiar a mim mesma a sentar e prosseguir em minha prática, independentemente de quão mal estivesse me sentindo. Para algumas pessoas, pode ser o desafio de ir ao trabalho, ou dar prosseguimento a alguma rotina, o fator de motivação. Para mim, era a minha prática de meditação.

Claro que eu chorava também, das próprias profundezas de minha alma. Tentando não perder a visão de uma bela vida potencialmente à minha espera, se eu pudesse atravessar esse nível e dor e cura, eu me agarrava à esperança sempre que possível. Quando o momento presente é tão obstruído pela dor do passado, é somente a esperança de um futuro diferente que às vezes traz alguma alegria antecipada. Assim, a esperança desempenhava um grande papel em minha cura. Em alguns momentos de semitranquilidade, eu sonhava com voltar à ativa, usar todos os talentos com os quais fora abençoada (como todos nós somos), ganhar um bom dinheiro fazendo o trabalho que amava, rir com os amigos, possuir minha própria área junto a um rio de água potável, ousar amar novamente, e ter um filho. Mas na maior parte do tempo eu apenas sonhava com sentir a felicidade novamente, despertar com alegria e empolgação pela dádiva de estar viva. Sonhava com ser feliz, ansiando lembrar-me como era sentir isso por mais que um momento rápido e fugaz. Sim, eu tinha esperanças de ser feliz.

Mas a única coisa que poderia realmente ser benfeita era ficar no presente enquanto possível, e somente continuar a lidar com o momento de agora. Morar num cenário tão magnífico ajudava grandemente, já que havia tantas coisas intrincadas acontecendo no mundo natural ao meu redor, capacitando-me a ficar totalmente absorvida em tais momentos, observando insetos e pássaros, ouvindo a brisa nas árvores, olhando para o céu e suas mudanças constantes.

Uma assistente social maravilhosa, cuja ajuda eu procurei, foi também uma bênção. Ela não apenas praticava a mesma técnica de meditação que eu, mas também portava um espelho no qual eu podia me refletir. Por meio de sua assistência, eu vim a ver a mim mesma por ângulos diferentes, de modos mais generosos, reconhecendo meu próprio belo coração. Eu também vi quanta energia pusera em cuidar dos outros e não de mim mesma, não acreditando, nos níveis mais profundos, que eu merecia isso. Muito disso era devido a opiniões passadas de outras pessoas que ainda me afetavam em níveis subconscientes, pessoas que não me conheciam apesar de pensarem que conheciam. Uma parte da atual transformação era a determinação de ficar *completamente* livre desses obstáculos. Ela também tinha que levar embora muita dor de uma amiga que passava por tempos difíceis, achando que eu estava simplesmente sendo uma boa amiga. Mas, ao nadar para salvá-la, eu estava me afogando também. Eu precisava me desprender um pouco de minha compaixão e empatia por todos aplicando compaixão mais distanciada àqueles com os quais eu tinha empatia. Ser lembrada novamente da necessidade de ser compassiva comigo mesma foi significativo e libertador. Essa assistente social brilhante também me ajudou a ver os maus hábitos que eu desenvolvera no passado ao desculpar o comportamento dos outros, naquele tempo apenas para preservar a paz superficial e mais recentemente por compaixão. Seu estilo de aconselhamento maravilhosamente direto foi decisivamente proveitoso, sua honestidade funcionou, principalmente quando ela me perguntou se eu estava querendo ganhar uma medalha de ouro na Olimpíada das Cuidadoras.

Eu havia me esquecido com frequência grande demais de repartir um pouco de minha compaixão comigo mesma, tanto em pensamentos quanto em atos. Todos os anos anteriores de crescimento e liberação, no entanto, não haviam sido desperdiçados, mesmo se eu às vezes sentisse que haviam sido. Ao contrário, eu tinha alcançado o verdadeiro âmago de minhas mágoas, o acontecimento decisivo de onde muitas delas haviam verdadeiramente se originado, e fora capaz de começar a liberá-las permanentemente. Reconhecer minha dor, reconhecer os efeitos das críticas daqueles de cujo amor eu mais precisava, cessar de apresentar desculpas por comportamento agressivo e falar disso abertamente exigia minha coragem, minha própria permissão e minha boa vontade de me livrar desses padrões para todo o sempre. O modo pelo qual eu tinha que fazer isso era aprendendo como ser boa comigo mesma, e também aprendendo como *receber* essa bondade. Eu merecia bondade e felicidade, completamente. Mesmo que outros não acreditassem nisso, eles não conheciam os caminhos que eu percorrera e isso não mais importava. Eu *agora* sabia que merecia que a bondade fabulosa surgisse em meu caminho. Foi a chegada desse significativo reconhecimento, o de que *eu merecia isso realmente*, que me permitiu começar a receber minha própria bondade. Eu havia acreditado nisso já em outros níveis, mas não nas profundezas das quais eu estava começando a atuar. Era para essa direção que a refocalização estava agora a caminho, em direção aos níveis que *realmente* me impulsionavam. Era hora de deixar entrar minha própria bondade. Afinal de contas, eu a merecia também.

Os velhos padrões mentais de baixa autoestima estavam, contudo, resistindo ferozmente, e em alguns dias eu ainda tinha que dar *tudo* o que eu tinha para ser mais forte que a dor emocional e mental. A cada camada conquistada, lampejos de beleza e euforia começaram a se infiltrar ocasionalmente também, o que foi tanto restaurador quanto inspirador. Às vezes, tão simplesmente quanto o sol brilhando sobre as folhas de árvores próximas fica tão incrivelmente belo, isso me conduzia a momentos de felicidade inesperada. Novas partes de mim que haviam se incubado por anos estavam se tornando partes naturais de mim agora.

Algumas mudanças permanentes haviam realmente acontecido, com alguns de meus velhos padrões de pensamento realmente sido deixados apropriadamente para trás. Percebi que eu havia lidado com ângulos particulares de meu formato mental anterior e *realmente os havia* libertado, de modo que reconheci tudo isso com gratidão. A beleza de onde eu estava morando também continuava a me manter muito atenta. A dor que restava também tinha a tendência de fazer isso, naturalmente. Mas a vida natural que se desenrolava ao redor do bangalô me alimentava diariamente. Conforme cada camada de dor se despregava, meus sentidos ficavam mais intensificados e ainda mais sintonizados com o mundo natural. Isso me estimulava imensamente, muito embora maus momentos ainda dessem as caras.

Às vezes eu ficava com raiva de mim mesma porque eu não deixara a depressão para trás tão rapidamente quanto gostaria. Mas a raiva dirigida a alguém é apenas expectativa frustrada. De modo que eu deixava a expectativa se desfazer e me trazia de volta ao presente, reconhecendo alguma coisa bela do lado de fora da minha janela, pondo alguma música e cantando junto, ou apenas conduzindo minha consciência de volta à minha respiração ou aos sons ao redor de mim. Então, eu conseguia aceitar minha situação outra vez, sabendo que eu estava trabalhando com ela na direção correta para meu próprio crescimento.

Uma de minhas amigas mandava-me um constante suprimento de produtos orgânicos para cuidados da pele. Assim, eu ocupava meu tempo esfregando cuidadosamente minha pele com as loções, cuidando e nutrindo a mim mesma, tanto mental *quanto* fisicamente, para equilibrar o descuido anterior com que me tratara. Isso sempre me fazia bem, sem mencionar que eu ficava cheirando maravilhosamente. Cuidar de meu corpo com tantos mimos fazia-me lembrar de como eu havia paparicado meus clientes agonizantes. Eu agora estava começando a dar a mim mesma um pouco do mesmo amor que dedicara a eles.

Mas, ser mais forte que a dor era muito desafiador e, embora os bons dias estivessem decisivamente voltando depois de alguns meses, a depressão e os pensamentos negativos que a acompanhavam pareciam então atacar novamente e com ainda maior determinação, depois de tudo. Ela certamente não estava querendo capitular tão facilmente. Afinal de contas, era abastecida por padrões negativos de autocondenação que haviam governado efetivamente por mais de quarenta anos, criados por mim ao permitir que opiniões alheias em excesso penetrassem no meu sistema de crenças. Minha mente parecia operar como um mestre independente e esse mestre não queria perder o controle que exercia sobre mim.

Mas eu estava me tornando meu próprio mestre agora, realmente liberando meu valor e beleza, e conscientemente escolhendo dirigir minha mente para sistemas de crença mais positivos. Em vez de me concentrar em velhos métodos, eu tratava a mim mesma com respeito e amor. Cançonetas sobre minha própria bondade começaram a brotar de mim enquanto eu vagava ociosamente pela casa cantando coisas engraçadas para mim. Dizer *olá* para meu belo eu no espelho quando eu passava por ele se tornou um hábito divertido e interessante também. Assegurar que meu corpo fosse alimentado regularmente com banhos e comida sadia também me levou de volta a momentos mais felizes. Pouco a pouco, a felicidade estava voltando. Minha velha mente, no entanto, não gostava disso tudo, e a depressão cravava suas feias garras nela, recusando-se a me largar completamente. Essa reestruturação de meus pensamentos já vinha acontecendo havia anos. Mas, agora, um duelo final estava a caminho, e dele apenas um lado poderia sobreviver.

Foi durante o clímax dessa luta renhida para dizer adeus ao meu velho eu completamente e para todo o sempre que eu finalmente desisti. Ficou *difícil demais*. A despeito das melhoras em minha vida cotidiana e dos crescentes momentos de felicidade, eu estava totalmente exausta, emocionalmente. Tomara-me tanta energia chegar a esse ponto, que de repente toda minha força restante desapareceu, entregando-me à ocasião terminal de pensar em suicídio. Não restou nenhum grama de força para qualquer disciplina mental ou esperança. Eu havia me esforçado ao máximo, mas estava simplesmente *cansada demais* de tudo. Eu queria morrer. Eu queria que esta vida acabasse de uma vez por todas.

Um amigo de mais de vinte anos era um anjo, telefonando-me regularmente. Felizmente, ele tinha sua própria abordagem. "Pegue o telefone. Eu quero dizer, é melhor você não cometer uma *#@# de um suicídio. Pegue o telefone. Pare de me ignorar, e pegue a *#@# do telefone, ele dizia, até que eu não conseguia deixar de pegar o telefone, rindo em meio às minhas lágrimas. Embora sua abordagem fosse um tanto incomum, seu coração é um dos maiores que eu conheço e o humor já havia nos ajudado a superar coisas difíceis no passado. Sua abordagem funcionou. Eu precisava rir e sabia que ele me amava ternamente, assim como eu o amava. O riso é uma ferramenta muito subestimada de cura.

Num certo dia em que ele não ligou, contudo, eu cheguei ao fundo absoluto de um ponto onde nunca estivera em minha vida toda. Rabiscando um bilhete de adeus, incapaz de escrever com clareza, eu desisti da vida. Era difícil demais.

Dizem que a hora mais escura sempre antecede a aurora. Essa foi a hora mais escura de minha vida. Eu simplesmente não conseguia mais viver esta vida. Não era possível sentir nenhuma coisa pior dentro de mim do que a que senti nesse momento. Eu me odiava pela fraqueza de não triunfar sobre minha mente, a despeito de todos os meus esforços. Eu odiava ter tolerado tantas porcarias ditas pelos outros em minha vida. Odiava ter me adaptado a uma vida tão dura com tanta frequência. Eu odiava que exigisse tanta coragem criar a vida que eu queria e merecia. Eu odiava quase tudo o que se relacionasse comigo. Foi de fato a hora mais escura.

No exato instante em que eu terminei de rabiscar meu bilhete de adeus de desculpa e total tristeza o telefone tocou. Eu pensei em não atendê-lo, mas atendi, com grande relutância. Não era o amigo que eu pensara que fosse. Não era ninguém que eu conhecesse. Em vez disso, o que eu ouvi foi uma voz canora de uma mulher dizendo um luminoso e alegre olá para mim. Ela então começou a me oferecer um seguro de ambulância!

— Essa é boa! — eu pensei. — Não posso nem me suicidar dignamente. Provavelmente precisarei de uma maldita ambulância! — Eu havia escolhido uma fenda na região local na qual jogaria minha van, garantindo que não sobreviveria. Havia pensado muito no ato, já que não queria cometê-lo pela metade. Detalhes minuciosos tinham sido considerados no planejamento. A oferta do seguro de ambulância (que eu recusei em meio a uma névoa mental) realmente me fez lembrar que eu podia ou não podia ser bem-sucedida em minha tentativa. Pensei em todos os adoráveis atendentes de ambulâncias que eu conhecera ao longo dos anos e percebi como eu estava sendo insensível, como eu estava sendo consumida pela minha própria dor, pensando que eu não havia levado em conta o efeito que meu ato teria sobre a vida de quem quer que encontrasse meu corpo e naqueles que me amavam. Eu também sabia que não queria uma vida de paralisia se falhasse, principalmente paralisia autoinfligida. Mas não foi apenas o simbolismo da ambulância, embora, claro, não se pudesse pedir por uma ligação com maior poder de despertar; foi que a ligação telefônica quebrou o encanto, a confusão mental em que eu me encontrava bem lá no fundo de minha dor.

Esse momento crucial foi realmente o ponto de virada, o maior ponto de virada de minha vida toda. Eu não queria danificar o corpo que havia me provido de tanta liberdade e mobilidade, o belo e sadio corpo que me transportara através de tudo. Eu não queria morrer tampouco. Quando comecei a amar minhas pernas por todos os quilômetros pelos quais elas tinham me carregado, passei a amar tudo em mim.

Naquele mesmo minuto da ligação telefônica, eu senti um momento de dor na região do meu coração. Foi quando percebi que meu pobre, terno, belo coração havia já suportado o bastante. Eu não podia mais aguentar sofrimento ou autorrecriminação. Eu precisava de amor para me curar, e esse amor, acima de tudo, tinha que vir de mim primeiro.

Sem lamentos

A rapidez com que as coisas mudaram depois foi fenomenal. A depressão desapareceu dentro da noite, levando embora com ela sua pesada nuvem de escuridão. Ela estava apenas esperando o amor chegar e, quando isso aconteceu, soube que seu papel estava concluído e partiu. Eu passei os dias seguintes restaurando minha energia por meio da meditação, da gratidão e da reverência por meu belo eu. Isso alimentava meu coração, enquanto mergulhar na banheira alimentava meu corpo. Dei longas e tranquilas caminhadas sobre os montes, não me forçando, apenas caminhando delicadamente enquanto me maravilhava com a vida através dos olhos de uma pessoa renascida. Era como despertar num mundo tão belo, que ficava difícil lembrar como era o mundo anteriormente.

Para solenizar o início de minha nova vida, eu decidi realizar uma cerimônia formal de adeus e boas-vindas. Recolhi lenha dos campos e acendi uma bela fogueira. Havia coisas em minha vida que precisavam de um adeus apropriado, aspectos de meu velho eu e das circunstâncias que haviam decorrido dele. De modo que anotei essas coisas, bem como as coisas que estavam sendo bem-vindas. Depois, quando o sol se pôs e as primeiras estrelas da noite surgiram, eu fiquei alegremente ao lado da fogueira terapêutica e calorosa. Disse obrigado e adeus a velhas partes de mim mesma enquanto deixava cair aquele pedaço de papel no fogo. Cada saudação de boas-vindas foi também proferida. Sentada sob aquele céu campestre então, olhando fixamente para o fogo, senti imenso amor por mim mesma e pela vida. Também senti uma incrível gratidão.

A fogueira continuou a arder, irradiando calor. Sorrindo, eu olhei para o vasto cobertor de estrelas no alto de mim e reconheci que, por meio de tudo isso, alguma coisa nova havia realmente nascido. A pessoa que eu vinha me esforçando por ser fazia muitos anos era quem eu era agora. Eu finalmente permitira que ela entrasse. A pessoa que tinha dado desculpas demais para os outros, que havia carregado décadas de dor, e que não havia aceitado que ela também merecia toda a felicidade, não era mais necessária. Seu papel agora estava concluído. Fora gentilmente agradecida por seu papel em minha evolução, e agora se fora.

Cada dia subsequente continuou a revelar prazer em novos níveis. Era como descobrir a vida pela primeira vez. Nunca eu me sentira tão livre. A felicidade, como eu nunca a conhecera, completamente desobstruída, alegre, livre de culpas, tornou-se meu estado natural. Novos pássaros vinham pousar na cerca e cantar para mim. Os velhos me seguiam quando eu caminhava pelos campos num estado de bem-aventurança. Todos os meus sentidos se tornaram mais ampliados, parecendo que eu havia concluído semanas de meditação silenciosa, exceto que esse estado mais alerta permanecia. Os sons naturais eram mais claros, e as cores mais luminosas e mais vivas.

Eu me dei conta de pelo menos trinta tons de verde no campo que cercava o bangalô.

Havia um espaço e uma claridade interiores que eu sempre acreditara que existiam, mas nunca conhecera completamente. Meu passado, agora, era de pouca relevância também. A sabedoria ganha ao longo do caminho era uma parte de mim. O passado havia servido como uma incrível ferramenta de aprendizado e nada deste havia sido desperdiçado. Mas o sofrimento que viera a me modelar havia desempenhado seu papel e agora se desintegrara. Não havia nada a provar, nada a explicar, nada a justificar. Meu rosto doía de tanto sorrir. Quase da noite para o dia a vida mudou para um plano completamente diferente. Viver no presente havia agora se tornado um estilo de vida, depois de anos de prática.

As portas da oportunidade então se escancararam. Todos os esforços do passado, em minha jornada criativa, de concentração, resistência e sacrifícios, começaram a ser recompensados. Meu trabalho ganhou enorme impulso e novas oportunidades de escrita chegaram de fontes inimagináveis. O amor por mim havia aberto todas as portas, permitindo que grandes coisas surgissem em meu caminho. Tudo isso estivera esperando por anos, simplesmente esperando pela minha própria preparação.

Desde esse tempo, o fluxo de coisas boas continua a crescer. Novos sistemas de apoio foram erguidos em torno de mim, tanto profissional quanto pessoalmente. Naturalmente, haverá sempre coisas novas a aprender sobre mim mesma, mas eu nunca trato nenhuma das pequenas bênçãos como fava contada agora.

Ao longo dos anos venho criando conscientemente a vida que imaginei, liberando minhas inibições uma camada de cada vez. Ser muito clara sobre a vida que eu queria viver e a pessoa que eu queria ser foi também uma parte necessária desse processo. Se bloqueios ocasionais surgem agora, eu sou paciente e afetuosa comigo mesma quando trabalho neles. A autodescoberta é um processo alegre e eu posso sorrir com minha própria humanidade.

Com tudo o que aconteceu, eu me descobri sentindo-me mais próxima do que nunca das belas pessoas de quem cuidei em seu falecimento. Essa nova vida que se revelou para mim foi o tipo de vida que cada um deles havia vislumbrado como possível um dia, quando olharam para trás e falaram de seus arrependimentos. Em suas semanas e dias derradeiros, quando tudo o mais havia desaparecido, eles conseguiram ver que alegria em potencial a vida lhes teria oferecido se eles apenas tivessem vivido de maneira diferente.

Nem todas as pessoas falaram de arrependimentos, contudo. Algumas disseram que teriam feito algumas coisas de maneira diferente, mas não estavam consumidas por nenhum arrependimento real. Algumas estavam lindamente felizes pela vida que haviam levado. Ou, pelo menos, aceitavam lindamente a vida que haviam levado. Muitas outras tinham realmente remorsos, no entanto, e um forte desejo de serem ouvidas, de terem suas ideias conhecidas. A extensão de tempo que passei com cada cliente era talvez um catalisador para a honestidade que cada relacionamento veio a conhecer. Por todas aquelas grandes extensões de tempo, sempre serei grata. Os arrependimentos que compartilharam comigo deixaram-me determinada a não sentir o mesmo no fim de meu próprio tempo, fosse ele quando fosse. De modo algum eu estava recebendo a dádiva desta sabedoria sem aprender com ela. Mas, tendo agora suportado as maiores provas, eu entendia como os desafios podiam ser penosos. Mas eu entendia também como eram exultantes as recompensas por superá-los.

O potencial de plenitude e prazer de que cada uma dessas queridas pessoas tivera um lampejo antes de seu falecimento é o que está em oferta para cada um de nós neste momento, antes que chegue nossa própria hora de morrer. Cada novo dia que nasce deixa-me ainda mais encantada com o fluxo natural das coisas boas. Ele quer entrar, e ele se instala realmente quando você aprende a permitir que ele entre por meio da fé e da autoestima. Ele espera por todos. Você apenas precisa sair de seu próprio caminho a princípio, e é onde o trabalho verdadeiro se encontra — aprender a dominar seus próprios pensamentos, livrando-se dos dejetos que impedem você de deixá-los fluir.

O aprendizado sempre continuará. Não é como se você alcançasse um estágio de crescimento e dissesse: "Ótimo. Agora posso me sentar, saber tudo e atravessar todos os dias sem ter que aprender mais nada". Até mesmo Stella, que fizera tanto trabalho em sua jornada interior, fora lembrada da necessidade de deixar ser e de desistir de vez em quando. Ao fazê-lo, ela pôde ficar mais tranquila nos dias que lhe restavam, antes de partir com um sorriso radiante no rosto quando a hora da morte chegou.

Portanto, se o aprendizado nunca cessa, podemos também abraçá-lo em vez de resistir a ele. Nenhum dia se passa sem que eu aprenda alguma coisa nova sobre mim mesma. Mas eu posso fazê-lo agora com terna afeição, amando a mim mesma de um modo incondicional, sem autojulgamento. Rir terna e afetuosamente também faz com que o processo de crescimento seja mais suave.

Quando Grace disse as palavras "Eu desejaria ter tido a coragem de viver uma verdadeira vida para mim, não a vida que os outros esperavam de mim", ela sentia tanta tristeza por sua vida ter se tornado o que se tornara!

É uma pena que ser quem você é verdadeiramente exija tanta coragem. Mas exige. Exige *enorme* coragem, às vezes. Ser quem você é, seja você quem for, às vezes não pode ser articulado a princípio, nem para você mesmo. Tudo o que você sabe é que há um anseio interior que não está sendo preenchido pela vida que você está atualmente vivendo. Tendo que explicar isso aos outros, que não estão na sua pele, pode fazer com que você se questione ainda mais.

Mas, como disse o sábio Buda há mais de dois milênios: "A mente não conhece respostas. O coração não conhece perguntas". É o coração que lhe guia à alegria, não a mente. Superar a mente e deixar de lado as expectativas alheias permite que você escute o seu próprio coração. Ter a coragem de segui-lo depois é onde mora a verdadeira felicidade. No ínterim, é preciso continuar cultivando o coração enquanto se domina a mente. Conforme o coração evolui, a vida traz mais alegria e paz ao seu caminho. Uma vida feliz o deseja tanto quanto você deseja a ela.

Quando Anthony se recolheu na clínica de repouso e reconheceu não ter a coragem de tentar uma vida melhor, ele tristemente demonstrou as consequências de ser dominado por esse medo. Isso não significa que você também terminará numa clínica de repouso antes de morrer. Mas a falta tanto de estímulo quanto de felicidade que se tornou uma parte da vida dele não é diferente do que ocorreu com a vida de milhões de pessoas entre nós. Cada dia era apenas uma rotina embotadora da mente, sã e salva, mas nunca satisfatória.

É necessário firmeza para promover grandes mudanças. No entanto, quanto mais tempo você ficar no ambiente errado e permanecer sendo seu produto, por mais tempo você negará a você mesmo a oportunidade de conhecer a verdadeira felicidade e satisfação. A vida é curta demais para ficar vendo-a passar, só por causa do medo que pode ser superado, se for encarado.

Como as trepadeiras prendendo belas flores no jardim da mansão de Florence, todos nós somos capazes de criar nossas próprias prisões. Obviamente, muitas dessas não são tão fáceis de remover quanto a sua trepadeira era. A maior parte das prisões tem a força de décadas de crescimento por trás delas e não aceitam ser delicadamente removidas. Elas lutarão pela querida vida, estrangulando sua beleza se você deixar. Mas, como foram criadas com o tempo, podem ser desfeitas com o tempo também. É um delicado processo de determinação, coragem e, às vezes, de nada fazer. É ter a coragem de interromper relacionamentos doentios em seus passos e dizer "Basta". É tratar você mesmo com respeito e bondade, duas coisas que você merece. Mais que tudo, no entanto, para se livrar de suas próprias prisões é necessário se tornar um observador de seus próprios pensamentos e hábitos. Esta consciência ajuda as soluções a ficarem mais visíveis.

A vida é sua, não de outra pessoa. Se você não está encontrando algum elemento de felicidade no que criou e não está fazendo nada para remediar isso, então a dádiva de cada novo dia é desperdiçada. Um pequenino passo ou uma pequena decisão são grandes pontos de partida, isso e assumir a responsabilidade por sua própria felicidade. Uma vida feliz também pode ser encontrada sem mudar de casa ou fazer alguma coisa drástica em seu mundo físico. É uma questão de mudar sua percepção e ser corajoso o suficiente para honrar alguns de seus próprios desejos também. Ninguém mais pode fazer você feliz ou infeliz, a menos que você permita que ele ou ela o faça.

Sim, ter a coragem de ser você mesmo e não quem os outros esperam que você seja pode exigir muita força e honestidade. Mas jazer em seu leito de morte e reconhecer que você desejava ter feito as coisas de maneira diferente também pode exigir. Houve muitos outros clientes no entremeio desses mencionados. *Desejar ter sido fiel a si mesmo* era a coisa mais comum entre eles.

Quando John disse que ele desejava não ter trabalhado tanto, ele estava falando também algumas das palavras mais comuns que eu ouviria ao longo daqueles anos todos. Durante suas semanas derradeiras, sentado no terraço observando a vida se desenrolar no porto, John sentia o peso do remorso. Não há nada de errado em absoluto em amar o trabalho que você faz. Na verdade, é assim que deve ser. Mas a questão é encontrar equilíbrio para que o trabalho não seja toda a sua vida. Eu ainda posso ouvir aquele homem querido suspirando profundamente, quando ele se confrontou com as escolhas que havia feito.

Ouvindo então a insistência de Charlie sobre os benefícios de uma vida simples, eu tive que concordar com sua sabedoria e experiência de vida. O valor verdadeiro não está no que você possui, mas no que você é. Pessoas que vão morrer sabem disso. Seus pertences não têm utilidade de espécie alguma no fim. O que as outras pessoas pensam delas, ou o que elas adquiriram em termos de posses, nem mesmo entram em seus pensamentos nesse momento.

No fim, o que importa às pessoas é *quanta felicidade elas deram àqueles que amam e quanto tempo elas passaram fazendo coisas que elas mesmas amavam*. Tentar assegurar que aqueles que foram deixados para trás não acabassem tendo os mesmos remorsos também se tornava uma questão crítica para muitas pessoas. Nenhuma das revisões de vida que eu presenciei em seus leitos de morte se voltou para o desejo de que tivessem comprado ou possuído mais coisas, nenhuma delas. Em vez disso, o que mais ocupa os pensamentos das pessoas que vão morrer é como elas viveram sua vida, o que fizeram, e se fizeram uma diferença positiva para aqueles que deixaram para trás, fossem esses a família, a comunidade, fosse quem quer que fosse.

As coisas que você frequentemente julga precisar são simplesmente as coisas que o mantêm preso a uma vida não preenchida. A simplicidade é a chave para mudar isso e deixar para lá a necessidade de afirmação por meio da posse ou por meio das expectativas que os outros nutrem a seu respeito. Assumir riscos também requer coragem. Mas você não pode controlar tudo. Ficar num ambiente aparentemente seguro não garante que as lições da vida passarão insensivelmente para você. Elas podem ainda surgir do nada, quando você menos as espera. No entanto, assim também surgem as recompensas da vida para aqueles com coragem de seguir o coração. O relógio bate para todos nós. É escolha sua como você passará o restante de seus dias.

Como Pearl compreendeu, as coisas fluem quando você precisa delas. Ela acreditava que a coisa mais importante é trabalhar na direção de descobrir seu propósito, fazer seu trabalho, seja ele qual for, com a intenção certa e não ficar preso a situações de trabalho infelizes por medo de que as coisas faltem. É uma questão de aprender e ousar pensar sem limitações e não tentar controlar como as coisas vão fluir para você. A vida termina tão rapidamente! — ela dizia. Termina mesmo. Alguns de nós viveremos uma longa vida, muitos de nós não viverão. Mas, se você conseguir conhecer a felicidade e a plenitude nesse curto tempo, não haverá necessidade de lamentos quando o fim chegar, como ele inevitavelmente chegará.

Aprender como expressar sentimentos é infelizmente um desafio para adultos em demasia. Foi também uma profunda frustração e arrependimento para pessoas agonizantes, incluindo Jozsef. Ele queria expressar-se, mas não sabia como, e não tinha prática. A dor que isso trouxe ao bom homem foi seu maior lamento, já que ele morreu sentindo-se como se sua família nunca o houvesse verdadeiramente conhecido. Outros clientes desenvolveram doenças associadas com a amargura que carregavam, já que também nunca haviam conseguido aprender a se expressar.

Nisso como em tudo, você melhora com a prática. Assim, começando com pequenos atos de coragem em se expressar, você fica mais à vontade para se abrir e até começa a gostar de compartilhar essa franqueza. Você nunca será capaz de controlar as reações dos outros. No entanto, embora muitas pessoas possam inicialmente reagir quando você muda seu modo de ser ao falar honestamente, no fim isso eleva a amizade a um nível inteiramente novo e mais sadio. Ou acontece isso ou a amizade doentia é completamente afastada de sua vida. Nos dois casos, você ganha.

Nunca podemos saber por quanto tempo estaremos aqui, nem por quanto tempo aqueles que amamos estarão. Portanto, em vez de viver com lamentos antes da hora de morrer, assegure àqueles que você valoriza como você sente agora. Como a querida Jude disse, a culpa é uma emoção tóxica para acompanhar nossos anos derradeiros. Expressar seus sentimentos faz você se sentir bem, quando você se acostuma com isso. É apenas o medo de como isso será recebido o que inibe você. Portanto, golpeie o medo na cabeça e ouse revelar seu belo Eu aos outros, antes que fique tarde demais em todos os casos.

Se você já está carregando culpas por coisas que deixou sem dizer para alguém já falecido, é hora de perdoar a você mesmo. Você não está sendo justo com sua vida carregando a culpa para a frente. É hora de ser amável com você mesmo. Isso foi o que você era no passado. Não precisa ser o que você é agora. Compaixão por quem você foi, dada por quem você é agora, é a primeira semente de bondade em direção ao perdão a você mesmo.

Se as pessoas em sua vida não parecem responder à expressão de sua honestidade, não significa que elas não o ouviram ou que você não deveria ter se expressado. Nanci, com o mal de Alzheimer, foi um grande exemplo disso. Outros relacionamentos em minha vida foram também transformados por meio da consistência da amabilidade e da honestidade. Por um longo tempo, parecia que minhas palavras não eram ouvidas. Mas, quando as pessoas ficaram prontas para expressar seus sentimentos, ficou óbvio que cada uma das palavras tinha sido ouvida ao longo do caminho. Isso não teve importância no fim, entretanto. Eu estava em paz sabendo que havia tido a coragem de me expressar honestamente. Se qualquer um de nós fosse levado inesperadamente, teria sido sem culpa. Não havia ninguém tratado com indiferença, ninguém que não soubesse que eu o amava, mesmo que não fosse capaz de se expressar tão honestamente em retribuição. Diga às pessoas como você se sente. A vida é curta.

Localizar sua amiga para Doris trouxe-me verdadeiro prazer e plenitude. Quando falou em lamentar não ter ficado em contato com suas amigas, eu não tinha ideia de com que frequência eu iria também ouvir esse lamento em outros clientes que se seguiram. Agora, tendo passado pelo que eu passei e conhecendo como os amigos velhos e leais foram valiosos ao me apoiar, é ainda menos difícil entender esse lamento. Muitas pessoas têm amigos, mas, quando as coisas chegam ao fundo, não há muitos amigos que possam estar por perto nas horas absolutamente mais difíceis. Quando alguém está morrendo, é uma hora dessas.

História e compreensão são o que as amizades oferecem. Quando os clientes olhavam em retrospecto para a vida deles, era com frequência dos amigos que eles sentiam falta para trocar reminiscências. A vida fica ocupada e as amizades desaparecem. Sempre haverá pessoas que virão e irão nesta vida, os amigos incluídos. Mas aqueles que realmente importam, aqueles que você ama mais ternamente, valem cada grama do esforço que você emprega para ficar em contato com eles. São eles que estarão lá para você quando você mais precisar, exatamente como você estará lá para eles. Às vezes não é possível estar fisicamente lá, mas até o contato telefônico proporciona às pessoas muita força e conforto durante as horas difíceis. A aceitação e o perdão dos amigos, principalmente ao morrer, ajudaram Elizabeth a encontrar sua paz depois de anos de alcoolismo. No fim, tudo é uma questão de amor e amizade. Mas nem todos foram tão felizes ao procurar os amigos no fim, a despeito do desejo de fazê-lo. É por isso que não perder contato em primeiro lugar é importante. Ninguém sabe o que o espera lá na frente ou quando chegará a hora em que você terá saudade de seus amigos e, nesse ínterim, você ainda terá a dádiva da presença deles em sua vida.

Observar a lista da turma de apoio de Harry apenas continuou a enfatizar a importância disso no fim. Conquanto possa ser uma hora soturna de tristeza para outros, a pessoa que realmente está morrendo quer desfrutar de seu tempo restante o máximo possível. Os amigos trazem humor às horas tristes e esse humor traz felicidade à pessoa que vai morrer. Esteja você morrendo ou não, os amigos são as únicas pessoas capazes de fazer você rir na pior das horas.

Sentada ao meu lado em sua cama depois de ter gritado para que eu fosse embora, o reconhecimento de Rosemary de que nunca se permitira ser feliz foi um ato de honestidade consigo mesma. Ele também melhorou imensamente o tempo que lhe restava. Rosemary não acreditava que merecesse felicidade, devido a não ser aquilo que sua família esperava que ela fosse. Quando percebeu que a felicidade é uma escolha, ela aprendeu como deixá-la entrar e foi capaz de descobrir uma parte de si mesma que estivera adormecida pela maior parte de sua vida adulta. Era um belo sorriso que às vezes ocorria de lhe escapar em suas últimas semanas.

Apreciar cada passo único ao longo do caminho é uma das chaves para essa felicidade. Quando Cath encarou sua hora final, ela falou de haver perdido um monte de felicidade em potencial se concentrando demais nos resultados em vez de se concentrar nas horas passadas no caminho também. É fácil pensar que a felicidade depende de alguma coisa entrar nos eixos, quando na verdade acontece o contrário. As coisas entram nos eixos quando a felicidade é encontrada.

Embora não seja possível ser feliz todo dia, aprender a desviar a mente para essa direção ainda é possível. Reconhecer alguma coisa bela a despeito da tristeza é um exemplo, alguma coisa que ajude a fazer a mente se voltar para um lugar de paz. A mente pode causar grande sofrimento. Mas também pode ser usada para criar uma bela vida, quando dominada e usada apropriadamente. Cada um de nós tem razões para lamentar por si mesmos. Cada um de nós sofreu. Mas a vida não nos deve nada. Nós é que devemos a nós mesmos fazer o máximo da vida que vivemos, do tempo que nos resta, e viver em gratidão.

Quando aceitamos que sempre haverá o que aprender e que um tanto disso trará sofrimento e outro tanto trará felicidade, atingimos um ponto de melhor equanimidade. Dessa perspectiva, a felicidade se torna mais consciente e as ondas não são mais tão tumultuosas. Algumas que podem ter lhe esmagado e ferido algum dia podem ser agora cavalgadas com as habilidades que vêm da experiência e da sabedoria.

É também perfeitamente normal ser tolo e brincalhão às vezes. Você tem apenas que dar permissão a você mesmo. É também mais possível encontrar diversão sem drogas ou álcool. Não há regra alguma em nenhum lugar que diga que os adultos têm que ser sérios e não podem ter divertimento tolo. Levar a vida muito criticamente ou ficar preocupado com o que você vai parecer para outros vai se tornar um remorso que você terá que encarar no fim de sua vida, se você deixar tais pensamentos bloquearem sua felicidade agora.

Naturalmente, sua perspectiva faz uma enorme diferença para a felicidade, como o belo Lenny demonstrou. A despeito das perdas de sua vida, ele se concentrou nas dádivas que recebera e viu sua vida como boa. A mesma vista para a qual você olha todo dia, a mesma vida, pode se tornar uma coisa novinha em folha se você se concentrar em suas dádivas em vez de seus aspectos negativos. A perspectiva é sua própria escolha e o melhor meio de mudar essa perspectiva é por meio da gratidão, reconhecendo e apreciando as coisas positivas.

Apesar dos muitos lamentos que as pessoas agonizantes compartilharam comigo, bem no seu fim cada uma delas encontrou sua paz. Algumas não foram capazes de se perdoar até os últimos dois dias, mas elas realmente conseguiram fazê-lo antes de falecer. Muitas experimentaram uma variedade de emoções que as levaram a isso, incluindo negação, medo, raiva, remorso e, o pior, autocondenação. Muitas, no entanto, também experimentaram sentimentos positivos de amor e alegria imensa pelas lembranças que emergiram enquanto atravessavam suas semanas finais. Antes do próprio fim, então, elas encontraram uma pacífica aceitação de que sua hora havia chegado e foram capazes de se perdoar pelos lamentos que haviam manifestado, independentemente de quão atormentadas estivessem. Era imperioso para outros clientes, mesmo assim, que outros aprendessem com seus remorsos.

Todas foram pessoas a quem foi dado o tempo de refletir sobre a vida que tiveram. Os que partem de repente não têm esse luxo, e muitos de nós estaremos entre esses também. Por isso é tão importante refletir sobre a vida que você está vivendo agora, já que pode restar pouco tempo em seu falecimento para encontrar sua paz ou para qualquer reflexão. Se não fizer assim, você morrerá sabendo que passou sua vida toda procurando a felicidade por meio dos canais errados; com ela sempre fugindo de você, sempre fora de seu alcance, sempre dependendo das coisas ou situações certas para surgir em seu caminho. Você morrerá sabendo que a oportunidade de mudar sua direção bem antes que fosse tarde demais simplesmente lhe escapou.

A paz que cada uma dessas queridas pessoas encontrou antes de seu falecimento está disponível agora, sem ter que esperar até suas horas derradeiras. Você tem a escolha de mudar sua vida, de ser corajoso e viver uma vida fiel ao seu coração, uma vida que verá você falecer sem remorsos.

Bondade e compaixão é um grande ponto de partida. Não apenas para os outros, mas para você mesmo também. Perdoar-se é um componente muito necessário para esse processo. Sem isso, você continuará a adicionar fertilizante às sementes ruins existentes em sua mente, sendo duro com você mesmo, como eu mesma uma vez fui. Mas a autocompaixão e a bondade enfraquecem a força dessas sementes. As sementes mais sadias substituem-nas e crescem com mais força, obscurecendo a tempo as velhas sementes, até que não reste mais nada para sustentar seu crescimento.

A coragem necessária para mudar sua vida é mais fácil de encontrar quando você é bom para si mesmo. As coisas boas exigem tempo também, de modo que a paciência também é exigida. Cada um de nós é uma pessoa fabulosa com um potencial limitado apenas por nossos próprios pensamentos. Todos nós somos fabulosos. Quando você pensa nas numerosas influências ambientais e genéticas que o formaram, incluindo os genes que vieram a você por meio de sua própria biologia singular, isso o torna uma pessoa bem fabulosa e especial. Todas as suas experiências de vida até esta altura, tanto boas quanto más, também contribuem para que você seja diferente de *qualquer outra* pessoa neste planeta. Você já é único.

É hora de perceber seu próprio valor e perceber o valor dos outros. Suspenda seus julgamentos. Seja bom para você mesmo e bom para os outros. Já que ninguém nunca viveu na pele do outro, ou viu pelos olhos alheios, ou sentiu com o coração alheio em toda a sua vida, ninguém sabe tampouco quanto o outro padeceu. Um pouquinho de empatia pode fazer uma grande diferença.

Sendo bom para os outros e jogando seu julgamento pela janela, você está sendo bom consigo mesmo também ao plantar sementes melhores. Perdoe-se por culpar os outros por sua infelicidade. Aprenda a ser amável com você mesmo, aceitando sua própria humanidade e fragilidade. Perdoe também os outros que o culparam pela infelicidade deles. Todos nós somos humanos. Todos nós dissemos e fizemos coisas que poderiam ter sido feitas de modo mais generoso.

A vida acaba tão rapidamente! É possível chegar ao fim sem remorsos. Exige um tanto de coragem viver da maneira certa, honrar a vida que você está aqui para viver, mas a escolha é sua. E suas serão as recompensas. Aprecie o tempo que lhe resta pelo ato de valorizar *todas* as dádivas de sua vida, e isso inclui, especialmente, seu próprio e fabuloso Eu.

Sorria e saiba

Quando eu olho para minha vida agora, há momentos que ainda me tiram o fôlego. A vida que eu imaginei se torna mais realidade todo dia. A pessoa que eu havia imaginado agora sou eu. Ela veio por meio da coragem, da resistência, da disciplina e do aprendizado de amor ao meu próprio coração. A vida *pode* realmente ser fácil e feliz. Ela pode de fato fluir bem. Melhor ainda é que, como eu continuei a me adaptar e evoluir, continuando a aceitar que eu mereço tudo o que aparece em meu caminho, mais facilmente as coisas continuam a fluir.

Uma pequena frase manteve minha fé forte durante aquele período final e sombrio: *Sorria e Saiba.* Num dia particularmente difícil, minha velha mente estava se agarrando à querida vida e tentando me dizer que eu merecia tudo com que eu havia sonhado. Enquanto isso, minha nova mente estava tentando se mover para a frente permanentemente, assegurando-me que eu merecia. De modo que rezei por uma orientação muito simples e clara, por uma coisa que não ficasse difícil de lembrar em meu estado lastimável, a fim de superar os dias difíceis. Eu precisava de uma coisa para manter-me com força e esperança enquanto eu pudesse. As palavras *Sorria e Saiba* vieram a mim.

Eu anotei essas palavras e coloquei-as em lugares evidentes em minha casa. Toda vez que passava por elas, um compromisso comigo mesma era honrado e eu *Sorria e Sabia* que essa hora passaria e as horas boas viriam a seguir. É também muito mais fácil ser forte em sua fé quando você está sorrindo. Assim, isso levantava automaticamente meu ânimo e me reassegurava que eu de fato encontraria mais razões para sorrir outra vez. No entanto, não havia sentido em ficar lendo as palavras sem realmente sorrir, já que sorrir por si só permitia que saber ficasse mais fácil. Portanto, eu sorria.

Mais tarde, eu adicionei sob as palavras *Agradeça e Saiba*, assegurando que preces de gratidão fossem ditas antecipadamente, com confiança e fé de que tudo estava vindo a mim. *Sorria e Saiba, Agradeça e Saiba* tornaram-se meu mantra enquanto eu seguia meus dias sorrindo e sabendo quando eu podia. Enquanto o fazia, caminhava em completa fé, o que me deixava naturalmente querendo agradecer também. Minhas preces, sonhos e intenções já haviam sido ouvidos. Meu único trabalho era *Sorrir e Saber* e *Agradecer e Saber*. Naturalmente, isso me capacitava a sorrir muito mais do que eu teria sorrido de outro modo.

Claro, houve horas em que eu não tive forças suficientes para me aproximar dessas palavras, incluindo o dia final de total tristeza e resignação. Mas essa hora de capitulação foi o último ponto de virada. Era verdade que eu não podia viver mais com a dor do passado, e eu estava correta, de certo modo. Era o fim de minha vida, como eu no mínimo achava. Mas eu não tinha que morrer fisicamente. Apenas aquela velha parte de mim morreu, espiritualmente. Aquelas velhas ideias sobre mim mesma não podiam sobreviver à luz luminosa de meu amor por mim. A nova vida viera se manifestando discretamente por anos e era finalmente capaz de nascer.

Enquanto eu estava sorrindo e sabendo, meus sonhos pareceram reais e se tornaram até mais uma parte de mim. Foi por isso que as portas da oportunidade se escancararam quando eu finalmente fui capaz de perceber meu próprio valor. Os sonhos já haviam chegado e estavam simplesmente esperando que eu os deixasse entrar em mim. De modo que foi com um coração alegre que eu me abri, permitindo que as coisas fluíssem. Elas fluíram de muitas e variadas formas: pessoal e profissionalmente.

Algum tempo depois, quando tive um choque de prazer à sugestão de meus queridos e belos pais de que tivéssemos um Natal vegano, eu sorri de todo coração, por ter acabado de receber o melhor presente de Natal do mundo. Por mais de duas décadas eu havia sonhado com pelo menos um Natal vegetariano. Quando ele finalmente surgiu, foi com uma facilidade tão natural que todos nós concordamos que fora um dos mais belos dias de Natal que experimentáramos. Com minha mãe cortando legumes ao meu lado, compartilhando o ânimo e o riso, meu pai selecionou a música. Canções de música *country* da década de 1950 flutuaram pela casa enquanto todos nós ríamos, conversávamos e preparávamos um grande banquete. Foi alegre e tranquilo.

Meu trabalho continuou a crescer e prosperar, trazendo satisfação e prazer. Embora seja possível encontrar trabalho que você ame sendo empregado dos outros nos tempos em que vivemos, o melhor caminho para a frente para mim é trabalhar sozinha. Era isso que eu mais precisava e queria, de qualquer forma, viver a vida ao meu modo, incluindo minha vida profissional. Altos níveis de motivação e clareza fabulosa me acompanharam no meu novo plano de existência, junto com o melhor da velha vida, incluindo a autodisciplina.

Fazendo contatos na área local, conhecimentos foram levantados por toda parte. Inspiração e ideias brotaram com abundância. A empolgação cresceu quando reentrei no mundo, criando oportunidades novas e positivas para mim mesma. Por meio de alguns grupos comunitários, ministrei alguns *workshops* de composição para setores desvalidos da sociedade. Ensinar novamente, e ser minha própria chefe, era ótimo e, naturalmente, observar a transformação das pessoas nas aulas era enormemente recompensador.

Depois da seriedade do meu passado, era hora para mais alegria em meu trabalho também. Assim, eu criei um *show* de crianças, apresentando-me para crianças abaixo de cinco anos de idade. Ver esses adoráveis e desinibidos pequenos seres humanos dançando e pulando em volta ao som de minhas novas canções foi delicioso. Oportunidades para escrever também fluíram, bem como surgiu um novo álbum trazendo canções adultas. Espanta-me ver quanto somos realmente capazes, criativa e fisicamente, quando nos livramos de tudo o que nos aprisiona.

Meu *blog* experimentou ondas de maiores visualizações em massa, trazendo mais pessoas até meu trabalho. Eu também criei uma alegre e positiva série de camisetas, adesivos para para-choques e sacolas de compras, extraídos de trechos de minhas canções e artigos. Não apenas as ideias fluíam abundantemente, mas a ação motivada também as acompanhava.

Já que agora eu divido minhas noites de outono aninhada a um belo homem, sorrio ao pensar quanto a vida pode mudar. Ele é uma pessoa querida. Houve coisas das quais nós dois tivemos que nos livrar antes que pudéssemos nos encontrar, mas o tempo é uma coisa espantosa. A vida agora é vivida com novas perspectivas. Pela melhor das maneiras, eu fui lembrada sobre os ciclos da vida. A morte certamente me foi mostrada diretamente por meio de outras pessoas. Eu conheci minha própria forma de morte também, no entanto, vendo aquela velha parte minha finalmente cessar de existir. Foi uma morte espiritual, uma morte de uma parte minha que havia me controlado por décadas. Foi também o nascimento de um novo espírito, um espírito que eu sempre suspeitara que existisse, um espírito que eu queria ser. Foi uma morte dolorosa, e, no entanto, foi ela que me livrou verdadeiramente do condicionamento do meu passado, de fardos desnecessários, de tudo o que me aprisionava.

Com meu eu real agora autorizado a viver sem bloqueios, eu continuo a evoluir para aquilo que realmente sou. É apenas deixando sair o que eu tenho que sou capaz de realmente saber quem ele é, e eu o amo. Eu amo a sua coragem. Amo seu coração. Amo sua criatividade. Amo sua mente. Amo seu corpo. Amo sua bondade. Amo tudo o que ele é.

A vida se move em novas direções. É um novo começo, um novo nascimento de mim mesma. Da melhor maneira possível, eu também fui lembrada de outros novos começos. Um bebê precioso cresce agora dentro de mim. Fui abençoada com a oportunidade de me tornar mãe. Enquanto meu útero se expande e meu corpo se incha na divindade da maternidade, eu estou em glória e numa gratidão avassaladora por conhecer essa experiência. Fica a um mundo de distância da vida que eu conheci um dia — do isolamento, da tristeza, da desesperança. Mais uma vez sou lembrada de quanto podemos fazer numa única existência. Dou graças aos céus por não ter posto fim à minha vida quando pensei em fazê-lo. Graças aos céus.

O elo entre mãe e filho cresce diariamente. Eu também fui abençoada com grande saúde ao longo deste tempo, para inveja de outras mulheres grávidas que sofrem de enjoo matinal. Eu amo absolutamente estar grávida e logo estarei guiando outra alma através de sua jornada humana até que ela fique adulta o bastante para voar em direções de sua própria escolha. A vida pode certamente ter sua parcela de mortes e fins, mas também tem sua parcela de nascimentos e começos. Sou grata por ter sido exposta a ambas, literal e simbolicamente, em tantas ocasiões.

Sempre que eu me envolvia num ato de fé, as coisas nunca terminavam como eu havia imaginado, mas, ao longo da vida, as coisas terminaram melhores. A fé é uma força poderosa, que cria incríveis dádivas. Deixar de lado as limitações e as tentativas de controlar o fluxo das coisas é uma imensa dádiva para alguém.

Estranhamente, uma das coisas mais difíceis para muitos, como foi para mim, é aprender como receber, como perceber que você merece, e depois permitir que a dádiva flua. Ao longo de toda a minha vida, a maioria das soluções miraculosas que recebi também veio por intermédio de outras pessoas. Nós somos todos muito mais interconectados do que pensamos, e desempenhamos na vida dos outros papéis maiores do que sabemos.

Portanto, aprender a receber é uma necessidade, se você está verdadeiramente aberto para ver seus sonhos realizados.

Como qualquer pessoa que é uma doadora natural sabe, há grande prazer em dar. Mas, se você é um doador que não se permite também receber, então você está apenas bloqueando o fluxo natural das coisas para si e criando um desequilíbrio, você está privando outra pessoa do prazer de dar. É apenas o orgulho ou a falta de autoestima que impede alguém de ser capaz de receber, e cada um de nós merece essa dádiva.

Se você é uma dessas pessoas que realmente não sabem como dar, então continue praticando. Apenas tente sem expectativas. Isso lhe fará sentir-se bem. Dê apenas pelo prazer de dar. Mas agir assim como obrigação não é dar, nem é dar lembrar mais tarde, com raiva, aquilo que você deu. Esperar que o bem seja retribuído depois de dar tampouco é dar no seu verdadeiro sentido. Mas, quando se dá com a única intenção de dar, seja em amor, em bondade, seja em ações, é que surge o verdadeiro prazer. E, sim, aqueles que dão com essa intenção são recompensados, mas não sempre imediatamente e não necessariamente dos modos que se imagina. Mas você precisa saber como receber também, permitindo que o fluxo se dê nas duas direções. Naturalmente, isso inclui dar e receber com seu próprio eu também.

É possível mudar o mundo e mudar nós mesmos. À medida que aperfeiçoamos nossa própria vida, e trabalhamos no sentido de não ter mais remorsos, nós naturalmente aperfeiçoamos a vida de todos ao nosso redor. É possível reverter a segregação e a desarmonia que criamos na sociedade. É possível ser feliz. É possível trabalhar no sentido de morrer sem remorsos enquanto ainda estamos vivos e bem.

Somos frágeis à nossa própria maneira, como delicados globos de vidro. Imagine a velha lâmpada elétrica com o vidro arredondado cercando o globo. (Não criará a mesma imagem se você imaginar os novos globos em formato de tubos poupadores de energia.) Uma parte de nós todos é como um delicado globo de vidro. Uma bela luz se irradia de seu interior, uma luz que pode remover a escuridão de qualquer lugar. Quando nascemos, brilhamos vivamente, trazendo grande luz e felicidade a tudo. As pessoas se maravilham com nossa beleza e luz.

Depois, com o tempo, a sujeira começa a ser atirada sobre nós. Essa sujeira não é nossa. É delas, das pessoas que a estão atirando. Mas elas arremessam-na sobre nós, de qualquer jeito. Depois de algum tempo, não são apenas os que estão próximos a nós que nos atiram sujeira. São os colegas de escola, de trabalho, a sociedade e muitos daqueles com quem travamos contato. Ela nos afeta diferentemente, alguns se tornam vítimas, alguns reagem com intimidação, outros a aceitam e ela fica dentro deles por um longo tempo, alguns parecem se livrar dela com naturalidade. Independentemente de como ela parece afetar cada um de nós, ainda assim ela impede nossa luz e bondade original de brilhar em seu máximo absoluto.

Com tanta gente atirando sujeira em nós, supomos que eles devam estar certos. Então nos juntamos a eles, atirando sujeira sobre nós mesmos também. Por que não? Todos os atiradores de sujeira não podem estar completamente errados. Se vou atirar sujeira sobre mim mesmo, então deve ser normal e normal atirar sujeira nos outros também. Sim, eu atirarei um pouco mais e continuarei a deixar os outros atirarem em mim. Ao fim, você está carregando tanta sujeira que não apenas fica oprimido por isso, mas sua luz também não pode mais ser vista de modo algum. Cada polegada sua está coberta de sujeira, um monte procedente daquilo que os outros atiraram e um pouco procedente de você quando se juntou a eles e começou a atirá-la sobre si mesmo também.

Então, um dia você lembra que houve uma vez uma linda luz brilhando em seu interior. Mas as coisas escureceram por tanto tempo que você mal recorda essa parte sua. No entanto, ela ainda pode ser sentida vez ou outra, quando você está silencioso e só. O brilho cálido continuou brilhando por todo esse tempo, independentemente da escuridão em torno dele. Você percebe que quer brilhar novamente. Você quer lembrar de quem é quando não está carregando a sujeira de outras pessoas, ou a sua própria, sobre si.

Aí você começa a dizer que já basta. Você cessa de permitir que qualquer outra pessoa lhe atire sujeira. As pessoas não gostam disso. Mas você está determinado a se mover fora do alcance dos atiradores de sujeira. Lentamente, começa a se esfregar muito delicadamente para remover um pouco da sua sujeira. Mas isso tem que ser feito muito ternamente, já que por debaixo disso você é incrivelmente frágil. Se tentar fazê-lo com muita dureza e precipitação, você se despedaçará e nunca mais verá sua luz novamente.

Portanto, você lenta e pacientemente trabalha na remoção da sujeira. Um pequenino raio de luz o ilumina e você tem um vislumbre de sua própria beleza novamente. Isso faz com que se sinta bem. Então, alguém atira mais um pouco de sujeira e você tem que começar a remover outra vez. Por isso remove esse pouquinho e limpa mais um pouco. Assustado com o que vê, no entanto, você atira em você próprio um pouco de sujeira. Você não merece brilhar assim tão luminosamente. Lá vai mais um pouco de sujeira. Mas a luz captou um vislumbre do mundo exterior novamente e começa a brilhar com mais força. Ela quer ser vista.

Quando a luz em sua totalidade começa a brilhar, você começa a se sentir melhor. Ela lhe dá um sabor de quão ótimo seria ficar livre de tudo aquilo que você está carregando. Isso faz com que você reconheça quanta coisa todas as outras pessoas estão carregando, e você sente compaixão. Você resolve que de agora em diante não atirará mais sujeira nos outros. Afinal, como podemos brilhar ao máximo se continuamos a atirar a sujeira por toda parte e em todos? Portanto, você volta a trabalhar em si mesmo e, muito delicadamente, retira um pouquinho mais de sujeira. Exige muita paciência e delicadeza, trabalhar um pedacinho de cada vez. Mas a empolgação cresce sempre que outra porção de luz irrompe e você capta outro lampejo de sua própria beleza e luminosidade.

Às vezes você se sente tentado a atirar alguma sujeira mais de volta sobre si mesmo e nos outros, já que teve o hábito disso por quase toda a sua vida. Mas agora você vê como as pequeninas porções de luz que irradiam de você estão ajudando os outros, que também estão ficando mais corajosos. Eles começam a limpar um pouco de sua própria sujeira. Eles têm que ser muito delicados também, já que todos são muito delicados e frágeis no fundo e podem se despedaçar muito facilmente. Você também quer ajudar os outros a remover sua sujeira. Mas eles têm que fazê-lo por si mesmos, já que ninguém além deles sabe quão frágeis são sob sua superfície. Você pode mostrar aos outros como fez, e isso talvez os ajude. Mas eles têm que fazer o trabalho por si, no seu próprio ritmo e ao seu próprio modo. E, naturalmente, nem todos têm a coragem ou força de fazer tudo imediatamente. De modo que você é paciente, respeitoso e compassivo, já que compreende que isso pode ser uma experiência muito dolorosa e assustadora.

Você se sente bem com você mesmo. É uma nova sensação, mas você gosta muito dela. Então desiste de atirar sujeira em você para todo o sempre, porque está começando a amar a beleza que você descobriu, já que sua luz continua a brilhar com mais força. Há raios de luz saindo de você por todos os ângulos agora. Mas um pouco da sujeira mais antiga está ainda muito grudada em você, tornando-se a parte mais difícil de remover. Ela cresceu muito à vontade ao longo das décadas aí dentro, dizendo-lhe muito obrigada. Ela não quer sair para lugar nenhum. Quanto mais perto do vidro você chega, com mais delicadeza você tem que esfregar. No entanto, mais teimosa e determinada a sujeira se torna nesse ponto.

Tem sido um trabalho tão grande e você está muito cansado! Você já é um aperfeiçoamento, comparado ao que você era, decisivamente. Talvez isso seja suficiente. Talvez eu possa viver com esta última camada de sujeira e brilhar somente como eu sou agora. Mas a luz é forte e determinada também. Ela quer que você brilhe com o máximo de luz. Por isso lhe dá ainda mais força, e você continua a remover os últimos resíduos.

Finalmente, você conseguiu e sua luz espanta a todos, especialmente a você mesmo. Você não tinha ideia de como podia ser tão belo e brilhar com tal luminosidade. Agora, quando você convive com outros globos de luz, eles também querem brilhar luminosamente, já que podem ver sua beleza, e isso os faz lembrar que eles também têm esse potencial dentro deles. Eles apenas o esqueceram, com toda a sujeira que vinham carregando também. Alguns globos de luz acham que é muito difícil deixar sua luz se mostrar, de modo que se agregam na escuridão, tentando convencer a si mesmos e aos outros de que são muito felizes dessa maneira. Quem precisa de todo esse trabalho penoso quando todos nos acostumamos a carregar nossa sujeira? Ora, eu gosto de ser assim, eles dizem, e vou atirar um pouco de sujeira por aí. Vou sair agora mesmo para atirar um pouco sobre essas luzes brilhantes que são felizes e estão se divertindo. Como elas se atrevem a ter tanto prazer?

Os globos escuros rumam para fora com toda a sujeira que podem encontrar e começam a atirá-la. Eles trabalham melhor em equipe também, encontrando a segurança em números maiores e tudo o mais. Mas eles não podem mais ver tão claramente, já que tudo está tão brilhante com toda essa limpeza que está se processando. Mas eles avistam alguns globos de luz que estão agora brilhando luminosa e alegremente, já que quase terminaram de remover sua sujeira. Então, jogam pilhas dela sobre eles. Mas ela não gruda em seus alvos. O que está acontecendo? Ela sempre grudava...

O que eles não sabem é que, mesmo que a luz estivesse escondida por todos esses anos, ela ainda vinha crescendo interiormente. Agora ela brilha tão cálida e luminosamente, que a sujeira nunca mais vai grudar. Ela simplesmente se esgueira, sem nem mesmo deixar mais um sinal de impressão.

Sua luz própria é assim. Você tem uma luz dentro de você que é bela e potencialmente radiante. Mas você precisa de paciência e ternura com você mesmo para remover toda a sujeira que vem carregando há décadas. Conforme cada pouquinho for removido, um pouquinho mais de seu verdadeiro eu vai brilhar.

Cada um dos lamentos compartilhados nas cabeceiras das camas daquelas pessoas queridas agora falecidas exige coragem e amor para ser superado. Mas a escolha é sua. Como uma luz que quer brilhar viva e alegremente, você tem um guia interior que vai conduzi-lo a um passo de cada vez.

Seja quem você é, encontre o equilíbrio, fale honestamente, valorize aqueles que você ama, e permita-se ser feliz. Se fizer isso, então você não estará apenas honrando a si mesmo, mas a todos aqueles que se desesperaram em suas semanas finais por não terem tido a coragem de fazê-lo anteriormente em suas próprias vidas. A escolha é sua. Sua vida é só sua.

Quando os desafios são atirados em seu caminho e você fica pensando como, pelos céus, tudo se arranjará, como você encontrará a paz num relacionamento particular, quando os contatos de que você precisa chegarão, ou como você encontrará o dinheiro para fazer algo acontecer, apenas se lembre que aquilo que seu coração quer, quer você também. Você tem apenas que sair do caminho, de vez em quando. Assuma a ação que puder e deixe as coisas acontecerem. Saia de seu próprio caminho.

Então, quando você se encontrar nessa posição, erga-se, ponha os ombros para trás e tome um profundo e afetuoso fôlego. Siga caminhando orgulhoso de quem você já é, com plena fé e confiança de que você o merece, de que suas preces foram ouvidas, e que as coisas que pediu já estão a caminho. E lembre-se simplesmente de uma pequena frase: Sorria e saiba. Apenas sorria e saiba.

GOSTOU DO LIVRO QUE
TERMINOU DE LER?
APONTE A CÂMERA DE SEU
CELULAR PARAO QR CODE
E DESCUBRA UM MUNDO
PARA EXPLORAR.

Impressão e Acabamento | Gráfica Viena
Todo papel desta obra possui certificação FSC® do fabricante.
Produzido conforme melhores práticas de gestão ambiental (ISO 14001)
www.graficaviena.com.br